U0634868

中华传世藏书

【图文珍藏版】

墨子

诠解

[战国]墨翟⊙原著

刘凯⊙主编

第四册

线装书局

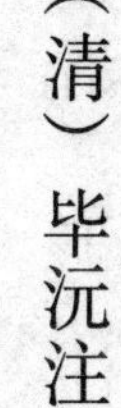

第五卷

非攻（上）

【原文】

今有一人，入人园圃①，窃其桃李。众闻则非之，上为政者得则罚之。此何也？以亏人自利也。至攘人犬豕鸡豚者，其不义又甚入人园圃窃桃李。是何故也？以亏人愈多，其不仁兹甚，罪益厚。至入人栏厩②，取人马牛者，其不仁义又甚攘人犬豕鸡豚。此何故也？以其亏人愈多。苟亏人愈多，其不仁兹甚，罪益厚。至杀不辜人也，扡其衣裘③，取戈剑者，其不义又甚入人栏厩取人马牛。此何故也？以其亏人愈多。苟亏人愈多，其不仁兹甚矣，罪益厚。当此，天下之君子④皆知而非之，谓之不义。今至大为攻国⑤，则弗知⑥非⑦，从而誉之，谓之义。此何⑧谓知义与不义之别乎？

【注释】

①《说文》云“园，所以树果”，“种菜曰圃”。

②《说文》无“栏”字。《玉篇》云：“木栏也。”

③扡，读如“终朝三拕”之拕。陆德明《易音义》云：“褫，郑本作拕，徒可反。”扡即拕异文。

④旧脱此字，据后文增。

⑤据后文云“大为不义攻国”。

⑥一本作“之”。

⑦旧脱此字，据后文增。

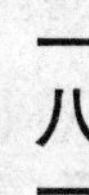

⑧一本作“可”，是。

【原文】

杀一人谓之不义，必有一死罪矣。若以此说往，杀十人，十重不义，必有十死罪矣；杀百人，百重不义，必有百死罪矣。当此，天下之君子皆知而非之，谓之不义。今至大为不义攻国，则弗之而[1]非，从而誉之，谓之义；情不知其不义也，故书其言以遗后世。若知其不义也，夫奚说书其不义，以遗后世哉[2]？

【注释】

①一本无此字，是。

②奚说，犹言何乐。

【原文】

今有人于此，少见黑曰黑，多见黑曰白，则以此人不知白黑之辩矣；少尝苦曰苦，多尝苦曰甘，则必以此人为不知甘苦之辩矣。今小为非，则知而非之。大为非攻国，则不知而非，从而誉之谓[1]之义。可为[2]知义与不义之辩乎？是以知天下之君子也，辩义与不义之乱也。

【注释】

①旧上二字倒，一本如此。

②一本作“谓”，是。

非攻（中）

【原文】

子墨子言曰：“古者王公大人为政于国家者，情欲誉之审，赏罚之当，刑政之不过失。”是故子墨子曰：“古者有语：‘谋而不得，则以往知来，以见知隐。’谋若此，可得而知矣。”

今师徒唯毋兴起，冬行恐寒，夏行恐暑，此不可以冬夏为者也；春则废民耕稼树艺，秋则废民获敛。今唯毋废一时，则百姓饥寒冻馁而死者，不可胜数。今尝计军上，竹箭、羽旄、幄幕、甲盾、拨劫[①]，往[②]而靡弊腑冷不反者[③]，不可胜数；又与矛、戟、戈、剑、乘车，其殆往[④]碎折靡弊而不反者，不可胜数；与其牛马肥而往，瘠而反，往死亡而不反者，不可胜数；与其涂道之修远，粮食辍绝而不继[⑤]，百姓死者，不可胜数也；与其居处之不安，食饭之不时，饥饱之不节，百姓之道疾病而死者，不可胜数；丧师多不可胜数，丧师尽不可胜计，则是鬼神之丧其主后，亦不可胜数。

【注释】

①《说文》云：“楃，木帐也。”幄当从木。

②旧作“住”，一本如此。

③腑即“腐”字异文。冷、烂音相近，当为烂。

④旧作“列住”，以意改。

⑤粮，俗。《玉篇》云：“粮同糧。”

【原文】

国家发政，夺民之用，废民之利，若此甚众，然而何为为之？曰：“我贪伐胜之名及得之利，故为之。”子墨子言曰：“计其所自胜，无所可用也。计其所得，反不如所丧者之多。”今攻三里之城、七里之郭，攻此不用锐且无杀而徒得此然也。杀人多必数于万，寡必数于千，然后三里之城、七里之郭，且可得也。今万乘之国，虚[①]数于千，不胜而入[②]；广衍数于万[③]，不胜而辟[④]。然则土地者，所有余也；王民者，所不足也。今尽王民之死严下上之患，以争虚城，则是弃所不足而重所有余也。为政若此，非国之务者也。

【注释】

①此“墟”字正文，俗从土。

②旧作“人”，以意改。

③王逸注《楚辞》曰：“衍，广大也。”

④此“辟”字之假音，入、辟为韵。

【原文】

饰攻战者言曰[①]：“南则荆、吴之王，北则齐、晋之君，始封于天下之时，其土之方，未至有数百里也；人徒之众，未至有数十万人也。以攻战之故，土地之博至有数千里也，人徒之众至有数百万人。故当攻战而不可为也。”子墨子言曰：“虽四五国则得利焉，犹谓之非行道也，譬若医之药人之有病者然[②]。今有医于此，和合其祝药之于天下之有病者而药之[③]，万人食此，若医四五人得利焉，犹谓之非行药也。故孝子不以食其亲，忠臣不以食其君。古者封国于天下，尚者[④]以耳之所闻，近者以目之所见，以攻战亡者，不可胜数。”何以知其然也？东方有莒之国者[⑤]，其为国甚小，间于大国之间，不敬事于大，大国亦弗之从而爱利。是以东者越人夹削其壤地，西者齐人兼而有之。计莒之所以亡于齐、越之间者，以是攻战也。虽南者陈、蔡，其所以亡于吴、越之间者，亦以攻战。虽北者中山诸国[⑥]，其所以亡于燕、代、胡、貊之间者，亦以攻战也。是故子墨子言曰：“古者王公大人，情欲得而恶失，欲[⑦]安而恶危，故当攻战而不可不非。”

【注释】

①旧作“也言”，一本如此。

②句。

③祝谓祝由，见《素问》。或云祝药犹言疰药，非。一本无“祝”字，

非也。

④尚同“上”。

⑤今山东莒州。

⑥四字旧作“且一不著何”五字，一本如此。《史记·赵世家》云：“惠文王三年灭中山，迁其王于肤施。”《表》作“四年”。《元和郡县志》云：“定州，战国时为中山国。中山之地方五百里，城中有山，故曰中山。”今直隶定州是。

⑦旧作“故”，以意改。

【原文】

饰攻战者之言曰：“彼不能收用彼众，是故亡。我能收用我众，以此攻战于天下，谁敢不宾服哉？”子墨子言曰：“子虽能收用子之众，子岂若古者吴阖闾哉？古者吴阖闾教七年[①]，奉甲执兵，奔三百里而舍焉；次注林，出于冥隘之径[②]，战于柏举[③]，中楚国而朝宋与及鲁。至夫差之身，北而攻齐，舍于汶上，战于艾陵[④]，大败齐人，而葆之大山；东而攻越，济三江五湖[⑤]，而葆之会稽[⑥]。九夷之国，莫不宾服。于是退不能赏孤，施舍群萌[⑦]。自恃其力，伐其功，誉其智，怠于教，遂筑姑苏之台，七年不成[⑧]。及若此，则吴有离罢之心。越王勾践视吴上下不相得，收其众以复其仇，入北郭，徙大内，围王宫，而吴国以亡。昔者晋有六将军，而智伯莫为强焉。计其土地之博，人徒之众，欲以抗诸侯，以为英名攻战之速。故差论其爪牙之士，皆列舟车之众，以攻中行氏而有之。以其谋为既已足矣，又攻兹范氏而大败之。并三家以为一家而不止，又围赵襄子于晋阳。及若此，则韩、魏亦相从而谋曰：‘古者有语，唇亡则齿寒。赵氏朝亡，我夕从之；赵氏夕亡，我[⑨]朝从之。《诗》曰：鱼水不务，陆将何及乎！’是以三主之君，一心戮力[⑩]，辟门除道，奉甲兴士，韩、魏自外，赵氏自内，击智伯大败之[⑪]。”是故子墨子言曰：“古者有语曰：‘君子不镜于水，而镜于人。镜于水，见面之容；镜于人，则知吉与凶。’今以攻战为利，则盖尝鉴之于智伯之事乎[12]？此其为不吉而凶，既可得而知矣。”

【注释】

①案《史记》“阖闾九年入郢”，《吴越春秋》云“九年十月，楚二师陈于柏举”，即此事也。

②《淮南子·地形训》作“渑阨”，高诱曰：“渑阨，今宏农渑池是也。”则在今河南永宁县。《史记·魏世家》云“秦攻冥阨之塞”，《集解》云：“徐广曰：或以为江夏鄳县。”又杜预注《左传》云：“汉东之隘道。”《括地志》云：“石城山在中州钟山县东南二十一里。魏攻冥阨，即此山。”《吕氏春秋》《淮南子》九塞，此其一也。《玉海》：“在信阳军东南五十里。今在河南信阳州东南九十里。”

③在今湖北麻城市。《元和郡县志》云：“麻城县黾头山，在县东南十八里，举水之所出也。春秋吴、楚战于柏举，即此地也。”

④在今山东泰安县东南。《史记·吴太伯世家》云：“夫差七年，北伐齐，败齐师于艾陵，至缯。”

⑤《史记索隐》云：“韦昭云：三江谓松江、钱塘江、阳江。”《史记正义》云：“顾夷《吴地记》云：松江东北行七十里，得三江口，东北入海为娄江，东南入海为东江，并松江为三江。”五湖见前。

⑥今浙江山阴会稽山。

⑦此“氓”字之假音。

⑧《史记集解》云：“《越绝书》曰：阖闾起姑苏之台，三年聚材，五年乃成，高见三百里。”颜师古注《汉书》云：“《吴地记》云：因山为名，西南去国三十五里，今江南苏州府治。”

会稽山

⑨旧作“吾”，一本如此。

⑩戮，“勠”字假音。

⑪事俱见《韩非子》。

⑫盖，同“盇”。

非攻（下）

【原文】

子墨子言曰：今天下之所誉善者，其说将何为？其上中天之利，而中中鬼之利，而下中人之利，故誉之誉？意亡非为其上中天之利，而中中鬼之利，而下中人之利，故誉之与？虽使下愚之[①]人，必曰：“将为其上中天之利，而中中鬼之利，而下中人之利，故誉之。”今天下之所同义[②]者，圣王之法也。今天下之诸侯将犹多皆免攻伐并兼，则是有誉义之名而不察其实也。此譬犹盲者之与人同命白黑之名，而不能分其物也，则岂谓有别哉？

【注释】

①旧二字倒，以意移。

②旧作“养”，一本如此。

【原文】

是故古之知者之为天下度也，必顺虑其义，而后为之。行是以动，则不疑速通。成得其所欲而顺天鬼、百姓之利，则知者之道也[①]。是故古之仁人有天下者，必反大国之说。一天下之和，总四海之内。焉率天下之百姓，以农臣事上帝山川鬼神，利人多，功故又大。是以天赏之，鬼[②]富之，人誉之；使贵为天子，富有天下，名参乎天地，至今不废。此则知者之道也，先王之所以有天下

者也。

【注释】

①知，读智。

②旧作“愚”，以意改。

【原文】

今王公大人、天下之诸侯则不然，将必皆差论其爪牙之士，皆列其舟车之卒伍，于此为坚甲利兵，以往攻伐无罪之国。入其国家边境，芟刈其禾稼，斩其树木，堕[1]其城郭，以湮其沟池[2]，攘杀其牲栓，燔溃其祖庙，刭杀其万民[3]，覆其老弱，迁其重器，卒进而柱乎斗，曰：“死命为上，多杀次之，身伤者为下；又况先列北挠乎哉[4]？罪死无杀!”以譂其众[5]。夫无兼国覆军，贼虐万民，以乱圣人之绪，意将以为利天乎？夫取天之人，以攻天之邑，此刺杀天民，剥振神之位，倾覆社稷，攘杀其牺牲，则此上不中天之利矣。意将以为利鬼乎？夫杀之人[6]，灭鬼神之主，废灭先王，贼虐万民，百姓离散，则此中不中鬼之利矣。意将以为利人乎？夫杀之人为利人也博矣，又计其费，此为周生之本，竭天下百姓之财用，不可胜数也，则此下不中人之利矣。

【注释】

①一本作“坠”。

②湮塞之字当为“垔”。

③刭字从刀。

④北，谓奔北也。北之言背驰；挠之言曲行，谓逗挠。

⑤》《《玉篇》无此字。古字言、心相近，即“惮”字。

⑥旧作“神”，据后文改。

【原文】

今夫师者之相为不利者也，曰：“将不勇，士不分[①]，兵不利，教不习，师不众，率不利和，威不圉，害之不久，争之不疾，孙之不强，植心不坚，与国诸侯疑；与国诸侯疑，则敌生虑而意羸矣。”偏具此物[②]，而致从事焉，则是国家失卒[③]，而百姓易务也。今不尝观其说好攻伐之国？若使中兴师，君子庶人也必且数千，徒倍十万，然后足以师而动矣。久者数岁，速者数月，是上不暇听治，士不暇治其官府，农夫不暇稼穑，妇人不暇纺绩织纴[④]，则是国家失卒而百姓易务也。然而又与其车马之罢毙也，幔幕帷盖，三军之用，甲兵之备，五分而得其一，则犹为序疏矣。然而又与其散亡道路，道路辽远，粮食不继傺食饮之时[⑤]，厕役以此饥寒冻馁疾病而转死沟壑中者，不可胜计也。此其为不利于人也，天下之害厚矣！而王公大人乐而行之，则此乐贼灭天下之万民也，岂不悖哉！今天下好战之国，齐、晋、楚、越，若使此四国者得意于天下，此皆十倍其国之众，而未能食其地也，是人不足而地有余也。今又以争地之故而反相贼也，然则是亏不足而动有余也。

【注释】

①同“忿”。

②偏，当为“遍”。

③一本作“足”。

④《说文》云：“纺，网丝也。”“绩，缉也。”“织，作布帛之总名也。”“纴，机缕也”，䋕或字。

⑤王逸注《楚辞》云：“傺，住也。楚人名住曰傺。”

【原文】

今还夫好攻伐之君，又饰其说以非子墨子曰：“以攻伐之[①]为不义，非利物与？昔者禹征有苗，汤伐桀，武王伐纣，此皆立为圣王，是何故也？”子墨子曰：“子未察吾言之类，未明其故者也。彼非所谓攻，谓诛也。昔者有三苗大乱，天命殛之。日妖宵出，雨血三朝，龙生庙，大哭乎市，夏冰，地坼及泉[②]，五谷变化，民乃大振[③]。高阳[④]乃命玄宫，禹亲把[⑤]天之瑞令[⑥]，以征有苗。四电诱祗，有神人面鸟身，若瑾以侍，搤矢有苗之祥，苗师大乱，后乃遂几。禹既已克有三苗，焉磨为山川，别物上下，卿制大极[⑦]，而神民不违，天下乃静。则此禹之所以征有苗也。还至乎夏王桀[⑧]，天有牿命[⑨]，日月不时，寒暑杂至，五谷焦死，鬼呼国，鹤鸣十夕余[⑩]。天[⑪]乃命汤于镳[⑫]宫，用受夏之大命：‘夏德大乱，予既卒其命于天矣，往而诛之，必使汝堪[⑬]之。’汤焉敢奉率其众，是以乡有夏之境。帝乃使阴暴毁有夏之城。少少有神来告曰：‘夏德大乱，往攻之，予必使汝大堪之。予既受命于天。’天命融隆[⑭]火[⑮]于夏之城间西北之隅。汤奉桀众以克有，属诸侯于薄[⑯]，荐章天命，通于四方，而天下诸侯莫敢不宾服。则此汤之所以诛桀也。还至乎商王纣[⑰]，天不序其德，祀用失时，兼夜中[⑱]十日，雨土于薄[⑲]，九鼎迁止，妇妖宵出，有鬼宵吟，有女为男，天雨肉，棘生乎国道，王兄自纵也。赤鸟[⑳]衔珪[㉑]，降周之岐社，曰：‘天命周文王，伐殷有国[㉒]。’泰颠来宾，河出绿图，地出乘黄，武王践功。梦见三神，曰[㉓]：‘予既沈渍[㉔]殷纣于酒德矣，往攻之，予必使汝大堪[㉕]之。’武王乃攻狂夫。反商之周，天赐[㉖]武王黄鸟之旗[㉗]。王既已克殷，成帝之来[㉘]，分主诸神，祀纣先王，通维四夷，而天下莫不宾，焉袭汤之绪。此即武王之所以诛纣也。若以此三圣王者观之，则非所谓攻也，所谓诛也。”

【注释】

①据后文当云“子以攻罚”。

②《太平御览》引此云：“三苗欲灭，时地震坼泉涌。”

③同“震”。

④舜，高阳第六世孙，故云。

⑤《文选注》引作“抱”。

⑥《说文》云：“瑞以玉为信也。”

⑦《说文》云：“卿，章也。”

⑧《文选注》引作“夏桀时”。

⑨牿，当是“诰”字。

⑩卢云：“鹳字未详，若作鹤，与鸖同”。

⑪旧脱此字，据《文选注》增。

⑫《艺文类聚》引作“骊”，《文选注》作“镳”。

⑬《文选注》《艺文类聚》引作“戡”。此“𢦏”字之假音。《说文》云：“𢦏，杀也。”《尔雅》云：“堪，胜也。”

⑭疑作“降”。

⑮言命祝融降火。

⑯此作“薄”，是也。《管子·地数》云：“汤有七十里之薄。”《周书·殷祝解》云：“汤放桀而复薄。”《荀子·议兵》云：“古者汤以薄，武王以滈。”《吕氏春秋》云：“汤尝约于郼薄。”皆作“薄”。《地里志》云：“河南偃师尸乡，殷汤所都。”是今河南偃师也。《史记集解》云：“皇甫谧曰：梁国谷孰为南亳，即汤都也。”《括地志》云：“宋州谷孰县西南三十里南亳故城，即南亳汤都也。宋州北五十里大蒙城为景亳，汤所盟地，因景山为名。河南偃师为西亳，帝喾及汤所都，盘庚亦从都之。”又案：“薄”，惟《孟子》作“亳”，非正字也。亳，京兆杜陵亭，见《说文》。别有亳王号汤，在今陕西三原县，地各不同。

⑰《文选注》引作“商王纣时”，《太平御览》作“纣之时”。

⑱句。

⑲《太平御览》引作“亳”，假音字。

⑳《太平御览》引作“雀”。

㉑《初学记》引作“书”。

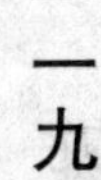

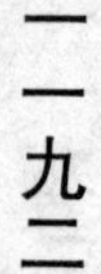

㉒《太平御览》云："命曰周文王伐殷。"《事类赋》云："命伐殷也。"

㉓旧脱此字，据《文选注》《艺文类聚》增。

㉔《艺文类聚》引作"渎"。

㉕《艺文类聚》《文选注》引作"戡"。

㉖《太平御览》引作"锡"。

㉗《北堂书钞》引《随巢子》云："天赐武王黄鸟之旗。"《抱朴子》云："武王时兴，天给之旗。"

㉘当为"赉"。

【原文】

则夫好攻伐之君，又饰其说以非子墨子曰："子以攻伐为不义，非利物与？昔者楚熊丽[①]始讨[②]此睢山之间[③]，越王繄亏[④]出自有遽[⑤]，始邦于越，唐叔与吕尚邦齐、晋，此皆地方数百里，今以并国之故，四分天下而有之，是故何也？"子墨子曰："子未察吾言之类，未明其故者也。古者天子之始封诸侯也，万有余[⑥]今以并国之故，万国有余皆灭，而四国独立。此譬犹医之药万有余人，而四人愈也。则不可谓良医矣。"

【注释】

①《史记·楚世家》云："鬻熊子事文王，蚤卒，其子曰熊丽。"

②字当为"封"。

③此即江、汉、沮、漳之沮。

④卢云："即无余也。'繄'，旧作'紧'，非，以意改。"

⑤未详。

⑥《吕氏春秋·用民》云："当禹之时，天下万国，至于汤而三千余国。"

【原文】

则夫好攻伐之君，又饰其说曰："我非以金玉、子女、壤地为不足也，我欲以义名立于天下，以德求[1]诸侯也。”子墨子曰：“今若有能以义名立于天下，以德求诸侯者，天下之服可立而待也。”夫天下处攻伐久矣，譬若传子之为马然[2]。今若有能信效先利天下诸侯者，大国之不义也，则同忧之；大国之攻小国也，则同救之；小国城郭之不全也，必使修之；布粟之绝，则委之；币帛不足，则共之[3]。以此效大国，则小国之君说。人劳我逸，则我甲兵强。宽以惠，缓易急，民必移。易攻伐以治我国，攻必倍。量我师举之费，以诤诸侯之毙，则必可得而序利焉。督以正，义其名，必务宽吾众，信吾师，以此授诸侯之师，则天下无敌矣。其为下不可胜数也。此天下之利，而王公大人不知而用，则此可谓不知利天下之巨[4]务矣。是故子墨子曰：“今且天下之王公大人士君子，中情将欲求兴天下之利，除天下之害，当若繁为攻伐，此实天下之巨害也。今欲为仁义，求为上士，尚欲中圣王之道，下欲中国家百姓之利，故当若非攻之为说，而将不可不[5]察者，此也。”

【注释】

①一本作“来”，下同。

②传子，言传舍之人。

③共，同“供”。

④旧作“臣”，以意改。

⑤旧脱此字，以意增。

第六卷

节用（上）

【原文】

圣人为政一国，一国可倍也[1]。大之为政天下，天下可倍也。其倍之，非外取地也；因其国家去其无足以倍之。圣王为政，其发令兴事，便民用财也，无不加用而为者。是故用财不费，民德不劳，其兴利多矣。

【注释】

①言利可倍。

【原文】

其为衣裘何以为？冬以圉寒，夏以圉暑。凡为衣裳之道，冬加温，夏加清者，芊䱉不加者去之①。其为宫室何以为？冬以圉风寒，夏以圉暑雨，有盗贼加固者，芊䱉不加者去之。其为甲盾五兵何以为？以圉寇乱盗贼。若有寇乱盗贼，有甲盾五兵者胜，无者嘲不胜。是故圣人作为甲盾五兵。凡为甲盾五兵，加轻以利，坚而难折者，芊䱉不加者去之。其为舟车何？以为车以行陵陆，舟以行川谷，以通四方之利。凡为舟车之道，加轻以利者，芊䱉不加者去之。凡其为此物也，无加用而为者。是故用财不费，民德不劳，其兴利多。有去大人之好聚珠玉、鸟兽、犬马，以益衣裳、宫室、甲盾、五兵、舟车之数，于数倍乎！若则不难。

【注释】

①“芊䱉”二字凡四见，疑一“鲜”字之误。鲜，少也，言少有不加于温清者去之。即下篇云“诸加费不加于民利者，圣王弗为”是也。不加，犹云无益。

②旧作“有”，以意改。

【原文】

故孰为难倍？唯人为难倍。然人有可倍也。昔者圣王为法曰：“丈夫年二十，毋敢不处家。女子年十五，毋敢不事人。”此圣王之法也。圣王既没，于民次也。其欲蚤处家者，有所二十年处家；其欲晚处家者，有所四十年处家。以其蚤与其晚相践，后圣王之法十年。若纯三年而字，子生可以二三年矣。此不惟使民蚤处家而可以倍与？且不然已。

今天下为政者，其所以寡人之道多，其使民劳，其籍敛厚；民财不足，冻饿死者，不可胜数也。且大人惟毌兴师以攻伐邻国[①]，久者终年，速者数月，男女久不相见，此所以寡人之道也。与居处不安，饮食不时，作疾病死者，有与侵就僾橐[②]，攻城野战死者，不可胜数。此不令[③]为政者所以寡人之道，数术而起与！圣人为政特无此。不圣人为政，其所以众人之道，亦数术而起与！

【注释】

①毌，同“贯”。

②僾即“援”字异文。

③令，当为“今”。

【原文】

故子墨子曰：“去无用之[①]圣王之道，天下之大利也。”

【注释】

①疑有脱字。

节用（中）

【原文】

子墨子言曰：“古者明王圣人所以王天下、正诸侯者，彼其爱民谨忠，利民谨厚；忠信相连，又示之以利。是以终身不餍，殁二[①]十而不卷。古者明王圣

人，其所以王天下、正诸侯者，此也。”

【注释】

①卢云：“二字疑当为世。”

【原文】

是故古者圣王制为节用之法，曰：“凡天下群百工，轮车、鞼匏[①]、陶冶、梓匠，使各从事其所能。曰，凡足以奉给民用，则止。”诸加费不加于民利者，圣王弗为[②]。

【注释】

①鞼，《说文》云：“韦绣也。”匏，当为鞄，《说文》云：“柔革工也，读若朴。”

②旧“民用”下作“诸加费不加民利则止”，今据后文改。《史记·李斯列传》：“李斯曰：凡古圣王，饮食有节，车器有数，宫室有度。出食造事，加费而无益于民者，禁。”即用此义。

【原文】

古者圣王制为饮食之法，曰：“足以充虚继气，强股肱[①]，耳目聪明，则止。”不极五味之调，芬香之和[②]，不致远国珍恢[③]异物[④]。何以知其然？古者尧治天下，南抚交阯，北降幽都，东西至日所出入[⑤]，莫不宾服。逮至其厚爱，黍稷不二，羹胾不重，饮于土塯[⑥]，啜于土形[⑦]，斗以酌。俛仰周旋威仪之礼[⑧]，圣王弗为。

【注释】

①《太平御览》引有“使”字。

②芬字同“芬”。

③一本作“怪”，《太平御览》引同。

④《说文》云：“恢，大也。”亦通。

⑤谓旸谷、昧谷。

⑥当为“溜”，《太平御览》引此云“饭土轨”。《史记·李斯列传》：“二世责问李斯曰：吾有所闻于韩子也，曰尧饭土匦，啜土铏。”徐广曰：“匦一作溜。”《说文》无熘字。《玉篇》云：“力又切，瓦饭器也。”

⑦《太平御览》引作“铏”。郑君注《周礼》云：“铏，羹器也。”《后汉书注》引此云：“尧舜堂高三尺，土阶三等，茅茨不翦，采椽不斫，饮土簋，歠土铏，粝粱之饭，藜藿之羹，夏日葛衣，冬日鹿裘，是约己也。”《文选注》亦以为此文案出《韩非子》。

⑧《说文》云：“頫，低头也。或从人免。”

【原文】

古者圣王制为衣服之法，曰：“冬服绀緅之衣轻且暖[1]，夏服絺绤之衣轻且清，则止。”诸加费不加于民利者，圣王弗为。

【注释】

①《说文》云：“绀，帛深青扬赤色。”《玉篇》：“绀，古憾切。”案：緅非古字，当为“纔”。《考工记》云：“五入为緅。”郑君注云：“今礼俗文作爵，言如爵头色。”《说文》“纔”云“帛雀头色”，与郑注緅义合。《说文》无緅字，是知当为纔。

【原文】

古者圣人为猛禽狡兽暴人害民，于是教民以兵行，日带剑为刺则入，击则断，旁击而不折。此剑之利也。甲为衣则轻且利，动则兵且从。此甲之利也。

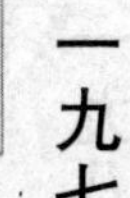

车为服重致远，乘之则安，引之则利；安以不伤人，利以速至。此车之利也。古者圣王为大川广谷之不可济，于是利为舟楫，足以将之，则上。虽上[①]者三公诸侯至，舟楫不易，津人不饰。此舟之利也。

【注释】

①旧作“止”，以意改。

【原文】

古者圣王制为节葬之法，曰：“衣三领足以朽肉，棺三寸足以朽骸，堀穴深不通于泉[①]，流[②]不发泄，则止。”死者既葬，生者毋久丧用哀。

【注释】

①《说文》云：“堀，兔窟也。”此“窟”字假音。

②流，疑当为“气”，据下篇有云“气无发洩于上”。

【原文】

古者人之始生，未有宫室之时，因陵丘堀穴而处焉。圣王虑之，以为堀穴，曰：冬可以辟风寒[①]；逮[②]夏，下润湿，上熏烝，恐伤民之气。于是作为宫室而利。然则为宫室之法将奈何哉？子墨子言曰：“其旁可以圉风寒，上可以圉雪霜雨露，其中蠲洁可以祭祀，宫墙足以为男女之别，则止。”诸加费不加民利者，圣王弗为。

【注释】

①辟，同“避”。言堀穴但可以避冬日风寒而已。

②旧作“建”，以意改。

节用（下）（缺）

节葬（上）（缺）

节葬（中）（缺）

节葬（下）[1]

【原文】

子墨子言曰："仁者之为天下度也，辟之无以异乎孝子之为亲度也[2]。"今孝子之为亲度也，将奈何哉？曰："亲贫，则从事乎富之；人民寡，则从事乎众之；众乱，则从事乎治之。"当其于此也，亦有力不足，财不赡，智不智[3]，然后已矣。无敢舍余力，隐谋遗利，而不为亲为之者矣。若三务者[4]，孝子之为亲度也，既若此矣。虽仁者之为[5]天下度，亦犹此也。曰："天下贫，则从事乎富之；人民寡，则从事乎众之；众而乱，则从事乎治之。"当其于此，亦有力不足，财不赡，智不智，然后已矣。无敢舍余力，隐谋遗利，而不为天下为之者矣。若三务者，此仁者之为天下度也[6]，既若此矣。

【注释】

①《说文》云："葬，臧也。从死，在茻中，一其中，所以荐之。"《易》曰："古之葬者厚衣之以薪。"又云："节，竹约也。"经典借为约之意。

②辟，同"譬"。

③一本作"知"。

④旧脱此字，据后文增。

⑤旧脱此字，一本有。

⑥旧脱此字，据上文增。

【原文】

今逮至昔者三代圣王既没[①]，天下失义。后世之君子，或以厚葬久丧以为仁也，义也，孝子之事也；或以厚葬久丧以为非仁义，非孝子之事也。曰二子者，言则相非[②]，行即相反，皆曰："吾上祖述尧、舜、禹、汤、文、武之道者也。"而言即相非，行即相反，于此乎后世之君子皆疑惑乎二子者言也。若苟疑惑乎之二子者言，然则姑尝傅而为政乎国家万民而观之，计厚葬久丧奚当此三利者？我意若使法其言，用其谋，厚葬久丧实可以富贫众寡，定危治乱乎，此仁也，义也，孝子之事也[③]，为人谋者不可不劝也[④]。仁者将兴之天下，谁贾[⑤]而使民誉之，终勿废也。意亦使法其言，用其谋，厚葬久丧实不可以富贫众寡，定危理[⑥]乱乎，此非仁、非义、非孝子之事也，为人谋者不可不沮也。仁者将求除天下之相废而使人非之，终身勿为。且故兴天下之利，除天下之害，令国家百姓之不治也，自古及今，未尝之有也。何以知其然也？今天下之士君子，将犹多皆疑惑厚葬久丧之为中是非利害也。故子墨子言曰："然则姑尝稽之，今虽毋法执厚葬久丧者言[⑦]，以为事乎国家。"此存乎王公大人有丧者，曰棺椁[⑧]必重，葬埋必厚，衣衾必多，文绣必繁，丘陇必巨；存乎正夫贱人死者[⑨]，殆竭家室；乎[⑩]诸侯死者，虚车府，然后金玉珠玑北乎身，纶组节约车马藏乎圹，又必多为屋幕，鼎鼓几梃壶滥[⑪]，戈剑羽旄齿革寝而埋之，满意，若送从。曰天子杀殉[⑫]，众者数百，寡者数十；将军大夫杀殉，众者数十，寡者数人。处丧之法将奈何哉？曰："哭泣不秩，声[⑬]翁，缞绖[⑭]，垂涕，处倚庐，寝苫枕凷。"又相率强不食而为饥，薄衣而为寒，使面目陷陬，颜色黧黑。耳目不聪明，手足不劲强，不可用也。又曰："上士之操丧也，必扶而能起，杖而能行。"以此共三年。若法若言，行若道，使王公大人行此，则必不能蚤朝，五官六府，辟草木[15]，实仓廪；使农夫行此，则必不能蚤出夜[16]入，耕稼树艺；使百工行此，则必不能修舟车，为器皿矣；使妇人行此，则必不能夙兴夜寐，纺绩织纴[17]细。计厚葬为多埋赋之财者也，计久丧为久禁从事者也。财以成者[18]，扶而埋之；后得生者，而久禁之[19]。以此求富，此譬犹禁耕而求获也，富之说无可得焉。是故求以[20]富家，而既已不可矣。

【注释】

①卢云："今逮至昔者连下为文，亦见下篇。"

②则字，据下当为"即"。

③旧脱此字，据前后文增。

④此下旧有"仁者将求兴天下，谁霸而使民誉之"云云，共六十四字，与下文复出，今删。

⑤一本作"霸"。

⑥前作"治"。

⑦毌，同"惯"。

⑧旧作"椰"，以意改。

⑨正，同"征"。

⑩当云"存乎"。

⑪梴，同"筵"。《吕氏春秋·节丧》有云"壶滥"，高诱曰："以冰水浆于其中为滥，取其冷者也。"

⑫古只为"佝"。

⑬言声无次第。

⑭翁义未详。《说文》云："缞服长六寸，博四寸，直心。"郑君注《仪礼》云："麻在首、在要，皆曰绖。"《说文》云："绖，丧首戴也。"

⑮辟，同"闢"。草，即"艸"字假音。

⑯一本作"晚"。

⑰纴、絍二字皆通。

⑱以，同“已”。

⑲言厚葬，则埋已成之财；久丧，则禁后生之财。

⑳旧二字倒，据后文改。

【原文】

欲以众人民，意者可邪？其说又不可矣。今惟毌[①]以厚葬久丧者为政，君死，丧之三年；父母死，丧之三年；妻与后子死者，五皆丧之三年；然后伯父、叔父、兄弟、孽子其[②]，族人五月，姑、姊、甥、舅皆有月数。则毁瘠必有制矣。使面目陷陬，颜色黧黑，耳目不聪明，手足不劲强，不可用也。又曰：“上士操丧也，必扶而能起，杖而能行。”以此共三年。若法若言，行若道，苟其饥约，又若此矣。是故百姓冬不仞寒[③]，夏不仞暑，作疾病死者，不可胜计也。此其为败男女之交多矣。以此求众，譬犹使人负剑而求其寿也。众之说无可得焉。是故求以众人民，而既以不可矣[④]。

【注释】

①旧作“无”，当是“毌”讹为“毋”，又讹为“无”，以意改。

②同“期”。

③仞，“忍”字假音。

④以，同“已”。

【原文】

欲以治刑政，意者可乎？其说又不可矣。今惟毌[①]以厚葬久丧者为政，国家必贫，人民必寡，刑政必乱。若法若言，行若道，使为上者行此，则不能听治；使为下者行此，则不能从事。上不听治，刑政必乱；下不[②]从事，衣食之财必不足。若苟不足，为人弟者求其兄而不得，不弟弟必将怨其兄矣；为人子者求其亲而不得，不孝子必是怨其亲矣；为人臣者求之君而不得，不忠臣必且乱其上矣。是以僻淫邪行之民，出则无衣也，入则无食也，内续奚吾[③]，并为淫暴，而不可胜禁也。是故盗贼众而治者寡。先众盗贼而寡治者，以此求治，譬犹使人三睘[④]，而毋负己也。治之说无可得焉。是故求以治刑政，而既已不可矣。

【注释】

①旧作“无”，以意改。

②旧有“行”字，衍文。

③四字未详。

④未详。

【原文】

欲以禁止大国之攻小国也，意者可邪？其说又不可矣。是故昔者圣王既没，天下失义，诸侯力征。南有楚、越之王，而北有齐、晋之君，此皆砥砺其卒伍[①]，以攻伐并兼为政于天下。是故凡大国之所以不攻小国者，积委多，城郭修，上下调和，是故大国不耆攻之[②]；无积委，城郭不修，上下不调和，是故大国耆[③]攻之。今惟毋以厚葬久丧者为政，国家必贫，人民必寡，刑政必乱。若苟贫，是无以为积委也；若苟寡，是城郭沟渠者寡也；若苟乱，是出战不克，入守不固。此求禁止大国之攻小国也，而既已不可矣。

【注释】

①砺，当为“厉”。

②旧作“者”，据后文改。

③旧作“者”，据上文改。

【原文】

欲以干上帝鬼神之福意者可邪？其说又不可矣。今惟毋[①]以厚葬久丧者为

政，国家必贫，人民必寡，刑政必乱。若苟贫，是粢盛酒醴不净洁也；若苟寡，是事上帝鬼神者寡也；若苟乱，是祭祀不时度也。今又禁止事上帝鬼神。为政若此，上帝鬼神始得从上抚之，曰："我有是人也与无是人也，孰愈?"曰："我有是人也与无是人也，无择也。"则惟上帝鬼神降之罪厉之祸罚而弃之，则岂不亦反[2]其所哉?

【注释】

①旧作"无"，以意改。

②旧作"乃"，以意改。

【原文】

故古圣王[1]制为葬埋之法，曰[2]："棺三寸，足以朽体；衣衾三领，足以覆恶[3]。以及其葬也，下毋及泉，上毋通臭，垄若参耕之亩，则止矣。"死者既以葬矣，生者必无久哭，而疾而从事，人为其所能，以交相利也。此圣王之法也。

【注释】

①《后汉注》引作"古者圣人"。

②《初学记》引作"桐"，余书亦多作"曰"。

③死者为人恶之，故云覆恶。

【原文】

今执厚葬久丧者之言曰："厚葬久丧虽使不可以富贫众寡，定危治乱，然此圣王之[1]道也。"子墨子曰："不然。昔者尧北教乎八狄[2]，道死，葬蛩山之阴[3]。衣衾三领，榖木之棺[4]，葛以缄之。既氾[5]而后哭，满埳[6]无封[7]，已葬而牛马乘之。舜西教乎七戎[8]，道死，葬南巳之市[9]。衣衾三领，榖木之棺[10]，葛以缄之。已葬而市人乘之。禹东教乎九夷[11]，道死，葬会稽之山。衣衾三领[12]，桐棺三寸[13]，葛以缄之[14]。绞之不合，通之不埳，土地之深，下毋及泉，上毋通臭。既葬，收馀壤其上垄[15]，若参耕之亩，则[16]止矣。若以此若三圣王者观之，则厚葬久丧果非圣王之道。故三王者，皆贵为天子，富有天下，岂忧财用之不足哉？以为如此葬埋之法[17]。”

【注释】

①旧作“也以”二字，据后文改。

②《北堂书钞》引作“北狄”。

③“蛩”，《初学记》引作“蛩”，一本亦作“蛩”。《北堂书钞》《后汉书注》《太平御览》俱引作“邛”。《吕氏春秋·安死》云：“尧葬于谷林。”高诱曰：“尧葬成阳，此云谷林，成阳山下有谷林。”

④“榖”字从木。

⑤汜，当为“犯”，“窆”字之假音也。

⑥古无此字，当为“坎”。《北堂书钞》《后汉书注》《太平御览》俱引作“坎”。《玉篇》云：“埳，苦感切，亦与坎同。”

⑦《后汉书注》引作“窆”，封、窆声相近。

⑧《北堂书钞》《太平御览》引俱作“犬戎”。

⑨《后汉书注》引作“舜葬纪市”又一引作“葬南巴之中”，《太平御览》亦作“纪”。《吕氏春秋·安死》云：“舜葬于纪市，不变其肆。”高诱曰：“传曰：舜葬苍梧九疑之山，此云于纪市，九疑山下亦有纪邑。”按南巳实当作南巴，形相近字之讹也。高诱以为纪邑，非。九疑，古巴地。《史记正义》云：“《周地志》云：南渡老子水，登巴岭山，南回记大江。此南是古巴国，因以名山。”是巳。

⑩《后汉书注》引“榖”作“款”，非。

⑪《太平御览》引作“教于越者”，以意改之。

⑫《史记集解》引“衾”作“裘”，非。

⑬《后汉书注》引《尸子》云："禹之葬法，死于陵者葬于陵，死于泽者葬于泽，桐棺三寸，制丧三日。"

⑭《太平御览》引"缄"作"绷"，注云"补庚切"，则此缄字俗改。

⑮《太平御览》引作"收馀壤为垄"，则当云"为其上垄"。《前汉书注》作"陇"。

⑯旧作"取"，据《前汉书注》改。

⑰《太平御览》引作"以为葬埋之法也"。

【原文】

今王公大人之为葬埋，则异于此。必大棺中棺，革阓三操[①]，璧玉即具，戈剑鼎鼓壶滥，文绣素练，大鞅万领，舆马女乐皆具。曰必捶垛[②]，差通，垄虽凡山陵。此为辍民之事，靡民之财，不可胜计也。其为毋用若此矣。

【注释】

①阓同"鞼"，操同"缫"，假音字。

②捶，当为"埵"。说文云："坚土也。"垛，当为"涂"。《说文》、《玉篇》无垛字。言筑涂使坚。

【原文】

是故子墨子曰："乡者[①]，吾本言曰：'意亦使法[②]其言，用其谋[③]，计厚葬久丧，诚[④]可以富贫众寡，定危治乱乎，则仁也，义也，孝子之事也，为人谋者不可不劝也。意亦使法其言，用其谋，若人厚葬久丧，实不可以富贫众寡，定危治乱乎，则非仁也，非义也，非孝子之事也，为人谋者不可不沮也。'是故求以富国家，甚得贫焉；欲以众人民，甚得寡焉；欲以治刑政，甚得乱焉。求以禁止大国之攻小国也，而既已不可矣；欲以干上帝鬼神之福，又得祸焉。上稽之尧、舜、禹、汤、文、武之道，而政逆之；下稽之桀、纣、幽、厉之事，犹合节也。若以此观，则厚葬久丧，其非圣王之道也。”

【注释】

①乡，“鄉”省文。

②旧脱此字，一本有。

③句。

④旧作“请”，一本如此。

【原文】

今执厚葬久丧者言曰：“厚葬久丧果非圣王之道，夫胡说中国之君子为而不已[①]，操而不择哉[②]？”子墨子曰：“此所谓便其习而义其俗者也。”昔者越之东有輆沐之国者[③]，其长子生，则解而食之[④]，谓之“宜弟”。其大父死，负其大母而弃之，曰“鬼妻不可与居处”。此上以为政，下以为俗，为而不已，操而不择。则此岂实仁义之道哉？此所谓便其习而义其俗者也。楚之南有炎人国者[⑤]，其亲戚死，朽其肉而弃之[⑥]，然后埋其骨，乃成为孝子。秦之西有仪渠之国者[⑦]，其亲戚死，聚柴薪而焚之，燻上[⑧]，谓之“登遐”[⑨]，然后成为孝子。此上以为政，下以为俗[⑩]，为而不已，操而不择。则此岂实仁义之道哉？此所谓便其习而义其俗者也。若以此若三国者观之，则亦犹薄矣；若中国之君子观之，则亦犹厚矣。如彼则大厚，如此则大薄，然则葬埋之有节矣。

【注释】

①犹言何说。

②择，同“释”。

③“輆”，旧作“[illegible]”，不成字。据《太平广记》引作“輆”，音善爱反，今改。卢云：“《列子·汤问篇》作辄才，《新论》作轸沐。”

④卢云：“解，《鲁问》作鲜，与《列子》同。杜预注《左传》曰：人不以

寿死曰鲜。”

⑤卢云：“《列子》作炎。殷敬顺《释文》读去声。”

⑥《列子》“朽”作“歹丂”，同。《太平广记》引作“刳”。

⑦“渠”，旧作“秉”，据《列子》及《太平广记》改。《括地志》云：“宁、原、庆三州，秦为北地郡，战国及春秋时为义渠戎国之地，今甘肃庆阳府也，在陕西之西。”

⑧燻，即“熏”字俗写。

⑨《太平广记》引作“熏其烟上，谓之登烟霞”。

⑩《太平广记》引有云“而未足为非也”。

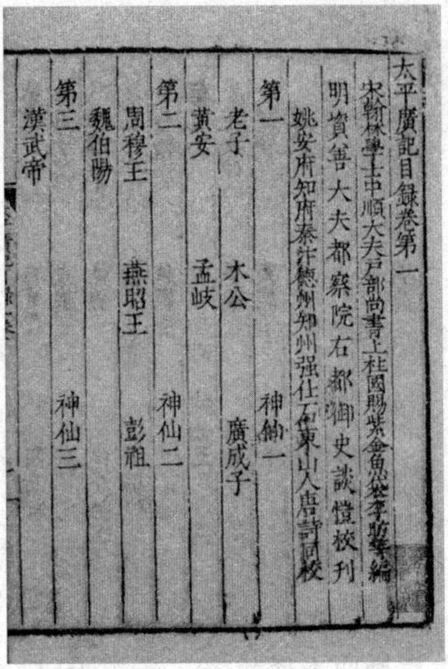
太平廣記目録卷第一
宋翰林學士中順大夫戶部尚書上柱國賜紫金魚袋李昉等編
明資善大夫都察院右都御史談愷校刊
姚安府知府秦汴德州知州强仕石東山人唐詩同校
第一　神仙一
老子　木公　廣成子
黃安　孟岐
第二　神仙二
周穆王　燕昭王　彭祖
魏伯陽
第三　神仙三
漢武帝

《太平广记》书影

【原文】

故衣食者，人之生利也，然且犹尚有节；葬埋者，人之死利也，夫何独无节？于此乎子墨子制为葬埋之法，曰：“棺三寸，足以朽骨；衣三领，足以朽肉；掘地之深，下无菹漏，气无发泄于上，垄足以期其所①，则止矣。哭往哭来，反，从事乎衣食之财，佴乎祭祀②，以致孝于亲。”故曰子墨子之法，不失死生之利者，此也。

【注释】

①言期会。

②《说文》：“佽，做也。”佽训便利。

【原文】

故子墨子言曰："今天下之士君子，中诚[1]将欲为仁义，求为上士，上欲中圣王之道，下欲中国家百姓之利，故当若节丧之为政而不可不察者，此也。"

【注释】

①旧作"谓"，以意改。

第七卷

天志（上）[1]

【原文】

子墨子言曰："今天下之士君子，知小而不知大。"何以知之？以其处家者知之。若处家得罪于家长，犹有邻家所避逃之[2]。然且亲戚、兄弟、所知识共[3]相儆戒，皆曰："不可不戒矣！不可不慎矣！恶有处家而得罪于家长而可为也！"非独处家者为然，虽处国亦然。处国得罪于国君，犹有邻国所避逃之。然且亲戚、兄弟、所知识共相儆戒，皆曰："不可不戒矣！不可不慎矣！谁亦有处国得罪于国君而可为也！"此有所避逃之者也，相儆戒犹若此其厚；况无所避逃之者，相儆戒岂不愈厚然后可哉？且语言有之："日焉而晏日焉而得罪，将恶避逃之[4]？"曰无所避逃之。夫天不可为林谷幽门无人[5]，明必见之。然而天下之君子天也，忽然不知以相儆戒。此我所以知天下士君子知小而不知大也。

【注释】

①《玉篇》云："志，意也。"《说文》无志字。郑君注《周礼》云："志，

古文识。”则识与志同。又篇中多或作“之”，疑古文“志”亦只作“之”也。

②《广雅》云：“所，尻也。”《玉篇》云：“处所。”

③旧作“其”，一本如此，下同。

④犹云“日暮涂远”，两日字旧作“曰”，以意改。

⑤门，当为“涧”。

【原文】

然则天亦何欲何恶？天欲义而恶不义。然则率天下之百姓以从事于义，则我乃为天之所欲也。我为天之所欲，天亦为我所欲。然则[①]何欲何恶？我欲福禄而恶祸祟。然则我率天下之百姓，以从事于祸祟中也。然则何以知天之欲义而恶不义？曰：天下有义则生，无义则死；有义则富，无义则贫；有义则治，无义则乱。然则天欲其生而恶其死，欲其富而恶其贫，欲其治而恶其乱，此我[②]所以知天欲义而恶不义也。

【注释】

①一本此下有“我”字。

②旧作“义”，以意改。

【原文】

曰：且夫义者，政也。无从下之政上，必从上之政下。是故庶人竭力从事，未得次己而为政[①]，有士政之；士竭力从事，未得次己而为政，有将军大夫政之；将军大夫竭力从事，未得次己而为政，有三公诸侯政之；三公诸侯竭力听治，未得次己而为政，有天子政之；天子未得次己而为政，有天政之。天子为政于三公、诸侯、士、庶人，天下之士君子固明知；天之为政于天子，天下百姓未得之明知也[②]。

【注释】

①次，“恣”字省文，下同。一本作“恣”，俗改。

②当云“明知之也”。

【原文】

故昔三代圣王禹、汤、文、武，欲以天之为政于天子，明说天下之百姓，故莫不犓牛羊，豢犬彘，洁为粢[①]盛酒醴，以祭祀上帝鬼神，而求祈福于天。我未尝闻天下之所求祈福于天子者也，我所以知天之为政于天子者也。故天子者，天下之穷贵也，天下之穷富也。故于富且贵者，当天意而不可不顺。顺天意者，兼相爱，交相利，必得赏。反天意者，别相恶，交相贼，必得罚。然则是谁顺天意而得赏者？谁反天意而得罚者？子墨子言曰：“昔三代圣王禹、汤、文、武，此顺天意而得赏[②]也。昔三代之暴王桀、纣、幽、厉，此反天意而得罚者也。”然则禹、汤、文、武其得赏何以也？子墨子言曰：“其事上尊天，中事鬼神，下爱人。故天意曰：‘此之我所爱，兼而爱之；我所利，兼而利之。爱人者此为博焉，利人者此为厚焉。’故使贵为天子，富有天下，业万世子孙，传称其善，方施天下[③]，至今称之，谓之圣王。”然则桀、纣、幽、厉得其罚何以也？子墨子言曰：“其事上诟天，中诟鬼[④]，下贱人。故天意曰：‘此之我所爱，别而恶之；我所利，交而贼之。恶人者此为之博也，贱人者此为之厚也。’故使不得终其寿，不殁其世，至今毁之，谓之暴王。”

【注释】

①二字旧脱，据后文增。

②当有“者”字。

③方，为“旁”，或当为“菊”字之坏。

④据上当有“神”字。

【原文】

然则何以知天之爱天下之百姓？以其兼而明之。何以知其兼而明之？以其兼而有之。何以知其兼而有之？以其兼而食焉。何以知其兼而食焉？曰：四海之内，粒食之民，莫不犓牛羊，豢犬彘，洁为粢盛酒醴，以祭祀于上帝鬼神。天有邑[1]人，何用弗爱也？且吾言杀一不辜者，必有一不祥。杀不辜者谁也？则人也。予之不祥者谁也？则天也。若以天为不爱天下之百姓，则何故以人与人相杀而天予之不祥？此我所以知天之爱天下之百姓也。

【注释】

①旧作“色”，非，以意改。

【原文】

顺天意者，义政也。反天意者，力政也。然义政[1]将柰何哉？子墨子言曰：“处大国不攻小国，处大家不篡小家，强者不劫弱，贵者不傲贱，多诈者不欺愚。此必上利于天，中利于鬼，下利于人。三利，无所不利，故举天下美名加之，谓之圣王。力政者则与此异，言非此[2]，行反此，犹倖[3]驰也。处大国攻小国，处大家篡小家，强者劫弱，贵者傲贱，多诈欺愚。此上不利于天，中不利于鬼，下不利于人。三不利，无所利，故举天下恶名加之，谓之暴王。”

【注释】

①旧脱此字，一本有。
②非，犹背。
③一本作“偝”。

【原文】

子墨子言曰：“我有天志，譬若轮人之有规，匠人之有矩。”轮匠执其规矩，以度天下之方圜，曰："中者是也，不中者非也。"今天下之士君子之书不可胜载，言语不可尽计，上说诸侯，下说列士，其于仁义则大相[①]远也。何以知之？曰：我得天下之明法以度之。

【注释】

①旧作"其"，一本如此。

天志（中）

【原文】

子墨子言曰："今天下之君子之欲为仁义者，则不可不察义之所从出。"既曰不可以不察义之所从出，然则义何从出？子墨子曰："义不从愚且贱者出，必自贵且知者出。"何以知义之不从愚且贱者出，而必自贵且知者出也？曰："义者，善政也。"何以知义之善政也？曰："天下有义则治，无义则乱，是以知义之善政也。"夫愚且贱者，不得为政乎贵且知者[①]，然后得为政乎愚且贱者。此吾所以知义之不从愚且贱者出，而必自贵且知者出也。然则孰为贵？孰为知？曰：天为贵、天为知而已矣。然则义果自天出矣。今天下之人曰："当若天子之贵诸侯，诸侯之贵大夫，傐明知之[②]。然吾未知天之贵且知于天子也。"子墨子曰："吾所以知天之贵且知于天子者，有矣。"曰：天子为善，天能赏之；天子为暴，天能罚之。天子有疾病祸祟，必斋戒沐浴，洁为酒醴粢盛，以祭祀天鬼，则天能除去之；然吾未知天之祈福于天子也。此吾所以知天之贵且知于天子者，不止此而已矣，又以先王之书驯天明不解之道也[③]知之，曰："明哲维天[④]，临君下出。"则此语天之贵且知于天子。不知亦有贵知夫天者乎？曰：天为贵、天为知而已矣。然则义果自天出矣。是故子墨子曰："今天下之君子，中实将欲尊道利民，本察仁义之本，天之意不可不慎也。"

【注释】

①当脱“贵且知者”四字。

②倘，当为“碻”。言确然可知。

③驯与“训”同，言训释天道之明。

④旧作“大”，以意改。

【原文】

既以天之意以为不可不慎已，然则天之[①]将何欲何憎？子墨子曰：“天之意，不欲大国之攻小国也，大家之乱小家也，强之暴寡，诈之谋愚，贵之傲贱，此天之所不欲也。止[②]此而已，欲人之有力相营，有道相教，有财相分也。又欲上之强听治也，下之强从事也。”上强听治，则国家治矣；下强从事，则财用足矣。若国家治，财用足，则内有以洁为酒醴粢盛，以祭祀天鬼；外有以为环璧珠玉，以聘挠四邻[③]，诸侯之冤不兴矣，边境兵甲不作矣；内有以食饥息劳，持养其万民，则君臣上下惠忠，父子弟兄慈孝。故惟毋明乎顺天之意，奉而光施之天下，则刑政治，万民和，国家富，财用足，百姓皆得暖衣饱食，便宁无忧。是故子墨子曰：“今天下之君子，中实将欲遵道利民，本察仁义之本，天之意不可不慎也。”

【注释】

①当有“意”字。

②旧作“上”，以意改。

③挠与“交”同音。

【原文】

且夫天子之有天下也，辟之无以异乎国君诸侯之有四境之内也[①]。今国君诸侯之有四境之内也，夫岂欲其臣国万民之相为不利哉？今若处大国则攻小国，处大家则乱小家，欲以此求赏誉，终不可得，诛罚必至矣。夫天之有天下也，将无已异此[②]。今若处大国则[③]攻小国，处大都则伐小都，欲以此求福禄于天，福禄终不得，而祸祟必至矣。然有所不为天之所欲，而为天之所不欲，则夫天亦且不为人之所欲，而为人之所不欲矣。人之所不欲者何也？曰：病疾祸[④]祟也。若已不为天之所欲而为天之所不欲，是率天下之万民以从事乎祸祟之中也。故古者圣王明知天鬼之所福，而辟天鬼之所憎，以求兴天下之利，而除天下之害。是以天之为寒热也节，四时调，阴阳雨露也时，五谷孰，六畜遂，疾菑戾疫凶饥则不至。是故子墨子曰："今天下之君子，中实将欲遵道[⑤]利民，本察仁义之本，天意不可不慎也。"

【注释】

①辟，同"譬"。

②已，同"以"。

③旧脱此字，据下句增。

④旧脱此字，据下文增。

⑤旧脱此字，一本有。

【原文】

且夫天下盖有不仁不祥者，曰：当若子之不事父，弟之不事兄，臣之不事君也。故天下之君子，与谓之不祥者[①]。今夫天兼天下而爱之，撽遂万物以利之[②]，若豪之末[③]，非天之所谓也，而民得而利之，则可谓否矣；然独无报夫天，而不知其为不仁不祥也。此吾所谓君子明细而不明大也。且吾所以知天之爱民之厚者有矣，曰：磨为日月星辰，以昭道之；制为四时，春秋冬夏，以纪纲之；雷降雪霜雨露，以长遂五谷麻丝，使民得而财利之；列为山川溪谷；播赋百事[④]，以临司民之善否[⑤]；为王公诸伯，使之赏贤[⑥]而罚暴；贼金木鸟兽，从事乎五谷麻丝，以为民衣食之财。自古及今，未尝不有此也。今有人于此，驩若爱其子，竭力单务以利之；其子长，而无报子求父。故天下之君子，与谓之不仁不祥[7]。今夫天兼天下而爱之，撽遂万物以利之，若豪之末，非天之所为[8]，而民得而利之，则可谓否矣；然独无报夫天，而不知其为不仁不祥也。此吾所谓君子明细而不明大也。

【注释】

①与，同“举”。

②《说文》云：“撽，旁击也。”但未详“撽遂”之意。

③“豪”本作“豪”，毫字正文。经典或从毛，非。

④播，布。

⑤司，读如“伺”，俗从人。

⑥旧作“焉”，一本如此。

⑦与，同“举”。

⑧据上文，当有“也”字。

【原文】

且吾所以知天爱民之厚者，不止此而足矣。曰：杀不辜者，天予不祥。不辜者谁也？曰：人也。予之不祥者谁也？曰：天也。若天不爱民之厚，天胡说人杀不辜而天予之不祥哉？此吾以知天之爱民之厚也。且吾所以知天之爱民之厚者，不止此而已矣。曰：爱人利人，顺天之意，得天之赏者有矣；憎人贼人[1]，反天之意，得天之罚者亦有矣。

【注释】

①二字旧脱，据下文增。

【原文】

夫爱人利人，顺天之意，得天之赏者，谁也？曰：若昔三代圣王尧、舜、禹、汤、文、武者是也。尧、舜、禹、汤、文、武焉所从事？曰：从事兼，不及事别。兼者，处大国不攻小国，处大家不乱小家，强不劫弱，众不暴寡，诈不谋愚，贵不傲贱。观其事，上利乎天，中利乎鬼，下利乎人。三利，无所不利，是谓天德。聚敛天下之美名而加之焉，曰：此仁也，义也；爱人利人，顺天之意，得天之赏者也。不止此而已，书于竹帛[①]，镂之金石，琢之槃盂[②]，传遗后世子孙，曰：将何以为？将以识夫爱人利人，顺天之意，得天之赏者也。《皇矣》道之曰："帝谓文王：予怀明德，不大声以色，不长夏以革，不识不知，顺帝之则。"帝善其顺法则也，故举殷以赏之，使贵为天子，富有天下，名誉至今不息。故夫爱人利人，顺天之意，得天之赏者，既可得留而已[③]。夫憎人贼人，反天之意，得天之罚者，谁也？曰：若昔者三代暴王桀、纣、幽、厉者是也。桀、纣、幽、厉焉所从事？曰：从事别，不从事兼。别者，处大国则攻小国，处大家则乱小家，强劫弱，众暴寡，诈谋愚，贵傲贱。观其事，上不利乎天，中不利乎鬼，下不利乎人。三不利，无所利，是谓天贼。聚敛天下之丑名而加之焉，曰：此非仁也，非义也；憎人贼人，反天之意，得天之罚者也。不止此而已，又书其事于竹帛，镂之金石，琢之槃盂，传遗后世子孙，曰：将何以为？将以识夫憎人贼人，反天之意，得天之罚者也。《大誓》之道之曰："纣越厥夷居，不肯事上帝，弃厥先神祇不祀，乃曰：吾有命！无廖僔务[④]；天下[⑤]天亦纵弃纣而不葆[⑥]。"察天以纵弃纣而不葆者，反天之意也。故夫憎人贼人，反天之意，得天之罚者，既可谓而知也。

【注释】

①《后汉书注》引"书于"作"书其事"，据下文亦然。

②《后汉书注》引"槃"作"盘"。

③据下云“既可谓知也”，此句未详。

④此句《非命上》作“无僇匪屙”，《非命中》作“毋僇其务”，据《孔书·泰誓》云“罔惩其侮”，则知无、罔音义同，廖、僇皆惩字之讹，僋则其字之讹，务音同侮。虽《孔书》伪作，作者取《墨书》时犹见善本，故足据也。孙云“当作无僇其务，言不勠力其事。”或《孔书》侮字反是务假音，未可知也。

⑤二字疑衍，即下“天亦”二字重文。

⑥《孔书·泰誓》云：“纣乃夷居，弗事上帝神祇，遗厥先宗庙不祀，乃曰吾有民有命，罔惩其侮。”

【原文】

是故子墨子之有天之[①]，辟人无以异乎轮人之有规，匠人之有矩也。今夫轮人操其规，将以量度天下之圜与不圜也，曰：“中吾规者谓之圜，不中吾规者谓之不圜。”是以圜与不圜，皆可得而知也。此其故何？则圜法明也。匠人亦操其矩，将以量度天下之方与不方也，曰：“中吾矩者谓之方，不中吾矩者谓之不方。”是以方与不方，皆可得而知之。此其故何？则方法明也。故子墨子之有天之意也，上将以度天下之王公大人为刑政也，下将以量天下之万民为文学、出言谈也。观其行，顺天之意，谓之善意行；反天之意，谓之不善意非。观其言谈，顺天之意，谓之善言谈；反天之意，谓之不善言谈。观其刑政，顺天之意，谓之善刑政；反天之意，谓之不善刑政。故置此以为法，立此以为仪，将以量度天下之王公大人卿大夫之仁与不仁，譬之犹分黑白也。

【注释】

①一本作“志”，疑俗改。

【原文】

是故子墨子曰：“今天下之王公大夫士君子，中实将欲遵道利民，本察仁义

之本，天之意不可不顺也。顺天之意者，义之法也。”

天志（下）

【原文】

子墨子言曰：“天下之所以乱者，其说将何哉？则是天下士君子，皆明于小而不明于大。”何以知其明于小不明于大也？以其不明于天之意也。何以知其不明于天之意也？以处人之家者知之。今人处若家得罪，将犹有异家所以避逃之者①，然且父以戒子，兄以戒弟，曰：“戒之！慎之！处人之家，不戒不慎之，而有处人之国者乎？”今人处若国得罪，将犹有异国所以避逃之者矣，然且父以戒子，兄以戒弟，曰：“戒之！慎之！处人之国者，不可不戒慎也。”今人皆处天下而事天，得罪于天，将无所以避逃之者矣，然而莫知以相极戒也。吾以此知大物则不知者也。

【注释】

①据下文当有“矣”字。

【原文】

是故子墨子言曰：“戒之！慎之！必为天之所欲，而去天之所恶。”曰：天之所欲者，何也？所恶者，何也？天欲义而恶其不义者也。何以知其然也？曰：义者，正也。何以知义之为正也？天下有义则治，无义则乱，我以此知义之为正也。

然而正者，无自下正上者，必自上正下。是故庶人不得次己而为正，有士正之；士不得次己而为正，有大夫正之；大夫不得次己而为正，有诸侯正之；诸侯不得次己而为正，有三公正之；三公不得次己而为正，有天子正之；天子

不得次己而为政，有天正之。今天下之士君子，皆明于天子之正天下也，而不明于天正也。

是故古者圣人明以此说人曰：天子有善，天能赏之；天子有过，天能罚之。天子赏罚不当，听狱不中，天下疾病祸福，霜露不时，天子必且牰豢其牛羊犬彘，洁为粢盛酒醴，以祷祠祈福于天；我未尝闻天之祷[1]祈福于天子也。吾以此知天之重且贵于天子也。

【注释】

①当有“祠”字。

【原文】

是故义者不自愚且贱者出，必自贵且知者出。曰：谁为知？天为知。然则义果自天出也。今天下之士君子之欲为义者，则不可不顺天之意矣。曰：顺天之意何若？曰：兼爱天下之人。何以知兼爱天下之人也？以兼而食之也。何以知其兼而食之也？自古及今，无有远灵孤夷之国，皆牰豢其牛羊犬彘，洁为粢盛酒醴，以敬祭祀上帝山川鬼神。以此知兼而食之也。苟兼而食焉，必兼而爱之。譬之若楚、越之君，今是楚王食于楚之四境之内，故爱楚之人；越王食于越，故爱越之人。今天兼天下而食焉，我以此知其兼爱天下之人也。

且天之爱百姓也，不尽物而止矣。今天下之国，粒食之民，国杀一不祥。曰：谁杀不辜？曰：人也。孰予之不辜？曰：天也。若天之中实不爱此民也，何故而人有杀不辜而天予之不祥哉？且天之爱百姓厚矣，天之爱百姓别矣，既可得而知也。何以知天之爱百姓也？吾以贤者之必赏善罚暴也。何以知贤者之必赏善罚暴也？吾以昔者三代之圣王知之。故昔也三代之圣王尧、舜、禹、汤、文、武之兼爱之天下也，从而利之，移其百姓之意，焉率以敬上帝山川鬼神。天以为从其所爱而爱之，从其所利而利之，于是加其赏焉，使之处上位，立为天子，以法也，名之曰圣人。以此知[1]其赏善之证。是故昔也三代之暴王桀、

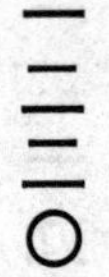

纣、幽、厉之兼恶天下也，从而贼之，移其百姓之意，焉率以诟侮上帝山川鬼神。天[2]以为不从其所爱而恶之，不从其所利而贼之，于是加其罚焉，使之父子离散，国家灭亡，抎失社稷[3]，忧以及其身。是以天下之庶民属而毁之，业万世子孙继嗣毁之贲不之废也[4]，名之曰失王。以此知其罚暴之证。今天下之士君子欲为义者，则不可不顺天之意矣。

【注释】

①旧脱此字，据下文增。

②一本有此三字。

③《说文》云："抎，有所失也。"《春秋传》曰："抎子辱矣。"《玉篇》云："抎，于粉切。"

④句疑有脱误。

【原文】

曰顺天之意者，兼也；反天之意者，别也。兼之为道也，义正；别之为道也，力正。

曰：义正者何若？曰：大不攻小也，强不侮弱也，众不贼寡也，诈不欺愚也，贵不傲贱也，富不骄贫也，壮不夺老也。是以天下之庶国，莫以水火毒药兵刃以相害也。若事上利天，中利鬼，下利人。三利而无所不利，是谓天德。故凡从事此者，圣知也，仁义也，忠惠也，慈孝也，是故聚敛天下之善名而加之。是其故何也？则顺天之意也。

曰：力正者何若？曰：大则攻小也，强则侮弱也，众则贼寡也，诈则欺愚也，贵则傲贱也，富则骄贫也，壮则夺老也。是以天下之庶国，方以水火毒药兵刃以相贼害也。若事上不利天，中不利鬼，下不利人。三不利而无所利，是谓之贼。故凡从事此者，寇乱也，盗贼也，不仁不义，不忠不惠，不慈不孝，是故聚敛天下之恶名而加之。是其故何也？则反天之意也。

故子墨子置立天之[1]以为仪法，若轮人之有规，匠人之有矩也。今轮人以规，匠人以矩，以此方圜之别矣。是故子墨子置立天之[2]以为仪法，吾以此知天下之士君子之去义远也。何以知天下之士君子之去义远也？今知氏大国之君宽者然曰[3]：“吾处大国而不攻小国，吾何以为大哉！”是以差论蚤牙之士，比列其舟车之卒，以攻罚无罪之国。入其沟境，刈其禾稼，斩其树木，残其城郭，以御其沟池，焚烧其祖庙，攘杀其牺牲。民之格者，则劲拔之[4]；不格者，则係[5]操而归，大夫以为仆圉[6]胥靡，妇人以为舂酋[7]。则夫好攻伐之君，不知此为不仁义，以告四邻诸侯曰：“吾攻国覆军，杀将若干人矣。”其邻国之君，亦不知此为不仁义也，有具其皮币，发其缌处[8]，使人飨贺焉。则夫好攻伐之君，有重不知此为不仁不义也，有书之竹帛，藏之府库。为人后子者，必且欲顺其先君之行，曰：“何不当发吾库，视吾先君之法美。”必不曰：“文武之为正者若此矣。”曰：“吾攻国覆军，杀将若干人矣。”则夫好攻伐之君，不知此为不仁不义也；其邻国之君，不知此为不仁不义也。是以攻伐世世而不已者，此吾所谓大物则不知也。

【注释】

①一本作“志”，疑俗改。考古志字只作之，《说文》无志字。

②当为“志”。

③未详。

④“刭”，旧作“劲”，从力，非。刭拔，即刭剸，拔音同剸。

⑤一本作“繫”。

⑥旧作“园”，以意改。

⑦《周礼》云：“其男子入于皋隶，女子入于舂藁。”又《说文》云：“酋，绎酒也。礼有大酋，掌酒官也。”未详“妇人为酋”之义。酋与舀声形相近，《说文》云：“抒，臼也。”亦舂藁义与？

⑧未详。《说文》《玉篇》无缌字。

【原文】

所谓小物则知之者何若？今有人于此，入人之场园，取人之桃李瓜姜者，上得且罚之，众闻则非之。是何也？曰：不与其劳，获其实，已非其有所取之故。而况有逾于人之墙垣，担格人之子女者乎？与角人之府库，窃人之金玉蚤絫者乎？与逾人之栏牢，窃人之牛马者乎？而况有杀一不辜人乎？今王公大人[1]之为政也，自杀一不辜人者，逾人之墙垣，担格人之子女者，与角人之府库，窃人之金玉蚤絫者，与逾人之栏牢，窃人之[2]牛马桃李瓜姜者，今王公大人之加罚此也，虽古之尧、舜、禹、汤、文、武之为政，亦无以异此矣。

【注释】

①旧作“天”，以意改。

②旧脱此字，据上文增。

【原文】

今天下之诸侯，将犹皆侵凌攻伐兼并，此为杀一不辜人者，数千万矣；此为逾人之墙垣[1]，格人之子女者，与角人府库，窃人金玉蚤絫者，数千万矣；逾人之栏牢窃人之牛马者，与入人之场园，窃人之桃李瓜姜者，数千万矣；而自曰义也。故子墨子言曰：“是责[2]我者！”则岂有以异是责黑白、甘苦之辩者哉？今有人于此，少而示之黑，谓之黑；多示之黑，谓白。必曰：“吾目乱，不知黑白之别。”今有人于此，能少尝之甘[3]，谓甘；多尝，谓苦。必曰：“吾口乱，不知其甘苦之味。”今王公大人之政也，或杀人其国家，禁之此蚤越；有能多杀其邻国之人，因以为文义。此岂有异责白黑、甘苦之别者哉？

【注释】

①据上当脱“担”字。

②旧作“賁”，下同，以意改。

③能少，当为“少而”，据上文如此。能、而音同故也。

【原文】

故子墨子置天之[1]以为仪法。非独子墨子以天之志为法也，于先王之书《大夏》之道之然：“帝谓文王：予怀明德，毋大声以色，毋长夏以革，不识不知，顺帝之则。”此诰文王之以天志为法也[2]，而順帝之则也。

【注释】

①当为“志”。

②诰字，据上文当为“语”。

【原文】

且今天下之士君子，中实将欲为仁义，求为上士，上欲中圣王之道，下欲中国家百姓之利者，当天之志而不可不察也。天之志者，义之经也。

第八卷

明鬼（上）（缺）

明鬼（中）（缺）

明鬼（下）

【原文】

子墨子言曰："逮至昔三代圣王既没，天下失义，诸侯力正[①]。是以存夫为人君臣上下者之不惠忠也，父子弟兄之不慈孝弟长贞良也，正长之不强于听治，贱人之不强于从事也；民之为淫暴寇乱[②]盗贼，以兵刃毒药水火退元罪人乎道路率径，夺人车马衣裘以自利者并作，由此始，是以天下乱。此其故何以然也？则皆以疑惑鬼神之有与无之别，不明乎鬼神之能赏贤而罚暴也。今若使天下之人，借若信鬼神之能赏贤而暴罚也[③]，则夫天下岂乱哉！"

【注释】

①正，同"征"。

②旧脱此字，据下文增。

③借，本书《尚贤中》作"藉"，此俗改。

【原文】

今执无鬼者曰："鬼神者固无有。"旦暮以为教诲乎天下之人[①]，疑天下之众，使天下之众皆疑惑乎鬼神有无之别，是以天下乱。是故子墨子曰："今天下之王公大人士君子，实将欲求兴天下之利，除天下之害，故当鬼神之有与无之别，以为将不可以明察此者也。"

【注释】

①旧脱此字，以意增。

【原文】

既以鬼神有无之别以为不可不察已，然则吾为明察此，其说将奈何而可？子墨子曰：“是与天下之所以察知有与无之道者，必以众之耳目之实，知有与亡为仪者也。请惑闻之见之，则必以为无，若是，何不尝人一乡一里而问之。自古以及今，生民以来者，亦有尝见鬼神之物，闻鬼神之声，则鬼神何谓无乎？若莫闻莫见，则鬼神可谓有乎？”今执无鬼者言曰：“夫天下之为闻见鬼神之物者，不可胜计也。亦孰为闻见鬼神有无之物哉？”子墨子言曰：“若以众之所同见与众之所同闻，则若昔者杜伯是也。”

周宣王杀其臣杜伯而不辜[①]。杜伯曰：“吾君杀我而不辜，若以死者为无知，则止矣；若死而有知，不出三年，必使吾君知之。”其[②]三年[③]，周宣王合诸侯而田于圃[④]，田车数百乘[⑤]，从数千，人满野[⑥]。日中，杜伯乘白马素车，朱衣冠，执朱弓，挟朱矢，追周宣王，射入车上[⑦]，中心折脊，殪车中，伏弢[⑧]而死[⑨]。当是之时，周人从者莫不见，远者莫不闻，著在周之《春秋》。为君者以教其臣，为父者以儆其子[⑩]，曰：“戒之！慎之！凡杀不辜者，其得不祥。鬼神之诛[⑪]，若此之憯遬也[⑫]！”以若书之说观之，则鬼神之有，岂可疑哉？

【注释】

①《史记索隐》引作“不以罪”。

②《文选注》引作“必死吾君之期”。

③韦昭注《国语》引“三”作“二”，《太平御览》引作“后三年”。

④句。

⑤田与“佃”通。《说文》云：“佃，中也。《春秋传》曰：乘中佃一辕车。”案：今《左氏》作“衷佃”，同。又案：韦昭注《国语》《文选注》《史记索隐》引俱无此字，颜师古注《汉书》有。

⑥《太平御览》引作“车徒满野”，节文。

⑦《文选注》引作“射之”。

⑧《太平御览》引作“韔”，一引作“伏弓衣”，义同。

⑨《国语》云：“内史过曰：杜伯射王于鄗。”韦昭注曰：“杜国伯爵，陶唐氏之后。”《周春秋》曰云云，与此略同。《地理志》：“杜陵，故杜伯国，有周右将军杜主祠四所。”又《国语》：“范宣子曰：昔匄之祖，在周为唐杜氏。”韦昭曰：“周成王灭唐，而封弟唐叔虞，迁唐于杜，谓之杜伯。”《封禅书》曰：“杜主，故周之右将军。”今陕西西安市长安区南杜豊。

⑩《说文》云：“警，戒也。”此异文。

⑪旧作“谋”，据后文改。

⑫《说文》云：“遬，籀文。”

【原文】

非惟若书之说为然也，昔者郑穆公[①]，当昼日中处乎庙，有神入门而左，鸟身[②]，素服三绝[③]，面状正方[④]。郑穆公见之，乃恐惧奔。神曰：“无惧[⑤]！帝享女明德，使予锡女寿十年有九，使若国家蕃昌，子孙茂，毋失郑。”穆公再拜稽首曰：“敢问神明[⑥]？”曰：“予为句芒。”若以郑穆公之所身见为仪，则鬼神之有，岂可疑哉？

【注释】

①郭璞注《山海经》引此作“秦穆公”，又《太平御览》《太平广记》引“穆”作“缪”。

②《海外东经》云：“东方句芒，鸟身人面。”《太平广记》引作“人面鸟身”。

③《说文》云：“绝，断刀丝也。”

④《太平广记》引作“而状方正”。

⑤旧脱此四字，据《太平广记》增。《太平御览》引作一“曰”字，一本

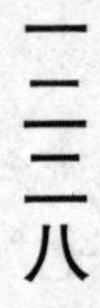

作“神曰”二字。

⑥旧脱此字，《太平御览》引云“敢问神明为何”，《太平广记》引云“公问神明”。案：明同名也。

【原文】

非惟若书之说为然也，昔者燕简公[1]杀其臣庄子仪而不辜。庄子仪曰：“吾君王杀我而不辜，死人毋知，亦已；死人有知，不出三年，必使吾君知之。”期年，燕将驰祖[2]。燕之有祖，当齐之社稷，宋之有桑林，楚之有云梦也。此男女之所属而观也。日中，燕简公方将驰于祖涂，庄子仪荷朱杖而击之，殪之车上。当是时，燕人从者莫不见，远者莫不闻，著在燕之《春秋》。诸侯传而语之曰：“凡杀不辜者，其得不祥。鬼神之诛，若此其憯遬也！”以若书之说观之，则鬼神之有，岂可疑哉？

【注释】

①案《史记》，简公，平公子，周敬王六年，公元年也。

②祖，道。

【原文】

非惟若书之说为然也，昔者宋文君鲍之时，有臣曰袥观辜，固尝从事于厉[1]。祩子杖揖出[2]，与言曰[3]：“观辜，是何珪璧之不满度量？酒醴粢盛之不净洁也？牺牲之不全肥[4]？春秋冬夏选失时[5]？岂女为之与？意鲍为之与？”观辜曰：“鲍幼弱，在荷繦之中[6]，鲍何与识焉[7]？官臣观辜特为之。”祩子举揖而槀之[8]，殪之坛上。当是时[9]，宋人从者莫不见，远者[10]莫不闻，著在宋之《春秋》。诸侯传而语之曰：“诸不敬慎祭祀者，鬼神之诛至，若此其憯遬也！”以若书之说观之，鬼神之有，岂可疑哉？

【注释】

①卢云：“厉，公厉、泰厉之属也。宋欧阳士秀以厉为神祠，以管子请桓公立五厉，祀尧之五吏为证。后世统谓之庙。”

②袾，“祝”字异文。袾子，即祝史也。《玉篇》云：“袾，之俞切。咒诅也。又音注。”

③言神冯于祝子而言也。

④全谓纯色，与“牷”同。

⑤选，同“算”。

⑥荷与“何”同。《汉书注》：“李奇云：襁，络也，以缯布为之，络负小儿。师古云：即今之小儿绷也。居丈反。”

⑦卢云：“此云在荷襁之中，则非春秋时宋文公也。”

⑧稾，同“敲”。

⑨旧脱此字，一本有。

⑩旧脱此字，一本有。

【原文】

非惟若书之说为然也，昔者齐庄君[①]之臣[②]，有所谓王里国[③]、中里徼者[④]。此二子者，讼三年而狱不断。齐君由谦杀之，恐不辜；犹谦释之[⑤]，恐失有罪。乃使之人共一羊[⑥]，盟齐之神社[⑦]。二子许诺[⑧]，于是泏洫[⑨]，摷羊而漉其血[⑩]。读王里国之辞，既已终矣[⑪]；读中里徼之辞，未半也[⑫]，羊起而触之[⑬]，折其脚，祧神之[⑭]而稾之，殪之盟所。当是时，齐人从者莫不见，远者莫不闻[⑮]，著在齐之《春秋》。诸侯传而语之曰：“请品[⑯]先不以其请者[⑰]，鬼神之诛至，若此其憯遬也！”以若书之说观之，鬼神之有，岂可疑哉？

【注释】

①《事类赋》引作“公”。

②旧脱此字，据《太平御览》《事类赋》增。

③《太平御览》《事类赋》引作“王国卑”。下同，疑此非。

④《太平御览》《事类赋》引作“檄”，下同。

⑤由与“犹”同，故两作。

⑥《太平御览》《事类赋》引之作“二”。

⑦《事类赋》无“神”字。

⑧《太平御览》《事类赋》引作“二子相从”。

⑨《说文》云：“泏，水貌，读若窟。”洫，未详，疑“皿”字，言以水渫皿。

⑩《太平御览》《事类赋》引已上八字作“以羊血洒社”，则“漉”当为“洒”字之误。摝，字书无此字。卢云：“《玉篇》有搲字，云磊摇也，乌可、乌寡、力可三切。”

⑪四字《事类赋》作“已尽”二字。

⑫《太平御览》《事类赋》引“也”作“祭”。

⑬《事类赋》引作“触中里檄”。

⑭疑当云“跳神之社”。

⑮《太平御览》引云“齐人以为有神验”，《事类赋》引云“齐人以为有神”，疑以意改。

⑯当为“盟”。

⑰请，当为“情”。

卷云纹和田玉兽面挂件（战国）

【原文】

是故子墨子言曰：“虽有深溪博林幽涧毋人之所，施行不可以不董，见有鬼神视之。”

今执无鬼者曰："夫众人耳目之请[①]，岂足以断疑哉？奈何其欲为高君子于天下，而有复信众之耳目之请哉？"子墨子[②]曰："若以众之耳目之请以为不足信也，不以断疑，不识若昔者三代圣王尧、舜、禹、汤、文、武者足以为法乎？"故于此乎自中人以上皆曰："若昔者三代圣王足以为法矣。"若苟昔者三代圣王足以为法，然则姑尝上观圣王之事。昔者武王之攻殷诛纣也，使诸侯分其祭，曰："使亲者受内祀，疏者受外祀。"故武王必以鬼神为有，是故攻殷伐纣，使诸侯分其祭。若鬼神无有，则武王何祭分哉？非惟武王之事为然也，故圣王其赏也必于祖，其僇也必于社。赏于祖者何也？告分之均也。僇于社者何也？告听之中也。非惟若书之说为然也，且惟昔者虞、夏、商、周，三代之圣王，其始建国营都日，必择国之正坛，置以为宗庙；必择木之修茂者，立以为菆位[③]；必择国之父兄慈孝贞良者，以为祝宗；必择六畜之胜腯肥倅毛[④]，以为牺牲；珪璧琮[⑤]璜，称财为度；必择五谷之芳黄，以为酒醴粢盛，故酒醴粢盛与岁上下也。故古圣王治天下也，故必先鬼神而后人者，此也。故曰：官府选效，必先祭器祭服，毕藏于府；祝宗有司，毕立于朝；牺牲不与昔聚群[⑥]。故古者圣王之为政若此。古者圣王必以鬼神为，其务鬼神厚矣。又恐后世子孙不能知也，故书之竹帛，传遗后世子孙[⑦]；咸恐其腐蠹绝灭，后世子孙不得而记，故琢之盘盂，镂之金石以重之。有[⑧]恐后世子孙不能敬若以取羊[⑨]，故先王之书，圣人一尺之帛，一篇之书，语数鬼神之有也，重有重之。此其故何？则圣王务之。今执无鬼者曰："鬼神者固无有。"则此反圣王之务。反圣王之务，则非所以为君子之道也。

【注释】

①当为"情"，下同。

②旧脱二字，以意增。

③菆，"蕝"字假音。《说文》云："蕝，朝会束茅表位曰蕝。"春秋《国语》曰："茅蕝表坐。"韦昭曰："蕝，谓束茅而立之，所以缩酒。"

④粹字，假音作“倅”，异文也。

⑤旧作“璜”，本如此。

⑥昔之言夕，王逸注《楚辞》曰：“昔，夜也。”《诗》曰：“乐酒今昔。”不聚群，言别群也。

⑦《文选注》引作“以其所获书于竹帛传遗后世子孙”，又一引作“以其所行”，此无四字。

⑧当为“犹”。

⑨言敬威以取祥也。孙云：“《说文》云：著，读若威。又云：羊，祥也。秦汉金石多以羊为祥。”

【原文】

今执无鬼者之言曰：“先王之书，慎无一尺之帛，一篇之书，语数鬼神之有，重有重[①]之，亦何书之有哉？”子墨子曰：“周书《大雅》有之。”《大雅》曰：“文王在上，於昭於天。周虽旧邦，其命维新。有周不显？帝命不时？文王陟降，在帝左右。穆穆文王，令问不已。”若鬼神无有，则文王既死，彼岂能在帝之左右哉？此吾所以知周书之鬼也。且周书独鬼而商书不鬼，则未足以为法也。然则姑尝上观乎商书，曰：“呜呼！古者有夏，方未有祸之时，百兽贞虫，允及飞鸟，莫不比方；矧隹[②]人面，胡敢异心？山川鬼神，亦莫敢不宁。若能共允，隹[③]天下之合，下土之葆。”察山川鬼神之所以莫敢不宁者，以佐谋禹也。此吾所以知商周之鬼也。且禹书独鬼而夏书不鬼，则未足以为法也。然则姑尝上观乎夏书，《禹誓》曰[④]：“大战于甘[⑤]，王乃命左右六人，下，听誓于中军。曰：‘有扈氏威侮五行，怠弃三正，天用剿绝其命[⑥]。’有曰：‘日中，今予与有扈氏争一日之命。且！尔卿大夫庶人！予非尔田野葆士之欲也，予共行天之罚也。左不共于左，右不共于右，若不共命！御非尔马之政，若不共命！是以赏于祖而僇于社[⑦]。’”赏于祖者何也？言分命之均也。僇于社者何也？言听狱之事也。故古圣王必以鬼神为赏贤而罚暴，是故赏必于祖而僇必于社。此吾所以知夏书之鬼也。故尚书夏书，其次商周之书，语数鬼神之有也，重有重之。此其故何也？则圣王务之。以若书之说观之，则鬼神之有，岂可疑哉？

【注释】

①此下旧有“亦何书”三字，衍文。

②佳，古“惟”字，旧误作“住”。

③旧作“住”，亦误。

④《书序》云：“启与有扈战于甘之野，作《甘誓》。”与此不同。而《庄子·人间世》云：“禹攻有扈。”《吕氏春秋·召类》云：“禹攻曹魏、屈骜、有扈，以行其教。”皆与此合。

⑤其地在今陕西鄠县。

⑥剿字同“剿”。

⑦此《孔书·甘誓》文，文微有不同。

【原文】

於古曰，吉日丁卯，周代祝社方，岁于社者考，以延年寿。若无鬼神，彼岂有所延年寿哉？

是故子墨子曰：“尝若鬼神之能赏贤如罚暴也[①]，盖本施之国家，施之万民，实所以治国家、利万民之道也。”若以为不然，是以吏治官府之不洁廉，男女之为无别者，鬼神见之；民之为淫暴寇乱盗贼，以兵刃毒药水火退无罪人乎道路，夺人车马衣裘以自利者，有鬼神见[②]之。是以吏治官府不敢不洁廉，见善不敢不赏，见暴不敢不罪。民之为淫暴寇乱盗贼，以兵刃毒药水火退无罪人乎道路，夺车马衣裘以自利者，由此止。是以莫放幽间，拟乎鬼神之明显，明有一人畏上诛罚，是以天下治。

【注释】

①“如”与“而”音义同，故字书“而”即须也，需亦从而声。

②旧作“现”，非。

【原文】

故鬼神之明，不可为幽间[1]广泽山林深谷，鬼神之明必知之。鬼神之罚，不可恃[2]富贵众强、勇力强武、坚甲利兵，鬼神之罚必胜之。若以为不然，昔者夏王桀贵为天子，富有天下，上诟天侮鬼，下殃傲天下之万民，祥上帝伐，元山帝行[3]，故于此乎天乃使汤至明罚焉[4]。汤以车九两，鸟陈雁行。汤乘大赞[5]，犯遂下众，人之螭遂[6]，王乎禽[7]推哆大戏[8]。故昔夏王桀贵为天子，富有天下，有勇力之人[9]推哆大戏，主别[10]兕虎，指画杀人；人民之众兆亿，侯盈厥泽陵，然不能以此圉鬼神之诛。此吾所谓鬼神之罚不可为富贵众强、勇力强武、坚甲利兵者，此也。且不惟此为然，昔者殷王纣贵为天子，富有天下，上诟[11]天侮鬼[12]，下殃傲天下之万民，播弃黎老，贼诛孩子，楚毒无罪，刳剔孕妇，庶旧鳏寡，号咷无告也，故于此乎天乃使武王至明罚焉。武王以择车百两，虎贲之卒四百人，先庶国节窥戎[13]。与殷人战乎牧之野，王乎禽费中[14]、恶来，众畔百走。武王逐[15]奔入宫，万年梓株，折纣而[16]系之赤环[17]，载之白旗，以为天下诸侯僇。故昔者殷王纣贵为天子，富有天下，有勇力之人费中[18]、恶来、崇侯虎，指寡杀人[19]；人民之众兆亿，侯盈厥泽陵，然不能以此圉鬼神之诛。此吾所谓鬼神之罚不可为富贵众强、勇力强武、坚甲利兵者，此也。且《禽艾》之道之曰：“得璣无小[20]，灭宗无大。”则此言鬼神之所赏，无小必赏之；鬼神之所罚，无大必罚之。

【注释】

①当为“涧”。

②旧脱此字，一本有。

③此句未详。

④至，同“致”。

⑤疑“犨”字。

⑥疑有误字。

⑦当为“手禽”。或云：乎，同“呼”。

⑧《吕氏春秋·简选》云：“殷汤以良车七十乘，必死六千人，以戊子战于郕，遂禽移大牺。”高诱云：“桀多力，能推大牺，因以为号，而禽克之。”案：移即推移，此书《所染》云“夏桀染于干辛、推哆”，《古今人表》作“雅侈”，此下又云“推哆大戏，主别兕虎，指画杀人”，则“推哆大戏”是人名无疑。哆、移、侈，戏、牺，皆音相近也。高诱注《吕氏春秋》误。

⑨旧脱“力”字、“人”字，据《太平御览》增。

⑩《太平御览》引作“生捕”。

⑪《太平御览》引作“诃”。

⑫《太平御览》引有“神”字。

⑬未详。

⑭读如“仲”。

⑮《太平御览》引作“遂”。

⑯《太平御览》引作“折纣而出”。

⑰《太平御览》作“轘”，是，言系之朱轮。

⑱《太平御览》引作“仲”。

⑲寡，“画”字假音。《太平御览》引作“画”。

⑳此即“讋详”字。

【原文】

今执无鬼者曰：“意不忠亲之利而害为孝子乎？”子墨子曰：“古之今之为鬼，非他也，有天鬼，亦有山水鬼神者，亦有人死而为鬼者。”今有子先其父死，弟先其兄死者矣，意虽死[1]然，然而天下之陈物曰先生者先死，若是，则先死者非父则母，非兄而姒也。今絜为酒醴粢盛，以敬慎祭祀。若使鬼神诚[2]有，

是得其父母姒兄而饮食之也，岂非厚利哉？若使鬼神诚亡，是乃费其所为酒醴粢盛之财耳。自夫费之，特注之污壑而弃之也[3]；内者宗族，外者乡里，皆得如具饮食之。虽使鬼神诚亡，此犹可以合驩聚众，取亲于乡里。今执无鬼者言曰："鬼神者固诚无有，是以不共其酒醴粢盛牺牲之财。吾非乃今爱其酒醴粢盛牺牲之财乎，其所得者，臣[4]将何哉？"此上逆圣王之书，内逆民人孝子之行，而为上士于天下，此非所以为上士道。是故子墨子曰："今吾为祭祀也，非直注之污壑而弃之也；上以交鬼之福，下以合驩聚众，取亲乎乡里。若神[5]有，则是得吾父母弟兄而食之也。"则此岂非天下利事也哉！

【注释】

①一本作"使"。

②旧作"请"，一本如此，下依改。

③一本作"非直注之"，特与直音近，故特亦作植。

④一本无此字。

⑤当云"若鬼神"。

【原文】

是故子墨子曰："今天下之王公大人士君子，中实将欲求兴天下之利，除天下之害，当若鬼神之有也，将不可不尊明也，圣王之道也。"

非乐（上）

【原文】

子墨子言曰："仁之事者，必务求兴天下之利，除天下之害，将以为法乎天下。利人乎即为，不利人乎即止。"且夫仁者之为天下度也，非为其目之所美，耳之所乐，口之所甘，身体之所安。以此亏夺民衣食之财，仁者弗为也。是故子墨子之所以非乐者，非以大钟、鸣鼓、琴瑟、竽笙之声以为不乐也，非以刻镂华[1]文章之色以为不美也，非以犓豢煎炙之味以为不甘也，非以高台厚榭邃野之居以为不安也。虽身知其安也，口知其甘也，目知其美也，耳知其乐也，然上考之不中圣王之事，下度之不中万民之利。是故子墨子曰："为乐非也！"

【注释】

①一本无此字。

【原文】

今王公大人虽无造为乐器以为事乎国家，非直掊潦水、拆壤垣[1]而为之也，将必厚措敛乎万民，以为大钟、鸣鼓、琴瑟、竽笙之声。譬之若圣王之为舟车也，即我弗敢非也。古者圣王亦尝厚措敛乎万民，以为舟车，既以成矣，曰：吾将恶许用之[2]？曰：舟用之水，车用之陆，君子息其足焉，小人休其肩背焉。故万民出财赍而予之，不敢以为戚恨者，何也？以其反中民之利也。然则乐器反中民之利亦若此，即我弗敢非也。然则当用乐器。

【注释】

①旧作"坦"，以意改。

②恶许，犹言"何许"。

【原文】

民有三患：饥者不得食，寒者不得衣，劳者不得息。三者，民之巨患也。然即当为之撞巨钟、击鸣鼓、弹琴瑟、吹竽笙[1]而扬干戚，民衣食之财将安可得乎？即我以为未必然也。意舍此，今有大国即攻小国，有大家即伐小家，强劫弱，众暴寡，诈欺愚，贵傲贱，寇乱盗贼并兴，不可禁止也。然即当为之撞巨

钟、击鸣鼓、弹琴瑟、吹竽笙而扬干戚，天下之乱也将安可得而治与？即我未必然也。是故子墨子曰：“姑尝厚措敛乎万民，以为大钟、鸣鼓、琴瑟、竽笙之声，以求兴天下之利，除天下之害，而无补也。”是故子墨子曰：“为乐非也！”

【注释】

①《文选注》引作“吹笙竽”。

【原文】

今王公大人惟毋处高台厚榭之上而视之，钟犹是延鼎也，弗撞击，将何乐得焉哉？其说将必撞击之。惟勿撞击，将必不使老与迟者。老与迟者，耳目不聪明，股肱不毕强，声不和调，明不转朴①；将必使当年，因其耳目之聪明，股肱之毕强，声之和调，眉之转朴②。使丈夫为之，废丈夫耕稼树艺之时；使妇人为之，废妇人纺绩织纴之事。今王公大人惟毋为乐，亏夺民衣食之时，以拊乐如此多也。是故子墨子曰：“为乐非也！”

【注释】

①朴，疑“卧”正字。《玉篇》云：“卧，补目切，目骨。”

②“眉”，一本作“明”。案：明、眉通字。《穆天于传》云：“眉曰西王母之山。”即名也。《诗》“猗嗟名兮”，《尔雅》云“目上为名”，亦即眉也。

【原文】

今大钟、鸣鼓、琴瑟、竽笙之声既已具矣①，大人鏽然奏而独听之②，将何乐得焉哉？其说将必与贱人，不与君子。与君子③听之，废君子听治；与贱人听之，废贱人之从事。今王公大人惟毋为乐，亏夺民之衣食之财，以拊乐如此多也。是故子墨子曰：“为乐非也！”

【注释】

①据上文当有王公二字。

②鏽字，《说文》、《玉篇》俱无。

③旧脱三字，一本有。

【原文】

昔者齐康公[①]兴乐《万》，《万》人不可衣短褐，不可食穅糟[②]，曰：食饮不美，面目颜色不足视也；衣服不美，身体从容丑羸不足观也[③]。是以食必粱肉，衣必文绣。此掌[④]不从事乎衣食之财，而掌食乎人者也。是故子墨子曰："今王公大人惟毋为亏夺民衣食之财，以拊乐如此多也。"是故子墨子曰："为乐非也！"

【注释】

①案《史记》，康公名贷，宣公子，当周定王时。

②穅字从禾，俗写误从米。

③一本作"身体容貌不足观也"。《太平御览》引作"身体从容不足观也"。

④一本作"常"。

【原文】

今人固与禽兽、麋鹿、蜚鸟、贞虫异者也。今之禽兽、麋鹿、蜚鸟、贞虫，因其羽毛以为衣裘，因其蹄蚤[①]以为绔屦[②]，因其水草以为饮食。故唯使雄不耕稼树艺，雌亦不纺绩织纴，衣食之财固已具矣。今人与此异者也：赖其力者生[③]，不赖其力者不生。君子不强听治，即刑政乱；贱人不强从事，即财用不足。今天下之士君子以吾言不然，然即姑尝数天下分事而观乐之害：王公大人蚤朝晏退，听狱治政，此其分事也。士君子竭股肱之力，亶其思虑之智，内治

官府，外收敛关市、山林、泽梁之利，以实仓廪府库，此其分事也。农夫蚤出暮入，耕稼树艺，多聚升粟，此其分事也。妇人夙兴夜寐，纺绩织纴，多治麻丝葛绪綑布縿[④]，此其分事也。今惟毋在乎王公大人说乐而听之，即必不能蚤朝晏退，听狱治政，是故国家乱而社稷危矣。今惟毋在乎士君子说乐而听之，即必不能竭股肱之力，亶其思虑之智，内治官府，外收敛关市、山林、泽梁之利，以实仓廪府库，是故仓廪府库不实。今惟毋在乎农夫说乐而听之，即必不能蚤出暮入，耕稼树艺，多聚升粟，不足。今惟毋在乎妇人说乐而听之，即不必能[⑤]夙兴夜寐，纺绩织纴，多治麻丝葛绪綑布縿，是故布縿不兴。曰：孰为大人之听治而废国家之从事？曰：乐也。是故子墨子曰："为乐非也！"

【注释】

①蹄即"蹢"省文，蚤即"爪"假音。

②绔即"袴"正文。《说文》云："绔，胫衣也。"

③旧作"主"，下同，以意改。

④"綑"，旧作"细"。卢云："当为綑，与捆同。《非命下》正作捆縿。郑君注《礼记》云：缣也，縿读如绡。"

⑤旧脱此字，以意增。

【原文】

何以知其然也？曰：先王之书汤之《官刑》有之，曰："其[①]恒舞于宫，是[②]谓巫风[③]。"其刑：君子出丝二卫[④]；小人否，似二伯。《黄径》乃言曰："呜乎！舞佯佯[⑤]，黄[⑥]言孔章。上帝弗常，九有以亡。上帝不顺[⑦]，降之百[⑧]殃[⑨]，其家必坏丧[⑩]。"察九有之所以亡者，徒从饰乐也。于《武观》曰[⑪]："启乃淫溢康乐，野于[⑫]饮食，将将铭苋磬以力[⑬]。湛浊于酒，渝食于野，《万》舞翼翼，章闻于大[⑭]，天用弗式[⑮]。"故上者天鬼弗戒，下者万民弗利。是故子墨子曰："今天下士君子，诚[⑯]将欲求兴天下之利，除天下之害，当在乐之为物，

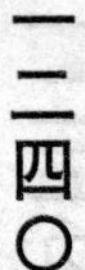

将不可不禁而止也。”

【注释】

①《孔书》云“敢有”。

②《孔书》作“时”。

③文见《伊训》。

④此“纬”字假音。《说文》云：“纬，织横丝也。”

⑤舞，当为“橆”，橆与谟音同。《孔书》作“圣谟洋洋”。元遗山《续古今考》亦引作“洋洋”。

⑥《孔书》作“嘉”，是。

⑦《孔书》无此八字。

⑧旧作“日”，非。

⑨此“祥”字异文，郭璞注《山海经》音祥。《玉篇》云：“殍，徐羊切，女鬼也。”

⑩《孔书》云“坠厥宗”。已上文亦见《伊训》。

⑪《汲郡古文》云：“帝启十年，放王季子武观于西河。十五年，武观以西河叛，彭伯寿帅师征西河，武观来归。”注：“武观，五观也。”《楚语》：“士娓曰：夏有五观。”韦昭云：“五观，启子，太康昆弟也。”《春秋传》曰：“夏有观扈。”

⑫疑作“于野”。

⑬句未详。苋，疑筦字之误，形声相近。江声注《尚书》云：“苋当为莞，莞，喜说也。”

⑭当为“天”。

⑮翼、式为韵。《海外西经》云：“大乐之野，夏后启于此儛九代。”《大荒西经》云：“夏后开上三嫔于天，得《九辨》与《九歌》以下。”据此，则指启盘于游田。《书序》“太康尸位”及《楚辞》“夏康娱”云云，疑太康、夏康，

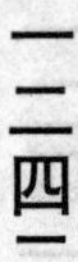

即此云“淫溢康乐”，淫之训大，然则太康疑非人名，而《孔传》以为启子不可夺也。江声又云：“启乃字，当为启子。启子，五观也。”亦是。

⑯旧作“请”，一本如此。

第九卷

非乐（中）（缺）

非乐（下）（缺）

非命（上）

【原文】

子墨子言曰：“古者王公大人为政国家者，皆欲国家之富，人民之众，刑政之治。然而不得富而得贫，不得众而得寡，不得治而得乱，则是本失其所欲，得其所恶，是故何也？”

子墨子言曰：“执有命者，以杂于民间者众。”执有命者之言曰：“命富则富，命贫则贫；命众则众，命寡则寡；命治则治，命乱则乱；命寿则寿，命夭则夭。命虽强劲何益哉？”上以说王公大人，下以驵百姓之从事[①]。故执有命者不仁。故当执有命者之言，不可不明辨。

【注释】

①驵，“阻”字假音。《说文》云：“驵，从马且声。”刘逵注《左思赋》

引《说文》“于助反”。

【原文】

然则明辨此之说将奈何哉？子墨子言曰：“必立仪。”言而毋仪，譬犹运钧之上而立朝夕者也[1]，是非利害之辨不可得而明知也，故言必有三表。何谓三表？子墨子言曰：“有本之者，有原之者，有用之者。”于何本之？上本之于古者圣王之事。于何原之？下原察百姓耳目之实。于何用之？废以为刑政[2]。观其中国家百姓人民之利。此所谓言有三表也。

【注释】

①运，中篇作“员”，音相近。《广雅》云：“运，转也。”高诱注《淮南子》云：“钧，陶人作瓦器法，下转钧者。”《史记集解》云：“骃案：《汉书音义》曰：陶家名模下圆转者为钧。”《索隐》云：“韦昭曰：钧木长七尺，有弦，所以调为器具也。”言运钧转动无定，必不可立表以测景。

②卢云：“废，置也。中篇作发。”

【原文】

然而今天下之士君子，或以命为有。益盖尝尚观于圣王之事。古者桀之所乱，汤受而治之；纣之所乱，武王受而治之。此世未易，民未渝，在[1]于桀、纣则天下乱，在于汤、武则天下治，岂可谓有命哉？

【注释】

①旧脱此字，据下文增。

【原文】

然而今天下之士君子，或以命为有。益尝尚观于先王之书。先王之书所以[1]

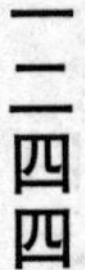

出国家，布施百姓者[②]，宪也。先王之宪亦尝有曰“福不可请，而祸不可讳；敬无益，暴无伤”者乎？所以听狱制罪者，刑也。先王之刑亦尝有曰“福不可请，祸不可讳；敬无益，暴无伤”者乎？所以整设师旅、进退师徒者，誓也。先王之誓亦尝有曰“福不可请，祸不可讳；敬无益，暴无伤”者乎？是故子墨子言曰：“吾当未盐[③]数天下之良书，不可尽计数，大方论数而五者是也[④]。今虽毋求执有命者之言，不必得，不亦可错乎？”

【注释】

①旧脱此字，据下文增。

②旧脱此字，据下文增。

③此“尽”字之讹。

④五，当为“三”，即上先王之宪、之刑、之誓是。

【原文】

今用执有命者之言，是覆天下之义。覆天下之义者，是立命者也，百姓之谇也。说百姓之谇者[①]，是灭天下之人也。然则所为欲义在上者，何也？曰：义人在上，天下必治；上帝山川鬼神必有干主[②]，万民被其大利。何以知之？子墨子曰：“古者汤封于亳[③]，绝长继短，方地百里，与其百姓兼相爱、交相利，移则分[④]，率其百姓以上尊天事鬼。是以天鬼富之，诸侯与之，百姓亲之，贤士归之，未殁其世而王天下，政诸侯。昔者文王封于岐周[⑤]，绝长继短，地方百里，与其百姓兼相爱、交相利，则。是以近者安其政，远者归其德。闻文王者，皆起而趋之。罢不肖、股肱不利者，处而愿之，曰：‘奈何乎使文王之地及我吾，则吾利，岂不亦犹文王之民也哉？’是以天鬼富之，诸侯与之，百姓亲之，贤士归之，未殁其世而王天下，征诸侯。乡者言曰[⑥]：‘义人在上，天下必治；上帝山川鬼神必有干主，万民被其大利。’吾用此知之。”

【注释】

①《尔雅》云："谇，告也。"陆德明《音义》云："沈音粹，郭音碎，言以此告百姓。"

②干，当为"榦"，此"管"字假音。

③当为"薄"。《说文》云："亳，京兆杜陵亭也。从高省，乇声。"《史记集解》云："徐广曰：京兆杜县有亳亭。"《索隐》云："秦宁公与亳王战，亳王奔，遂灭汤社。皇甫谧云：周桓王时自有亳王号汤，非殷也。此亳在陕西西安市长安区南。若殷汤所封，是河南偃师之薄。"《书传》及本书亦多作"薄"，惟《孟子》作"亳"，盖借音字，后人依改乱之。顾炎武不考《史记》，反以此讥许君地里之谬，是以不狂为狂也。

④言财多则分也。移，或"多"字。

⑤岐，岐山。周，周原。

⑥乡，同"向"。

【原文】

是故古之圣王发宪出令，设以为赏罚以劝贤[1]。是以入则孝慈于亲戚，出则弟长于乡里；坐处有度，出入有节，男女有辨。是故使治官府则不盗窃，守城则不崩叛；君有难则死，出亡则送。此上之所赏，而百姓之所誉也。执有命者之言曰："上之所赏，命固且赏，非贤故赏也。上之所罚，命固且罚，不暴故罚也。"是故入则不慈孝于亲戚，出则不弟长于乡里；坐处不度，出入无节，男女无辨。是故治官府则盗窃，守城则崩叛；君有难则不死，出亡则不送。此上之所罚，百姓之所非毁也。执有命者言曰："上之所罚，命固且罚，不暴故罚也。上之所赏，命固且赏，非贤故赏也。"以此为君则不义，为臣则不忠；为父则不慈，为子则不孝；为兄则不良，为弟则不弟。而强执此者，此持凶言之所自生，而暴人之道也[2]。

【注释】

①中篇作“劝沮”，是。

②旧作“者”，据下文改。

【原文】

然则何以知命之为暴人之道？昔上世之穷民，贪于饮食，惰于从事，是以衣食[1]之财不足，而饥寒冻馁之忧至，不知曰“我罢不肖，从事不疾”，必曰“我命固且贫”。若上世暴王，不忍其耳目之淫、心涂之辟[2]，不顺其亲戚，遂以亡失国家，倾覆社稷，不知曰“我罢不肖，为政不善”，必曰“吾命固失之”。于《仲虺之告》曰：“我闻于夏，人矫天命，布命于下[3]；帝伐之恶[4]，龚丧厥师[5]。”此言汤之所以非桀之执有命也。于《太誓》曰：“纣夷处，不肯事上帝鬼神[6]，祸厥先神禔不祀[7]。乃曰：‘吾民有命！’无廖排漏[8]。天亦纵之弃而弗葆[9]。”此言武王所以非纣[10]执有命也。

【注释】

①旧脱此字，据上文增。

②涂，犹术。

③《孔书》作“夏王有罪，矫诬上天以布命于下”。

④《非命中》作“式是恶”，式、伐形相近，之、是音相近也。

⑤《孔书》作“帝用不臧，式商受命，用爽厥师”，龚、用，丧、爽，音同。

⑥《孔书》作“乃夷居，弗事上帝祇”。

⑦《孔书》作“遗厥先宗庙祀”，禔，同示。

⑧《孔书》作“乃曰吾有民有命，罔惩其侮”。

⑨《孔书》无此文。

⑩据上文当有之字。

【原文】

今用执有命者之言，则上不听治，下不从事。上不听治，则刑政乱；下不从事，则财用不足。上无以供粢盛酒醴，祭祀上帝鬼神，降绥天下贤可之士；外无以应待诸侯之宾客；内无以食饥衣寒，将养老弱。故命，上不利于天，中不利于鬼，下不利于人。而强执此者，此持凶言之所自生，而暴人之道也。

是故子墨子言曰："今天下之士君子，忠[1]实欲天下之富而恶其贫，欲天下之治而恶其乱，执有命者之言，不可不非，此天下之大害也。"

【注释】

①下篇作"中"。

非命（中）

【原文】

子墨子言曰："凡出言谈、由文学之为道也，则不可而不先立义法[1]。若言而无义，譬犹立朝夕于员钧之上也，则虽有巧工，必不能得正焉。然今天下之情伪，未可得而识也，故使言有三法。"三法者何也？有本之者，有原之者，有用之者。于其本之也？考之天鬼之志、圣王之事。于其原之也？征以先王之书。用之奈何？发而为刑[2]。此言之三法也。

【注释】

①义，上篇作"仪"，义、仪同。

②据上篇有"政"字。

【原文】

今天下之士君子[①]，或以命为亡。我所以知命之有与亡者，以众人耳目之情知有与亡。有闻之，有见之，谓之有；莫之闻，莫之见，谓之亡。然胡不[②]尝考之百姓之情？自古以及今，生民以来者，亦尝见命之物、闻命之声者乎？则未尝有也。若以百姓为愚不肖，耳目之情不足因而为法，然则胡不尝考之诸侯之传言流语乎？自古以及今，生民以来者，亦尝有闻命之声、见命之体者乎？则未尝有也。

【注释】

①卢云："此下当有'或以命为有'五字。"

②旧脱此字，据下文增。

【原文】

然胡不尝考之圣王之事？古之圣王，举孝子而劝之事亲，尊贤良而劝之为善，发宪布令以教诲，赏罚以劝沮。若此，则乱者可使治，而危者可使安矣。若以为不然，昔者桀之所乱，汤治之；纣之所乱，武王治之。此世不渝而民不改，上变政而民易教。其在汤、武则治，其在桀、纣则乱，安危治乱，在上之发政也，则岂可谓有命哉？夫曰有命云者，亦不然矣。

今夫有命者言曰："我非作之后世也，自昔三代有若言以传流矣。今故先生对之？"曰[①]："夫有命者，不志昔也[②]三代之圣善人与[③]？意亡[④]昔三代之暴不肖人也[⑤]？"何以知之[⑥]？初之列士桀大夫，慎言知行，此上有以规谏其君长，下有以教顺其百姓[⑦]，故上有以规谏其君长，下有以教顺其百姓[⑧]，故上得其君长之赏，下得其百姓之誉。列士桀大夫声闻不废，流传至今，而天下皆曰"其力也"。一不顾其国家百姓之政，繁为无用，暴逆百姓，使下不亲其上。是故国为虚厉[⑨]，身在刑僇之中，必不能曰"我见命焉"。是故昔者三代之暴王，不缪其耳目之淫[10]，不慎其心志之辟[11]，外之欧聘田猎毕弋[12]，内沉于酒乐，不曰[13]“我[14]罢不肖，我为刑政不善”，必曰“我命故且亡”。虽昔也三代之穷民，亦由此也。内之不能善事[15]其亲戚，外不能善事其君长；恶恭俭而好简易，贪饮食而惰从事。衣食之财不足，使身至有饥寒冻馁之忧，必[16]不能曰“我罢不肖，我从事不疾”，必曰“我命固且穷”。虽昔也三代之伪民，亦犹此也。

【注释】

①未详。生，当为“王”。

②下篇作“不识昔也”，志即“识”字。

③读如“欤”。

④亡，同“无”。

⑤下篇作“与”，同。

⑥言有命之说，不识出之昔者圣善人乎？意亡此言出之暴不肖人乎？彼固亡知之妄言。

⑦顺，同“训”。

⑧卢云：“此已上十七字衍文。”

⑨陆德明《庄子音义》云：“李云：居宅无人曰虚，死而无后曰厉。”

⑩言不纠其缪。

⑪“僻”同。

⑫《说文》云：“古文驱从攴。”

⑬二字旧脱，据下文增。

⑭旧作“而”，一本如此。

⑮一本作“视”。

⑯旧作“心”，以意改。

【原文】

繁饰有命，以教众愚朴人，久矣！圣王之患此也，故书之竹帛，琢之金石。

于先王之书《仲虺之告》曰：“我闻有夏，人矫天命，布命于下；帝式是恶，用阙[①]师[②]。”此语夏王桀之执有命也，汤与仲虺共非之。先王之书《太誓》之言然，曰：“纣夷之居，而不肯事上帝，弃阙其先神而不祀也，曰：‘我民有命！’毋戮其务[③]。天亦不弃纵而不葆[④]。”此言纣之执有命也，武王以《太誓》非之。有于三代不国有之，曰：“女毋崇天之有命也。”命三不国亦言命之无也。于召公之《执令》于然，且[⑤]：“敬哉！无天命，惟予二人而无造？言不自降天之哉得之。”在于商、夏之诗书曰：“命者，暴王作之。”

【注释】

①当是“丧厥”二字。

②下篇作“用爽厥师”。

③言毋戮力其事也，上两篇俱当从此。《孔书》作“罔惩其侮”，义异。或云伪《泰誓》不足据，不如此文。

④文与上文篇小异。

⑤当为“曰”。

【原文】

且今天下之士君子，将欲辩是非利害之故，当天[①]有命者，不可不疾非也。执有命者，此天下之厚害也，是故子墨子非也。

【注释】

①当为“夫”。

非命（下）

【原文】

子墨子言曰："凡出言谈，则必可而不先立仪而言[1]。若不先立仪而言，譬之犹运钧之上而立朝夕焉也。我以为虽有朝夕之辩，必将终未可得而从定也。是故言有三法。"

【注释】

①一本作"则必先立义而言"。

【原文】

何谓三法？曰：有考之者，有[1]原之者，有用之者。恶乎考之？考先圣大王之事。恶乎原之？察众之耳目之请[2]。恶乎用之？发而为政乎国，察万民而观之。此谓三法也。

【注释】

①旧脱此字，一本如此。

②据前篇当为"情"。

【原文】

故昔者三代圣王禹、汤、文、武方为政乎天下之时，曰：必务举孝子而劝之事亲，尊贤良之人而教之为善。是故出政施教，赏善罚暴。且以为若此，则天下之乱也，将属可得而治也；社稷之危也，将属可得而定也。若以为不然，昔桀之所乱，汤治之；纣之所乱，武王治之。当此之时，世不渝而民不易[1]，上变政而民改俗。存乎桀、纣而天下乱，存乎汤、武而天下治，天下之治也，汤武之力也；天下之乱也，桀纣之罪也。若以此观之，夫安危治乱，存乎上之为政也，则夫岂可谓有命哉？故昔者禹、汤、文、武方为政乎天下之时，曰：必使饥者得食，寒者得衣，劳者得息，乱者得治。遂得光誉令问于天下。夫岂可以为命哉？故以为其力也。今贤良之人尊贤而好功[2]道术，故上得其王公大人之赏，下得其万民之誉，遂得光誉令问于天下。亦岂以为其命哉？又以为力也。

【注释】

①《文选注》引此“治”作“理”，“世”作“时”，“民”作“人”，皆唐人避讳改。

②一本无此字。

【原文】

然今夫有命者，不识昔也三代之圣善人与？意亡昔三代之暴不肖人与？若以说观之，则必非昔三代圣善人也，必暴不肖人也。

然今以命为有者，昔三代暴王桀、纣、幽、厉，贵为天子，富有天下，于此乎不而[1]矫其耳目之欲，而从其心意之辟，外之敺骋田猎毕弋，内湛于酒乐[2]，而不顾其国家百姓之政，繁为无用，暴逆百姓，遂失其宗庙，其言不曰“吾罢不肖，吾听治不强”，必曰“吾命固将失之”。虽昔也三代罢不肖之民，亦犹此也。不能善事亲戚君长，甚恶恭俭而好简易，贪饮食而惰从事，衣食之财不足，是以身有陷乎饥寒冻馁之忧，其言不曰“吾罢不肖，吾从事不强”，又曰“吾命固将穷”。昔三代伪民亦犹此也。

【注释】

①读如“能”，一本无此字，非。

②中篇“湛”作“沉”。

【原文】

昔者暴王作之，穷人[1]术之[2]，此皆疑众迟朴[3]，先圣王之患也，固在前矣。是以书之之竹帛，镂之金石，琢之盘盂，传遗后世子孙。曰：何书焉存？禹之《总德》有之，曰："允不著，惟天民不而葆[4]。既防凶心，天加之咎。不慎厥德，天命焉葆?"《仲虺之告》曰："我闻有夏，人矫天命，于下；帝式是增[5]，用爽厥师。"彼用无为有，故谓矫。若有而谓有，夫岂为矫哉？昔者桀执有命而行，汤为《仲虺之告》以非之。《太誓》之言也，于《去发》[6]曰："恶乎君子！天有显德，其行甚章；为鉴不远，在彼殷王：谓人有命，谓敬不可行；谓祭无益，谓暴无伤。上帝不常，九有以亡；上帝不顺，祝降其丧。惟我有周，受之大帝[7]。"昔纣执有命而行，武王为《太誓·去发》以非之。曰：子胡不尚考之乎商、周、虞、夏之记，从十简之篇以尚，皆无之，将何若者也？

【注释】

①旧脱此字，一本有。

②术，同"述"。

③言沮朴实之人。

④而，同"能"。葆，同"保"。

⑤当作"恶"，或作"憎"。

⑥未详。

⑦文略见《孔书·泰誓》。

【原文】

是故子墨子曰："今天下之君子之为文学、出言谈也，非将勤劳其惟[1]舌而利其唇呡也[2]，中实将欲其国家邑里万民刑政者也。"今也王公大人之所以早朝晏退，听狱治政，终朝均分，而不敢息[3]怠倦者，何也？曰：彼以为强必治，不

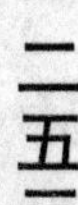

强必乱；强必宁，不强必危；故不敢怠倦。今也卿大夫之所以竭股肱之力，殚其思虑之知，内治官府，外敛关市、山林、泽梁之利，以实官府，而不敢怠倦者，何也？曰：彼以为强必贵，不强必贱；强必荣，不强必辱；故不敢怠倦。今也农夫之所以蚤出暮人，强乎耕稼树艺，多聚升粟，而不敢怠倦者，何也？曰：彼以为强必富，不强必贫；强必饱，不强必饥；故不敢怠倦。今也妇人之所以[4]夙兴夜寐，强乎纺绩织纴，多治麻统[5]葛绪[6]捆[7]布缘，而不敢怠倦者，何也？曰：彼以为强必富，不强必贫；强必煖，不强必寒；故不敢怠倦。今虽毋在乎王公大人蕢[8]若信有命而致行之，则必怠乎听狱治政矣，卿大夫必怠乎治官府矣，农夫必怠乎耕稼树艺矣，妇人必怠乎纺绩织纴矣。王公大人怠乎听狱治政，卿大夫怠乎治官府，则我以为天下必乱矣；农夫怠乎耕稼树艺，妇人怠乎纺绩织纴，则我以为天下衣食之财将必不足矣。若以为政乎天下，上以事天鬼，天鬼不使[9]；下以待养百姓，百姓不利，必离散不可得用也。是以人守则不固，出诛则不胜。故虽昔者三代暴王桀、纣、幽、厉之所以共抎其国家[10]倾覆其社稷者，此也。

【注释】

①一本作“颊”。

②吻，“腘”字省文。《说文》云：“吻，口边也。”又有“腘”字，云“或从月从昏”，此省日耳。

③一本无此字，是。

④旧脱此字，据上文增。

⑤《说文》云：“统，丝曼延也。”

⑥“纻”字假音。

⑦《说文》云：“梱，絭束也。”此俗写。

⑧句。此“贵”字假音。

⑨当为“便”字。

⑩抎，失。

【原文】

是故子墨子言曰："今天下之士君子，中实将欲求兴天下之利，除天下之害，当若有命者言也。曰：命者，暴王所作，穷人所术，非人者之言也。今之为仁义者，将不可不察而强非者，此也。"

非儒（上）（缺）

非儒（下）[①]

【原文】

儒者曰："亲亲有术，尊贤有等。"言亲疏、尊卑之异也。其《礼》曰：丧，父母三年其[②]，妻[③]、后子三年[④]，伯父、叔父、弟兄、庶子其[⑤]，戚族人五月。若以亲疏为岁月之数，则亲者多而疏者少矣，是妻、后子与父同也；若以尊卑为岁月数，则是尊其妻、子与父母同，而亲伯父、宗兄而卑子也[⑥]。逆孰大焉？

【注释】

①《孔丛·诘墨篇》多引此词。此述墨氏之学者设师言以折儒也，故《亲士》诸篇无"子墨子言曰"者，翟自著也，此无"子墨子言曰"者，门人小子臆说之词，并不敢以诬翟也，例虽同而事异。后人以此病翟，非也。《说文》云："儒，柔也。术士之称。"

②句。其与"期"同，言父在为母期也。

③旧脱此字，据下文增。

④后子，嗣子適也。《左传》曰“王一岁有三年之丧二”，《周礼》如此。

⑤与“期”同。

⑥卢云：“似当云‘而卑与子同也’。”

【原文】

其亲死，列尸弗[1]。登屋窥井，挑鼠穴，探涤器，而求其人焉。以为实在，则戆愚甚矣[2]。如其亡也，必求焉，伪亦大矣。

【注释】

①句。弗与“袚”同。

②《说文》云：“戆，愚也。”“愚，戆也。”《玉篇》：“戆，陟绛切。”颜师古注《汉书》云：“古音下绀反，今则竹巷反。”

【原文】

取妻身迎，袛褍为仆[1]，秉辔授绥，如仰严亲。昏礼威仪，如承祭祀。颠覆上下，悖逆父母，下则妻子[2]，妻子上侵事亲，若此可谓孝乎？儒[3]者[4]迎妻，“妻之奉祭祀，子将守宗庙，故重之”。应之曰：“此诬言也！其宗兄守其先宗庙数十年，死，丧之其[5]；兄弟之妻奉其先之祭祀，弗散[6]；则丧妻、子三年，必非以守奉祭祀也。”夫忧妻、子以大负累，有曰“所以重亲也”，为欲厚所至私[7]，轻所至重，岂非大奸也哉？

和田玉虎片（战国）

【注释】

①《说文》云：“袛，敬也。”“褍，衣正幅”，则褍亦正意，与端同。

②言为妻子法则。

③旧作“传”，据下文改。

④当云“儒者曰”。

⑤同“期”。

⑥卢云：“当为服。”

⑦旧作“和”，以意改。

【原文】

有强执有命以说议曰：“寿夭贫富，安危治乱，固有天命，不可损益。穷达赏罚，幸否[①]有极。人之知力，不能为焉。”群吏信之，则怠于分职；庶人信之，则怠于从事。不治则乱，农事缓则贫。贫且乱政之本，而儒者以为道教，是贱天下之人者也。

【注释】

①《说文》云：“幸，吉而免凶也。从屰，从夭，夭死之事，故死谓之不幸。”

【原文】

且夫繁饰礼以淫人，久丧伪哀以谩亲[①]，立命缓贫而高浩居[②]，倍本弃事而安怠傲[③]，贪于饮酒，惰于作务，陷于饥寒，危于冻馁，无以违之。是若人气，鼸鼠藏[④]，而羝羊视[⑤]、贲彘起[⑥]。君子笑之，怒曰：“散人[⑦]焉知良儒!”夫夏乞麦禾，五谷既收，大丧是随。子姓皆从，得厌饮食。毕治数丧，足以至矣。因人之家翠[⑧]以为[⑨]，恃人之野[⑩]以为尊。富人有丧，乃大说喜，曰：“此衣食之端也。”

【注释】

①《说文》云：“谩，欺也。”《玉篇》云：“莫般、马谏二反。”陆德明

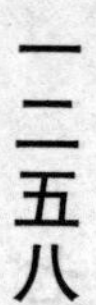

《周礼音义》云："徐望仙反。"

②同"傲倨"。《说文》云："居，蹲也。"

③旧作"彻"，以意改。

④《尔雅》有"鼸鼠"。陆德明《音义》云："孙炎云：鼸者，颊里也。郭云：以颊内藏食也。《字林》云：即鼢鼠也。"《说文》云："鼸，鼢也。"《玉篇》云："鼸，胡簟切，田鼠也。""鼸"旧作"豏"，误。

⑤《尔雅》云"羊牡羒"，注"羝"。《广雅》云："二岁曰羝。"《说文》云："羝，牡羊也。"陆德明《音义》云："《字林》云：牂羊也。"然则羝、羒、牂，皆牡羊。

⑥《易·大畜》云："豶豕之牙。"崔憬曰："《说文》：豶，剧豕。今俗犹呼剧猪是也。"案：《说文》作"豮豕"，崔以意改之。"羠"与"羵"义同。剧者，"犗"假音。《玉篇》云："豶，扶云切，犗也。"

⑦《汉书》云"亢食"，注曰："文颖曰：穴，散也。"《说文》云："穴，椒也。从宀，儿在屋下，无田事。"《玉篇》云："如勇切。"则此云散人犹穴人。

⑧《广雅》："膵，肥也。"此古字。

⑨疑有脱字。

⑩言禾麦在野。

【原文】

儒者曰："君子必服古言，然后仁。"应之曰："所谓古之者，皆尝新矣。而古人服之，则君子也？然则必法非君子之服，言非君子之言，而后仁乎？"

又曰："君子循而不作。"应之曰："古者羿作弓①，伃作甲②，奚仲作车，巧垂作舟③，然则今之鲍函车匠④，皆君子也？而羿、伃、奚仲、巧垂，皆小人邪？且其所循，人必或作之，然则其所循皆小人道也？"

【注释】

①羿，“羿”省文。《说文》云：“羿，古诸侯也。一曰射师。”

②伃即“杼”，少康子。卢云：“《世本》作舆。”

③《北堂书钞》引作“倕”，《太平御览》作“倕”，《事类赋》引作“工倕”。《太平御览》引有云“禹造粉”，疑在此。

④《考工记》有“函鲍”，郑君注云：“鲍读为鲍鱼之鲍，《书》或为鞄。”《苍颉篇》有“鞄䩠”。陆德明《音义》云：“刘音仆。”《说文》云：“鞄，柔革工也。从革包声，读若朴。”周公曰：“柔皮之工鲍氏。”鞄即鲍也。

【原文】

又[①]曰：“君子胜不逐奔，揜函弗射，施[②]则助之胥车。”应之曰：“若皆仁人也，则无说而相与。仁人以其取舍是非之理相告，无故从有故也，弗知从有知也，无辞必服，见善必迁，何故相？若两暴交争，其胜者欲不逐奔，揜函弗射，施则助之胥车，虽尽能，犹且不得为君子也，意暴残之国也。圣将为世除害，兴师诛罚，胜将因用传术令士卒曰：‘毋逐奔，揜函勿射，施则助之胥车。’暴乱之人也得活，天下害不除，是为群残父母而深贱世也，不义莫大焉！”

【注释】

①旧作“人”，以意改。

②旧作“强”，据下文改。

【原文】

又曰：“君[①]子若钟，击之则鸣，弗击不鸣[②]。”应之曰：“夫仁人事上竭忠，事亲得孝，务善则美，有过则谏，此为人臣之道也。今击之则鸣，弗击不鸣，

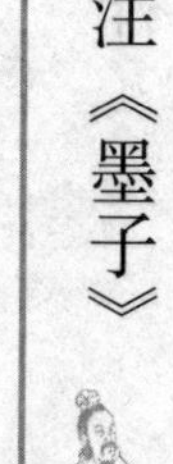

隐知豫[③]力，恬漠待问而后对，虽有君亲之大利，弗问不言；若将有大寇乱，盗贼将作，若机辟将发也[④]，他人不知，己独知之，虽其君亲皆在，不问不言，是夫大乱之贼也！以是为人臣不忠，为子不孝，事兄不弟，交遇人不贞良。夫执后不言之朝物，见利使已，虽恐后言。君若言而未有利焉，则高拱下视，会噎为深[⑤]，曰：'惟其未之学也。'用谁急，遗行远矣。"

【注释】

①旧作"吾"，据上文改。

②此出《说苑》，云："赵襄子谓子路曰：吾尝问孔子曰，先生事七十君无明君乎，孔子不对，何谓贤邪？子路曰：建天下之鸣钟，撞之之以筳，岂能发其音声哉！"

③言隐其先知豫事之识。

④辟，同"闢"。

⑤《说文》云："哙，咽也。读若快。""噎，饭窒也"。会与"哙"同，不言之意。

【原文】

夫一道术学业仁义也，昔大以治人，小以任官，远施用遍[①]，近以循身；不义不处，非理不行；务兴天下之利，曲直周旋，利则止。此君子之道也。以所闻孔某之行[②]，则本与此相反谬也。

【注释】

①旧作"偏"，以意改。

②"某"字旧作孔子讳，今改，下放此。

【原文】

齐景公问晏子曰："孔子为人何如？"晏子不对。公又复问，不对。景公曰：“以孔某语寡人者众矣，俱以贤人也。今寡人问之，而子不对，何也?”晏子对曰：“婴不肖，不足以知贤人。虽然，婴闻所谓贤人者，入人之国，必务合其君臣之亲，而弭其上下之怨。孔某之荆，知白公之谋，而奉之以石乞。君身几灭，而白公僇[1]。婴闻贤人得上不虚，得下不危，言听于君必利人，教行下必于上，是以言明而易知也，行易而从也，行义可明乎民，谋虑可通乎君臣。今孔某深虑同谋以奉贼，劳思尽知以行邪，劝下乱上，教臣杀君[2]，非贤人之行也；入人之国，而与人之贼，非义之类也；知人不忠，趣之为乱[3]，非仁义之也[4]；逃人而后谋，避人而后言，行义不可明于民，谋虑不可通于君臣。婴不知孔某之有异于白公也，是以不对。”景公曰：“呜乎！贶寡人者众矣[5]，非夫子，则吾终身不知孔某之与白公同也。”

【注释】

①《孔丛·诘墨》云：“白公乱在哀公十六年秋也，孔子已卒十旬。”

②《孔丛》引“杀”作“弑”。

③趣，读“促”。

④脱字。

⑤贶当为“况”，此俗写。

【原文】

孔某之齐，见景公。景公说，欲封之以尼溪，以告晏子。晏子曰：“不可。夫儒，浩居而自顺者也[1]，不可以教下；好乐而淫人，不可使亲治；立命而怠事，不可使守职；宗丧循哀[2]，不可使慈民；机服勉容[3]，不可使导众。孔某盛容修饰以蛊世，弦歌鼓舞以聚徒，繁登降之礼以示仪，务趋翔之节以劝众；儒学不可使议世[4]，劳思不可以补民[5]，累寿不能尽其学，当年不能行其礼，积财不能赡其乐。繁饰邪术，以营世君[6]；盛为声乐，以淫遇民[7]。其道不可以期世，其学不可以导众[8]。今君封之，以利齐俗[9]，非所以导国先众。”公曰[10]：

"善。"于是厚其[11]礼，留其封，敬见而不问其道。孔乃恚[12]怒于景公与晏子，乃树鸱夷子皮[13]于田常之门，告南郭惠子以所欲为，归于鲁。有顷，间齐将伐鲁[14]，告子贡曰："赐乎，举大事于今之时矣!"乃遣子贡之齐，因南郭惠子以见田常，劝之伐吴；以教高、国、鲍、晏，使毋得害田常之乱；劝越伐吴。三年之内，齐、吴破国之难，伏尸以言术数，孔某之诛也[15]。

【注释】

①卢云："《晏子·外篇》与此多同，浩居作浩裾。"沅案：《史记》作"倨傲自顺"。

②《孔丛》《史记》"宗"作"崇"。

③卢云："《晏子》作'异于服，勉于容'。"

④《晏子》"儒"作"博"，"议"作"仪"。

⑤三字旧脱，卢据《晏子》增。

⑥《说文》云："萅，惑也。"《家语》云："营惑诸侯。"高诱注《淮南子》曰："营，惑也。""营"同"萅"，"萅"与"眗"音相近。

⑦当为"愚民"。

⑧《孔丛》作"家"，非。

⑨《史记》云："君欲用之以移齐俗。"作"移"，是。

⑩二字旧脱，据《孔丛》增。

⑪二字旧脱，卢据《晏子》增。

⑫旧作"志"，卢改。

⑬即范蠡也。《韩非子》云："鸱夷子皮事田成子，成子去齐，走而之燕，鸱夷子皮负传而从。"按《史记·货殖传》云："范蠡变名易姓适齐，为鸱夷子皮。"

⑭言伺其间。

⑮言孔子之责也。

【原文】

孔某为鲁司寇，舍公家而奉[①]季孙。季孙相鲁君而走。季孙与邑人争门关[②]，决植[③]。

【注释】

①旧作“于”，据《孔丛》改。

②句。

③《列子》云：“孔子劲能招国门之关，而不肯以力闻。”《吕氏春秋·慎大》云：“孔子之劲举国门之关而不肯以力闻。”此云决植，即其事也。《说文》云：“植，户植也。”似言季氏争关而出，孔子决门植以纵之。

【原文】

孔某穷于蔡、陈之间[①]，藜羹不糂[②]，十日。子路为享豚[③]，孔某不问肉之所由来而食[④]；号人衣[⑤]以酤酒[⑥]，孔某不问酒之所由来而饮。哀公迎孔某，席不端弗坐，割不正弗食。子路进，请曰：“何其与陈、蔡反也[⑦]？”孔某曰：“来！吾与女[⑧]。曩与女为苟生[⑨]，今与女为苟义[⑩]。”夫饥约则不辞忘[⑪]妄取以活身，赢饱伪行以自饰，污邪诈伪，孰大于此？

【注释】

①《孔丛》“穷”作“厄”。

②《艺文类聚》引作“藜蒸不糂”，《北堂书抄》作“不糁”，《太平御览》作“糂”，一作“糁”。《荀子》云：“七日不火食，藜羹不糂。”杨倞云：“糂与糁同，苏览反。”《说文》云：“糂，以米和羹也。一曰粒也。古文糂从参。”则糂、糁古今字。

③《孔丛》《太平御览》引“享”作“烹”，俗写耳，享即烹耳。

④《艺文类聚》引作“不问肉所从来即食之。”

⑤号，“褫”字之误。《孔丛》作“剥”。

⑥《孔丛》“酤”作“沽”，同。

⑦《文选注》引“反”作“异”。

⑧当为“语女”。

⑨苟，且。

⑩旧云“曩与女为苟义”。脱五字，据《文选注》增。

⑪此字衍。

【原文】

孔某与其门弟子闲坐，曰：“夫舜见瞽叟就然[①]，此时天下圾乎[②]！周公旦非其人也邪，何为亦舍[③]家室而托寓也？”

【注释】

①旧作“然就”，孙以意改。《孟子》云：“舜见瞽叟，其容有蹙。”《韩非子·忠孝》云：“记曰：舜见瞽叟，其容造焉。孔子曰：当是时也，危哉！天下岌岌。”《荀子》亦同作“造”。案：就、蹙、造三音皆相近。

②“圾”旧作“坡”，以意改。《孟子》《韩非子》作“岌岌”。

③旧作“舍亦”，卢云如此。

【原文】

孔某所行，心术所至也。其徒属弟子，皆效孔某。子贡、季路辅孔悝乱[①]乎卫，阳虎乱乎齐[②]，佛肸以中牟叛，桼雕刑残[③]，莫大焉[④]！

【注释】

①旧脱此字，据《孔丛》云“以乱卫”增。

②《孔丛》作“鲁”。

③《孔丛》作“漆雕开形残，诘曰：非行己之致”。

④“莫”上当脱一字。

【原文】

夫为弟子后生其师，必修其言，法其行，力不足、知弗及而后已。今孔某之行如此，儒士则可以疑矣。

第十卷

经（上）①

【原文】

故，所得而后成也②。止，以久也③。体，分于兼也④。必，不已也⑤。知，材也⑥。平，同高也⑦。虑，求也⑧。同，长以缶⑨相尽也。知，接也⑩。中，同长也⑪。恕，明也⑫。厚，有所大也。仁，体爱也。日中⑬，㐃南也。义，利也⑭。直，参也⑮。礼，敬也。圜，一中同长也⑯。行，为也。方，柱隅四讙也⑰。实，荣也⑱。倍，为二也⑲。忠，以为利而强低也⑳。端，体之无序而最前者也㉑。孝，利亲也。有间，中也㉒。信，言合于意也。间，不及旁也㉓。佴，自作也㉔。纑，间虚也㉕。谓㉖，作嗛也。盈，莫不有也。廉，作非也㉗。坚白，不相外也。令，不为所作也㉘。撄，相得也㉙。任，士损己而益所为也㉚。似，有以相撄，有不相撄也。勇，志之所以敢也㉛。次，无间而不撄撄也。力，刑㉜之所以奋也㉝。法，所若而然也㉞。生，刑㉟与知处也㊱。佴，所然也㊲。卧，知无知也㊳。说，所以明也㊴。梦，卧而以为然也㊵。攸不可㊶，两不可也。平㊷，

知无欲恶也。辩，争彼也。辩胜[43]，当[44]也。利，所得而喜也[45]。为，穷知而縣于欲也[46]。害，所得而恶也[47]。已，成[48]、亡[49]。治，求得也[50]。使[51]，谓、故[52]。誉，明美也。名[53]，达、类、私[54]。诽，明恶也。谓[55]，移、举、加[56]。举，拟实也。知[57]，闻[58]、说、亲[59]，名[60]、实合为[61]。言，出举也。闻[62]，传、亲[63]。且[64]，言然也。见[65]，体、尽[66]。君臣萌[67]，通约也。合[68]，缶、宜[69]、必[70]。功，利民也。欲缶权利，且恶缶权害。赏，上报下之功也。为[71]，存、亡、易、荡、治、化[72]。罪，犯禁也。同[73]，重、体、合、类[74]。罚，上报下之罪也。异[75]，二体、不合、不类[76]。同，异而俱于之一也。同异交得，放有无[77]。久，弥异时也[78]。守，弥异所也[79]。闻，耳之聪也。穷，或有前不容尺也。循[80]所闻而得其意，心之[81]察也。尽，莫不然也。言，口之利也。始，当时也。执[82]所言而意得见，心之辩也。化，征易也。诺，不一利用[83]。损[84]，偏去也[85]。服、执、説[86]。巧转[87]，则求其故。大益[88]。儇稘秖[89]。法同则观其同[90]。库[91]，易也。法异则观而宜[92]。动，或从也。止，因以别道。

【注释】

①此翟自著，故号曰《经》，中亦无“子墨子曰”云云。按宋潜溪云“上卷七篇号曰《经》，中卷、下卷六篇号曰《论》”。上卷七篇则自《亲士》至《三辩》也，此经似反不在其数。然本书故称《经》，词亦最古，岂后人移其篇第与？唐、宋传注亦无引此，故讹错独多，不可句读也。

②《说文》云：“故，使为之也。”或与固同，事之固然言已得成也。

③以，同“已”。

④《孟子》云：“有圣人之一体。”

⑤言事必行。

⑥言材知。

⑦言上平。

⑧谋虑有求。

⑨缶即“正”字。卢云：“疋，古文正，亦作缶。”沅按：唐《大周石刻》“投心缶觉”如此。

⑩知以接物。

⑪中孔四量如一。

⑫推己及人，故曰明。

⑬句。

⑭《易》曰：“利者，义之和。”

⑮《说文》云：“直，正见也。”《论语》：“子曰：立则见其参于前。”

⑯一中言孔也，量之四面同长。

⑰讙，疑“维”字。

⑱实至则名荣。

⑲倍之是为二。

⑳言以利人为志而能自下。

㉑序，言次序。《说文》云：“耑，物初生之题也。”

㉒间隙是二者之中。

㉓言间仯。

㉔《说文》云：“佴，佽也”。此云自作，未详也。

㉕卢云：“纑，犹垅坊之坊。”

㉖字书无此字。

㉗廉察之廉。作，与狙声近。言狙伺。

㉘言使人为之，不自作。

㉙《玉篇》云：“攖，结也。”

㉚谓任侠。《说文》云：“甹侠也。”三辅谓轻财者为甹，甹与任同。

㉛敢，决。

㉜同形。

㉝言奋身是强力。

㉞若，顺。言有成法可从。

㉟同“形”。

㊱言人处世惟形体与知识。

㊲然犹顺耳之言，贰或为“尔”字假音。《说文》云：“尔，必然也。”

㊳卧而梦，似知也，而不可为知。

㊴解说。

㊵言梦中所知以为实然。

㊶句。

㊷句。

㊸读如“胜负”。

㊹读如“当意”。

㊺谓梦所见。

㊻言知之所到而欲为。𢤱，同“悬”。

㊼谓梦所见。

㊽句。

㊾句。

㊿言事既治，所求得。

51句。

52句。《说文》云：“故，使为之也。”

53句。

54句。

55句。

56名。

57句。

58旧作“间”，据《经说上》改。

59句。

⑩句。

⑪句。

⑫句。

⑬句。

⑭旧衍一“且”字，以意删。

⑮句。

⑯句。

⑰疑同“名”，或同“氓”。

⑱句。

⑲句。

⑳句。

㉑句。

㉒句。

㉓句。

㉔句。

㉕句。

㉖句。

㉗句。

㉘言不易其时，故曰久。

㉙言不移其所，故曰守。

㉚句。犹云从。

㉛旧作“也”，据下文改。

㉜句。

㉝句。

㉞句。

㉟言损是去其半。

⑱音利。沅案："音利"二字，旧注未详其义。

⑰句。

⑱句。

⑲句。《经说上》作"晌"。

⑳句。

㉑卢云："库疑瘅，与障同，见下文。"

㉒句。

【原文】

读此书旁行，缶无非[1]。

【注释】

①《说文》云："非，违也。从飞下翅，取其相背。"言此篇当旁行读之，即正读，亦无背于文义也。此篇旧或每句两截分写，如新考定本，故云旁行可读。

经（下）

【原文】

止，类以行人[1]，说在同。所存[2]与者，于存与孰存。驷异说，推类之难，说在之大小[3]。五行毋常胜，说在宜。物尽[4]同名[5]，二与斗[6]，爱食与招[7]，白与视[8]，丽与，夫与履[9]。一，偏弃之，谓而固[10]是也，说在因。不可偏去而二[11]，说在见与俱[12]。一与二[13]、广与循[14]，无欲恶之为益损也，说在宜[15]。不能而不害，说在害[16]。损而不害，说在余[17]。异类不吡[18]，说在量[19]。知而不以五路，说在久[20]。偏去莫加少，说在故[21]。必热，说在顿。假[22]，必誖，说在不然[23]。知其所以不知，说在以名取。物之所以然[24]，与所以知之[25]，与所以使人知之[26]，不必同，说在病。无[27]，不必待有，说在所谓[28]。疑，说在逢[29]、循、遇、过。擢虑不疑，说在有无。合与一[30]，或复否，说在拒。且然[31]，不可正，而不害用工，说在宜欧[32]。物一体也，说在俱一[33]、惟是。均之绝不，说在所均[34]。宇或徙[35]，说在长宇久[36]。尧之义也，生于今而处于古，而异时，说在所义。二[37]，临鉴而立[38]，景到[39]，多而若少[40]，说在寡区[41]。狗，犬也，而杀狗非[42]杀犬也可，说在重[43]。鉴位[44]，量一小而易，一大而缶，说在中之[45]。外内使殷美，说在使。鉴团景一。不坚白，说在。荆之大，其沉浅也，说在具。无久与宇。坚白，说在因。以槛为抟，于以为无知也，说在意[46]。在诸其所然，未者然，说在于是推之。意未可知，说在可用过仵[47]。景不从，说在改为[48]。一少于二，而多于五，说在建。住景二，说在重。非半弗新[49]，则不动，说在端[50]。景到在午，有端与景长，说在端。可无也，有之而不可去，说在尝然[51]。景迎日，说在抟。缶而不可担，说在抟[52]。景之小大，说在地缶远近[53]。宇进无近，说在敷。天而必缶，说在得行[54]。循以久，说在先后[55]。贞而不挠，说在胜一[56]。法者之相与也尽，若方之相召也，说在方[57]。契与枝板，说在薄[58]。狂举不可以知异，说在有不可[59]。牛马之非牛，与可之同，说在兼[60]。倚者不可正，说在剃。循此[61]，循此与彼此同，说在异[62]。推之必往，说在废材[63]。唱和同患，说在功[64]。买无贵，说在仮[65]其贾[66]。闻所不知，若所知，则两知之，说在告[67]。贾宜则雠[68]，说在尽[69]。以言为尽誖，誖，说其在言。无说而惧，说在弗心。惟吾谓非名也则不可，说在仮。或过名也，说在实。无穷不害兼，说在盈否知[70]。知之否之，足用也谆，说在无以也。不知其数，而知其尽也，说在明者[71]。谓辩无胜，必不当，说在辩。不知其所处，不害爱之，说在丧子者。无不让也不可，说在始。仁义之为外内也内，说在仵[72]颜。于一有知焉，有不知焉，说在存。学之益也，说在诽者。有指于二而不可逃，说在以二参[73]。诽之可否[74]，不以众寡，说在可非[75]。所知而弗能指，说在春也。逃臣、狗犬贵者，非诽者谆，说在弗非[76]。知狗而自谓不知犬[77]，过也，说在重。物[78]箕不甚，说在若是。通意后对，说在不知其谁谓也。取下以求上也，说在泽。是[79]是与是同，说在不州[80]。

【注释】

①句。

②句。

③句。

④句。

⑤句。

⑥句。

⑦句。

⑧句。

⑨句。

⑩言固陋。

⑪句。

⑫句。

⑬句。

⑭句。

⑮句。

⑯句。

⑰句。

⑱《说文》无此字。《玉篇》云："吡，毗必切，鸣吡吡。"

⑲句。

⑳句。

㉑句。

㉒句。

㉓句。

㉔句。

㉕句。

㉖句。

㉗句。

㉘句。

㉙句。

㉚句。

㉛句。

㉜句。

㉝句。

㉞句。

㉟旧作“从”，以意改。

㊱句。

㊲句。

㊳句。

㊴即今“影倒”字正文。

㊵若，犹顺。

㊶句。

㊷句。

㊸句。

㊹当云“鉴立”，古位、立字通。

㊺句。

㊻句。

㊼即“午”字异文。《玉篇》云：“仵，古吴切，偶敌也。”非此义。

㊽句。

㊾《玉篇》云：“斮，知略切，破也。”卢云：“非此义，此当与斫、斮义

同。”沅案：蕲即蕲字异文耳。

㊿句。

51句。

52句。

53句。

54句。

55句。

56句。

57句。

58句。

59句。

60句。

61句。

62句。

63句。

64句。

65“反”字异文，下仿此。

66句。

67句。

68售字，古只作“雠”，后省。《前汉书·高帝纪》云：“高祖每酤留饮，酒雠数倍。”如淳曰：“雠，亦售也。”

69句。

70句。

71句。

72此亦未详其义。

73《说文》云：“絫，增也。从厽，从糸。絫，十黍之重也。”《汉书注》：

"孟康曰：絫音累蠡。师古曰：絫，孟康音来戈反，此字读亦音累泄之累。"

㉔句。

㉕句。

㉖句。

㉗句。

㉘句。

㉙句。

㊵疑云不同。

经说（上）

【原文】

故，小故，有之不必然，无之必不然[①]。体也，若有端。大故，有之必无然，若见之成见也。体，若二之一，尺之端也[②]。知，材；知也者，所以知也，而必知，若明。虑[③]，虑也者，以其知有求也，而不必得之，若睨。知[④]，知也者，以其知过物而能貌之，若见。㤈[⑤]，㤈也者，以其知论物，而其知之也著，若明[⑥]。仁，爱己者非为用己也，不若爱马著，若明[⑦]。义，志以天下为芬，而能能利之，不必用[⑧]。礼，贵者公，贱者名，而俱有敬僈焉[⑨]，等异论也[⑩]。行，所为不善名，行也；所为善名，巧也，若为盗[⑪]。实，其志气之见也，使人如己，不若金声玉服[⑫]。忠，不利弱子亥，足将入止容[⑬]。孝，以亲为芬，而能能利亲，不必得[⑭]。信，不以其言之当也，使人视城得金[⑮]。佴，与人遇人众愊[⑯]。诮，为是为是之台[⑰]彼也，弗为也[⑱]。廉，己惟为之，知其也諰也[⑲]。所令，非身弗行[⑳]。任，为身之所恶，以成人之所急[㉑]。勇，以其敢于是也命之，不以其不敢于彼也害之[㉒]。力，重之谓下[㉓]，与重，奋也[㉔]。生，楹之生[㉕]，商不可必也[㉖]。卧[㉗]。梦[㉘]。平[㉙]，惔然[㉚]。利，得是而喜，则是利也；其害也，非是也。

害，得是而恶，则是害也；其利也，非是也[31]。治，吾事治矣，人有治南北[32]。誉之，必其行也，其言之忻，使人督之[33]。诽，必其行也，其言之忻[34]。举，告以文名，举彼实也[35]。故言也者，诸口能之出民者也，民若画俿也[36]。言也，谓言犹石致也[37]。且，自前曰且，自后曰已，方然亦且，若石者也[38]。君，以若名者也[39]。功不待时，若衣裘[40]。功不待时，若衣裘[41]。赏。罪不在禁，惟害无罪，殆姑。上报下之功也；罚，上报下之罪也[42]。侗，二人而俱见是楹也，若是君。今久，古今且莫。宇，东西家南北[43]。穷[44]，或不容尺，有穷[45]；莫不容尺[46]，无穷也[47]。尽，但止动[48]。始，时或有久，或无久，始当无久[49]。化，若蛙为鹑[50]。损，偏也者，兼之体也；其体或去存，谓其存者损[51]。儇，昫[52]民也[53]。库，区穴若，斯貌常[54]。动，偏祭从者，户枢免瑟[55]。止，无久之不止，当牛非马，若夫过楹；有久之不止，当马非马，若人过梁[56]。必，谓壹执者也[57]，若弟兄一然者，一不然者，必不必也，是非必也[58]。同，捷[59]与狂之同长也，心中自是往相若也[60]。厚，惟无所大[61]。圜，规写攴也[62]。方，矩见久也[63]。倍，二尺与尺，但去一[64]。端，是无同也[65]。有间[66]，谓夹之者也[67]。间，谓夹者也。尺，前于区穴而后于端，不夹于端与区内[68]。及，及非齐之及也[69]。纑，虚也者，两木之间，谓其无木者也[70]。盈，无盈无厚，于尺无所往而不得[71]。得二，坚异处不相盈，相非是相外也[72]。撄，尺与尺俱不尽，端无端但尽，尺与或尽或不尽，坚白之撄相尽，体撄不相尽端[73]。仳[74]，两有[75]端而后可[76]。次，无厚而后可[77]。法，意规员三也，俱可以为法[78]。佴然也者，民若法也[79]。彼凡牛枢非牛，两也无以非也。辩，或谓之牛，谓之非牛，是争彼也，是不俱当；不俱当，不必或不当，不若当犬[80]。为[81]，欲𩐨其指[82]，智不知其害，是智之罪也。若智之慎文也，无遗于其害也，而犹欲𩐨之，则离之是犹食脯也，骚之利害未可知也[83]，欲而骚，是不以所疑止所欲也；廧外之利害未可知也[84]，趋之而得力，则弗趋也，是以所疑止所欲也。观为穷知而㒓于欲之理[85]，𩐨脯而非恕也[86]，𩐨指而非愚也，所为与不，所与为相疑也，非谋也[87]。已[88]，为衣[89]，成也；治病[90]，亡也[91]。使，令谓[92]，谓也，不必成湿[93]；故也[94]，必待所为之成也[95]。名物[96]，达也，有实必待文多也；命之马[97]，类也，若实也者必以是名也；命之臧[98]，私也，是名也止于是实也。声出口，俱有名[99]，若信宇[100]。洒谓狗犬命也；狗犬[101]，举也；叱狗[102]，加也[103]。知，传受之[104]，闻也；方不库[105]，说也；身观焉[106]，亲也[107]。所以谓[108]，名也；所谓[109]，实也；名、实耦[110]，合也；志行[111]，为也[112]。闻，或告之[113]，传也；身观焉[114]，亲也[115]。见，时者[116]，体也；二者，尽也[117]。古，兵立反中，志工[118]，正也；臧之为[119]，宜也；非彼必不有，必也。圣者用而勿必，必也者可勿疑，仗者两而勿偏[120]。为，早台[121]，存也；病[122]，亡也；买鬻[123]引，易也；霄[124]尽[125]，荡也；顺长[126]，治也；蛙买[127]，化也[128]。同，二名一实[129]，重同也；不外于兼[130]，体同也；俱处于室[131]，合同也；有以同[132]，类同也[133]。异，二必异[134]，二也；不连属[135]，不体也；不同所[136]，不合也；不有同[137]，不类也[138]。同异交得，于福家良，恕有无也[139]。比，度多少也。免蚓还园，去就也；鸟折用桐，坚柔也；剑尤早，死生也；处室子，子母，长少也；两绝胜，白黑也；中央，旁也；论行行行学实，是非也；难宿，成未也；兄弟，俱适也；身处志往，存亡也；霍为姓，故也；贾宜，贵贱也[140]。诺，超城员止也。相从，相去，先知，是，可，五色。长短、前后、轻重援[141]。执服难成，言务成之，九则求执之。法法取同观巧，传法取此择彼，问故观宜[142]。以人之有黑者，有不黑者也，止黑人；与以有爱于人，有不爱于人，心爱人，是孰宜心？彼举然者，以为此其然也，则举不然者而问之。若圣人有非而不非，正五诺，皆人于知有说；过五诺，若员，无直无说；用五诺，若自然矣。

【注释】

①此释《经上》“故，所得而后成也”。

②此释《经上》“体，分于兼也”。

③此释《经上》“知，材也”。

④此释《经上》“虑，求也”。

⑤此释《经上》“知，接也”。

⑥此释《经上》“恕，明也”。

⑦此释《经上》“仁，体爱也”。言当观仁于爱物。

⑧此释《经上》“义，利也”。言意以为美，而施之又忘其劳。

⑨僈，“慢”字异文。

⑩此释《经上》“礼、敬也”。

⑪此释《经上》“行，为也”。言所为之事无善名，是躬行也。有善名，是巧于盗名也。

⑫此释《经上》“实，荣也”。

⑬此释《经上》“忠，以为利而强低也”。

⑭此释《经上》“孝，利亲也”。言不以为德。

⑮此释《经上》“信，言合于意也”。

⑯此释《经上》“佴，自作也”。字书无“愲”字。

⑰一本作“治”。

⑱此释《经上》“诮，作廉也”。

⑲一本作“知其思耳也”，是。此释《经上》“廉，作非也”。

⑳此释《经上》“令，不为所作也”。

㉑此释《经上》“任，士损己而益所为也”。言任侠轻财。

㉒此释《经上》“勇，志之所以敢也”。言勇做。

㉓句。

㉔此释《经上》“力，刑之所以奋也”。

㉕楹，当为“形”。

㉖此释《经上》“生，刑与知处也”。商不可必，言不可知量。

㉗句。

㉘句。

㉙句。

㉚句。

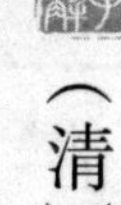

㉛此释《经上》“卧，知无知也”；“梦，卧而以为然也”；“平，知无欲恶也”；“利，所得而喜也”；“害，所得而恶也”。

㉜此释《经上》“治，求得也”。

㉝此释《经上》“誉，明美也”。

㉞此释《经上》“诽，明恶也”。

㉟此释《经上》“举，拟实也”。

㊱虒，“虎”字异文。

㊲石，当为“实”。此释《经上》“言，出举也”。

㊳此释《经上》“且，言然也”。

㊴此释《经上》“君臣名，通约也”。“名”，《经上》作“萌”，误。

㊵此释《经上》“功，利民也”。

㊶句疑衍。

㊷此释《经上》“赏，上报下之功也”；“罪，犯禁也”。

㊸此释《经上》“同，异而俱之于一也”；“久，弥异时也”；“守，弥异所也”。

㊹句。

㊺句。

㊻句。

㊼此释《经上》“穷，或有前不容尺也”。

㊽此释《经上》“尽，莫不然也”。

㊾此释《经上》“始，当时也”。

㊿此释《经上》“化，徵易也”。

51此释《经上》“损，偏去也”。

52《经》作“稘”。

53此释《经上》“儇，稘秖”。

54此释《经上》“库，易也”。

(55)此释《经上》“动，或从也”。

(56)此释《经上》“止，以久也”。其义未详。

(57)臺，疑握字。《说文》云：“𡌴，古文握。”握执，言执持必然者也。

(58)此释《经上》“必，不已也”。

(59)一本作“楗”。

(60)此释《经上》“平，同高也”；“同长，以正相尽也”；“中，同长也”。

(61)此释《经上》“厚，有所大也”。言唯其大无所加，是所谓大也。

(62)此释《经上》“圜，一中同长也”。

(63)此释《经上》“方，柱隅四讙也”。

(64)此释《经上》“倍，为二也”。

(65)此释《经上》“端，体之无序而最前者”。

(66)此与下“间”旧作“闻”，俱以意改。

(67)此释《经上》“有间，中也”。

(68)疑“穴”字。

(69)此释《经上》“间，不及旁也”。

(70)此释《经上》“纑，间虚也”。

(71)此释《经上》“盈，莫不有也”。

(72)此释《经上》“坚白，不相外也”。

(73)此释《经上》“撄，相得也”。

(74)疑“似”字。

(75)一本作“目”。

(76)此释《经上》“似，有以相撄，有不相撄也”。

(77)此释《经上》“次，无间而不撄撄也”。

(78)此释《经上》“法，所若而然也”。

(79)此释《经上》“佴，所然也”。

(80)此释《经上》“说，所以明也”；“攸，不可两不可也”；“辩，争彼也”；

“辩胜，当也”。

⑧①句。

⑧②䪿，即“难”异文。

⑧③骚，“臊”字假音，读如《山海经》云“食之已骚”。

⑧④廧字，“墙”俗写。

⑧⑤㒫，“县”字异文，读如“县挂”之类。

⑧⑥恕，“愸”字异文，字书无此字。

⑧⑦此释《经上》“为，穷知而趋于欲也”。大指言所知一事，必待为之而信，其利害否则悬于欲，不以疑而自止。

⑧⑧句。

⑧⑨句。

⑨⓪句。

⑨①此释《经上》“已，成，亡”。

⑨②句。

⑨③句。

⑨④卢云：“《方言》‘自关而西，秦晋之间，凡志而不得，欲而不获，高而有坠，得而中亡，谓之溼。杨倞注《荀子》引作‘湿’。此湿字与《方言》义同，他合反。”

⑨⑤此释《经上》“使，谓。故”。

⑨⑥句。

⑨⑦句。

⑨⑧句。

⑨⑨此释《经上》“名，达、类、私”。

⑩⓪疑字。

⑩①句。

⑩②句。

⑩③此释《经上》“谓，移、举、加”。

⑩④句。

⑩⑤句。

⑩⑥句。

⑩⑦此释《经上》“知，闻、说、亲”。言所为知者有三，得之传授是耳所闻也，非方土所阻是人所说也，身自观之则亲见也。前后文句仿此例读之。

⑩⑧句。

⑩⑨句。

⑪⓪句。

⑪①句。

⑪②此释《经上》“名实合为”。

⑪③句。

⑪④句。

⑪⑤此释《经上》“闻，传亲”。

⑪⑥句。

⑪⑦此释《经上》“见，体、尽”。

⑪⑧句。

⑪⑨句。

⑫⓪此释《经上》“合，正、宜、必”；“欲正权利，且恶正权害”。

⑫①句。

⑫②句。

⑫③句。

⑫④与“消”同。

⑫⑤句。

⑫⑥句。

⑫⑦句。

⑫⑧此释《经上》“为，存、亡、易、荡、治、化”。

⑫⑨句。

⑬⓪句。

⑬①句。

⑬②句。

⑬③此释《经上》“同，重、体、合、类”。

⑬④句。

⑬⑤句。

⑬⑥句。

⑬⑦句。

⑬⑧此释《经上》“异，二、不体、不合、不类”。旧脱不体“不”字。

⑬⑨此释《经上》“同异交得，放有无”。

⑭⓪已上未详。

⑭①此释《经上》“诺，不一利用”。

⑭②此释《经上》“服执說。巧转，则求其故。大益”；“法同则观其同”；“法异则观其宜”。

经说（下）

【原文】

止，彼以此其然也，说是其然也；我以此其不然也，疑是其然也。谓四足兽[①]，与生鸟[②]与，物尽[③]与，大小也[④]。此然是必然，则俱。为麋同名，俱斗，不俱二，三与斗也[⑤]。包[⑥]、肝[⑦]、肺[⑧]、子[⑨]，爱也；橘茅[⑩]，食与招也[⑪]。白马多白[⑫]，视马不多视[⑬]，白与视也[⑭]。为丽不必丽，不必丽与暴也。为非以人是不为非，若为夫勇不为夫，为屦以买衣为屦，夫与屦也[⑮]。二与一亡[⑯]，不与一

在[17]，偏去未，有文[18]实也，而后谓之；无文[19]实也，则无谓也。不若敷与美[20]，谓是[21]，则是固美也；谓也，则是非美[22]，无谓则报也。见不见，离一二，不相盈[23]，广循坚白[24]。举不重[25]，不与箴[26]，非力之任也；为握者之觭[27]倍，非智之任也。若耳目异。木与夜孰长？智与粟孰多[28]？爵[29]、亲、行、贾[30]，四者孰贵[31]？麋与霍孰高？麋与霍孰霍？蚓与瑟孰瑟？偏，俱一无变。假，假必非也而后假。狗假霍也，犹氏霍也，物或伤之，然也；见之，智也；吉之，使智也[32]。疑逢[33]，为务则士，为牛庐者夏寒，逢也；举之则轻，废之则重，非有力也，沛从削，非巧也，若石羽，楯也；斗者之敝也，以饮酒，若以日中，是不可智也，愚也；智与，以已为然也与，愚也。俱，俱一[34]，若牛马四足[35]。惟是，当牛马，数[36]牛，数马[37]，则牛马二[38]；数牛马[39]，则牛马一[40]。若数指[41]，指五而五一。长[42]宇，徙而有处，宇[43]。宇南北，在且有在莫，宇徙久[44]。无坚得白，必相盈也。在尧善治[45]，自今在诸古也；自古在之今[46]，则尧不能治也[47]。

错银链子壶（战国）

【注释】

①句。

②句。

③句。

④已上释《经下》“止，类以行人”云云，至“说在之大小”。

⑤已上释《经下》“五行毋当胜”云云，至“二与斗”。

⑥句。

⑦句。

⑧句。

⑨句。

⑩句。

⑪已上释《经下》"爱食与招"。

⑫句。

⑬句。

⑭已上释《经下》"白与视"。

⑮已上释《经下》"丽与，夫与履"。履，同"屦"。

⑯句。

⑰句。

⑱句。

⑲句。

⑳句。

㉑句。

㉒句。

㉓已上释《经下》"一偏弃之"云云，至"说在见与俱，一与二"。

㉔句。

㉕句。

㉖疑当云"不举箴"。

㉗字未详。

㉘句。

㉙句。

㉚句。

㉛句。

㉜已上释《经下》"广与循"云云，至"说在所谓"。

㉝旧作"蓬"，下同，以意改。

㉞句。

㉟句。

㊱句。

㊲句。

㊳句。

㊴句。

㊵句。

㊶句。

㊷已上释《经下》“说在俱一”。

㊸句。

㊹已上释《经下》“宇或徙，说在宇长久”。

㊺句。

㊻句。

㊼已上释“尧之义也”云云，至“说在所异二”。

【原文】

景，光至[1]景亡，若在[2]，尽古息。景，二光夹一光；一光者，景也。景光之人煦若射[3]，下者之人也高[4]，高者之人也下[5]。足敝下光，故成景于上；首敝上光，故成景于下。在远近有端与于光，故景庫[6]内也。景，日之光反烛人[7]，则景在日与人之间[8]。景，木柂[9]，景短大[10]；木正[11]，景长小[12]。大小于木，则景大于木，非独小也[13]。远近临正鉴[14]，景寡[15]，貌能白黑[16]。远近、柂正[17]，异于光鉴[18]。景当俱就，去尒当俱[19]，俱用北。鉴者之臭，于鉴无所不鉴。景之臭无数，而必过正。故同处，其体[20]俱，然鉴分[21]，鉴中之内[22]，鉴者近中[23]，则所鉴大[24]，景亦大[25]，远中，则所鉴小，景亦小，而必正，起于中[26]，缘正而长其直也；中之外，鉴者近中，则所鉴大，景亦大，远中，则所鉴小，景亦小，而必易，合于而长其直也。鉴鉴者近，则所鉴大，景亦大；亦远，所鉴小，景亦小。而必正，景过正㉗。

【注释】

①句。

②句。

③句。

④句。

⑤句。

⑥旧作“库”，卢以意改。

⑦句。

⑧句。

⑨犹言木斜。

⑩句。

⑪句。

⑫句。

⑬已上以表言，文尚可详。

⑭句。

⑮句。

⑯句。

⑰句。

⑱句。

⑲尒，疑“亦”字。

⑳句。

㉑句。

㉒句。

㉓句。

㉔句。

㉕句。

㉖句。

㉗已上以镜言。

【原文】

故招负衡木，加[①]重焉而不挠[②]，极胜重也[③]。右校交绳[④]，无加焉而挠，极不胜重也。衡加重于其一旁[⑤]，必捶，权重相若也[⑥]。相衡，则本短标长[⑦]。两加焉重相若[⑧]，则标必下[⑨]，标得权也。挈有力也，引无力也，不正[⑩]，所挈之止于施也。绳制挈之也，若以锥刺之，挈，长[⑪]、重者下[⑫]，短[⑬]、轻者上[⑭]；上者愈得下[⑮]，下者愈亡[⑯]。绳直权[⑰]重相若[⑱]，则正[⑲]矣。收，上者愈丧，下者愈得；上者权重尽，则遂挈[⑳]。

【注释】

①旧作“如”，以意改。

②句。

③极，谓权也。

④句。

⑤句。

⑥此“锤”字假音，陆德明《考工记音义》云：“直伪反，刘直危反。”

⑦标，犹杪末也。

⑧句。

⑨句。

⑩旧作“心”，以意改。

⑪句。

⑫句。

⑬句。

⑭句。

⑮句。

⑯句。

⑰句。

⑱句。

⑲旧作“心”，以意改。

⑳已上以权衡言。

【原文】

两轮高，两轮为輲[①]，车梯也。重其前，弦其前[②]，载弦其前，载弦其軲[③]，而县重于其前。是梯[④]，挈且挈则行。凡重，上弗挈，下弗收，旁弗劫，则下直。扡，或害之也。汸[⑤]梯者不得汸[⑥]，直也。今也废尺于平地，重不下无跨也[⑦]。若夫绳之引軲也，是犹自舟中引横也。倚、倍、拒、坚，䠶[⑧]倚焉则不正。谁Generated[⑨]石累石耳[⑩]。

【注释】

①《杂记》云：“载以輲车。”郑注云：“輲读为辁，或作辁。”《说文》云：“辁，蕃车下庳也。”又郑注《既夕记》云：“许叔重说有辐曰轮，无辐曰辁。”

②弦，直也。

③《玉篇》云：“軲，古胡切。”《广雅》云：“軲，车也。曹宪音枯，又音姑。”案軲、毂音相近，疑毂字异文。

④旧作“垶”，据上文改，下同。

⑤《公羊传·桓十年》有云“汸血”，陆德明《音义》云：“古流字。”

⑥旧作“汸”，据上改。

⑦《玉篇》云："踌，蒲唐切。踉踌欲行貌。"《正字通》以为"腿"字之俗。

⑧唐宋字书无此字。《正字通》云："俗字。旧注音嗔，走貌。"

⑨"并"字异文。

⑩已上以车制言。

【原文】

夹寝[1]者法也，方石去地尺[2]，关石于其下[3]，县丝于其上[4]，使适至方石，不下柱也，胶丝去石[5]，挈也；丝绝[6]，引也。未变而名易[7]，收也。买，刀[8]籴相为贾[9]，刀轻则籴不贵[10]，刀重则籴不易[11]。王刀无变[12]，籴有变[13]；岁变籴[14]，则岁变刀[15]。若鬻子，贾尽也者，尽去其以不雠也；其所以不雠去[16]，则雠。缶贾也宜不宜，缶欲不欲，若败邦鬻室[17]，嫁子无子[18]。在军不必其死生，闻战亦不必其生。前也不惧，今也惧。或，知是之非此也。有知是之不在此也，然而谓此南北，过而以已为然。始也谓此南方，故今也谓此南方。智论之，非智无以也。谓，非谓。非同也，则异也。同则或谓之狗，其或谓之犬也。异则或谓之牛，牛或谓之马也。俱无胜[19]，是不辩也。辩也者，或谓之是，或谓之非。当也者，胜也。无让者酒，未让始也，不可让也。於石一也，坚白二也，而在石。故有智焉，有不智焉，可。有指子智是，有智是吾所先举，重；则子智是，而不智吾所先举也，是一。谓有智焉，有不智焉也。若智之，则当指之智告我，则我智之。兼指之，以二也。衡指之，参直之也。若曰必独指吾所举，毋举吾所不举，则者固不能独指。所欲相不传，意若未校。且其所智是也，所不智是也，则是智，是之不智也，恶得为一。谓而有智焉，有不智焉，所春也，其执固不可指也。逃臣不智其处，狗犬不智其名也。遗者，巧弗能两也。智，智狗，重智犬，则过；不重则不过。通问者曰："子智䫍乎[20]？"应之曰："飘何谓也？"彼曰："䫍施。"则智之。若不问䫍何谓，径应以弗智，则过。且应必应，问之时若应，长应有深浅。大常[21]中在，兵人长所。室堂，所存也。其子，存者也。

据在者而问室堂，恶可存也？主室堂而问存者，孰存也？是一主存者以问所存[22]，一主所存以问存者[23]。五合，水土火[24]，火离然；火铄金，火多也；金靡炭，金多也；合之府水[25]，木离木。若识麋与鱼之数，惟所利，无欲恶。伤生损寿，说以少连，是谁爱也？尝多粟，或者欲不有能伤也，若酒之于人也。且恕人利人，爱也，则惟恕弗治也。损饱者去馀，适足不害，能害饱，若伤麋之无脾也。且有损而后益智者，若瘧病之之于瘧也[26]。智以目见，而目以火见，而火不见。惟以五路智，久不当。以目见，若以火见火，谓火热也，非以火之热。我有若视曰智；杂所智与所不智而问之，则必曰“是所智也，是所不智也”，取去俱能之，是两智之也。无，若无焉，则有之而后无；无天陷，则无之而无。擢疑，无谓也。臧也今死，而春也得文，文死也可。且，犹是也。且且，必然；且已，必已。且用工而后已者，必用工后已。均，发[27]均县，轻重而发绝，不均也；均，其绝也莫绝。尧霍[28]，或以名视人，或以实视人。举友富商也，是以名视人也；指是臛也，是以实视人也。尧之义也[29]，是声也于今[30]，所义之实处于古[31]。若殆于城门，与于臧也。狗，狗犬也，谓之杀犬，可，若两膍。使，令使也。我使我，我不使亦使我。殿戈亦使，殿不美亦使，殿。荆沇，荆之贝也，则沇浅非荆浅也。若易五之一，以楹之抟也，见之，其于意也不易，先智意相也。若楹轻于秋，其于意也洋然。段、椎、锥，俱事于履，可用也。成绘屦过椎，与成椎过绘屦同，过仵也[32]。一，五有一焉，一有五焉，十二焉。非斮半，进前取也，前则中无为半，犹端也。前后取，则端中也。斮必半，毋与非半，不可斮也。可无也，已给则当给，不可无也。久有穷无穷。正九[33]，无所处而不中县，抟也[34]。

【注释】

①“寢”字省文。

②句。

③句。

④句。

⑤句。

⑥句。

⑦句。

⑧谓泉刀。

⑨句。

⑩句。

⑪句。

⑫句。

⑬句。

⑭句。

⑮句。

⑯句。

⑰句。

⑱句。

⑲句。

⑳𣎆，当为𣎆，即“赢”省文。

㉑据下文当为“堂”。

㉒句。

㉓句。

㉔句。

㉕府，疑同“腐”。

㉖⿸疒虎，即“疟”省文。《说文》云：“瘧，热寒休作。”今经典省几，此省E，一也。E即“爪”字。

㉗句。

㉘据下文作“臛”。

⑳句。

㉚句。

㉛句。

㉜仵，当为“舛”异文。

㉝一本作“凡”。

㉞已上释《经下》“临鉴而立景”云云，至“说在抟”。

【原文】

伛宇不可偏举，字也。进行者，先敷近，后敷远。行者行者，必先近而后远。远修近修也，先后久也，民行修必以久也①。

【注释】

①已上释《经下》“景之大小”云云，至“说在先后”。

【原文】

一方貌尽，俱有法而异，或木或石，不害其方之相合也。尽貌犹方也①。

【注释】

①已上释《经下》“法者之相与也”云云，至“说在方”。

【原文】

物俱然①。牛狂与马惟异②，以牛有齿③，马有尾④，说牛之非马也，不可⑤。是俱有，不偏有偏无有。曰：⑥“之与马不类⑦，用牛角⑧，马无角⑨，是类不同也。”若举牛有角、马无角，以是为类之不同也，是狂举也。犹牛有齿，马有尾。或不非牛而非牛也可⑩，则或非牛或牛而牛也可⑪。故曰“牛马非牛也”未可，“牛马牛也”未可，则或可或不可，而曰“牛马牛也未可”亦不可。

且牛不二，马不二，而牛马二。则牛不非牛，马不非马，而牛马非牛非马，无难[12]。

【注释】

①句。

②句。

③句。

④句。

⑤句。

⑥卢云："当有牛字。"

⑦句。

⑧卢云："用牛当为牛有。"

⑨句。

⑩句。

⑪句。

⑫已上释《经下》"牛马之非牛"云云。

【原文】

彼，正名者彼此[1]，彼此可[2]。彼彼止于彼[3]，此此止于此[4]，彼此不可[5]。彼且此也，彼此亦可。彼此止于彼此，若是而彼此也，则彼亦且此此也[6]。

【注释】

①句。

②句。

③句。

④句。

⑤句。

⑥已上释《经下》“循此与彼此同，说在异”。

【原文】

唱无过，无所周，若粺；和无过，使也，不得已。唱而不和，是不学也，智少而不学，必寡；和而不唱，是不教也，智[①]而不教，功适息[②]。

【注释】

①当有“少”字。

②已上释《经下》“唱和同患”云云。

【原文】

使人夺人衣，罪或轻或重；使人予人酒，或厚或薄。闻在外者，所不知也。或曰“在室者之色若是其色”，是所不智若所智也，犹白若黑也。谁胜，是若其色也，若白者必白。今也智其色之若白也，故智其白也。夫名，以所明[①]正所不智[②]，不以所不智[③]疑所明[④]。若以尺度所不智[⑤]长，外[⑥]，亲智也[⑦]；室中[⑧]，说智也[⑨]。

【注释】

①句。

②句。

③句。

④句。

⑤句。

⑥句。

⑦句。

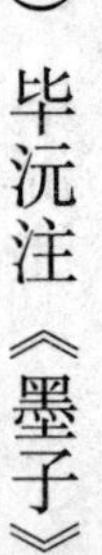

⑧句。

⑨已上释《经下》“闻所不知若所知”云云。

【原文】

以誖，不可也。出人之言可，是不誖，则是有可也。之人之言不可，以当，必不审。惟谓是霍可，而犹之非夫霍也，谓彼是是也。不可谓者，毋惟乎其谓。彼犹惟乎其谓，则吾谓不行。彼若不惟其谓，则不行也。无南者[①]，有穷则可尽[②]，无穷则不可尽[③]。有穷、无穷未可智[④]，则可尽、不可尽不可尽[⑤]未可智[⑥]。人之盈之否未可智[⑦]，而必人之可尽、不可尽亦未可智[⑧]。而必人之可尽爱也，誖。人若不盈先穷，则人有穷也，尽有穷无难。盈无穷，则无穷尽也，尽有穷无难。不二智其数，恶智爱民之尽文也？或者遗乎其门也？尽问人则尽爱其所问，若不智其数而智爱之尽文也，无难。仁[⑨]。

【注释】

①卢云：“南当读如难，上下文俱有无难之语。”

②句。

③句。

④句。

⑤此三字疑衍。

⑥句。

⑦句。

⑧句。

⑨已上释“贾宜则售，说在尽”云云，至“说在辩。不知其所处”。

【原文】

仁，爱也。义，利也。爱利，此也。所爱所利，彼也。爱利不相为内外[①]。

所爱利亦不相为外内[②]。其为仁内也，义外也，举爱与所利也，是狂举也[③]。

【注释】

①句。

②句。

③已上释《经下》“不害爱之”云云，至“仵颜于一”。

【原文】

若左目右目入。学也，以为不知学之无益也，故告之也是。使智学之无益也，是教也，以学为无益也，教誖[①]。

【注释】

①已上释《经下》“有知焉，有不知焉”云云。

【原文】

论诽，诽之可不可，以理之可诽，虽多诽，其诽是也；其理不可非，虽少诽，非也。今也谓多诽者不可，是犹以长论短。不诽，非已之诽也。不非诽，非可非也。不可非也，是不非诽也[①]。

【注释】

①已上释《经下》“诽之可否，不以众寡”云云。

【原文】

物，甚长甚短[①]，莫长于是[②]，莫短于是[③]，是之是也。非是也者，莫甚于是。取高下以善不善为度，不若山泽。处下善于处上，下所请上也。不是，是则是且是焉。今是文于是，而不于是，故是不文。是不文，则是而不文焉。今

是不文于是，而文与是，故文与是不文同说也[④]。

【注释】

①句。

②句。

③句。

④已上释《经下》“取上以求下也”云云，至末。案此文传写错谬，句读难定，略以所知，据前后文及他篇疏通文义，恐多臆见，以俟敏求君子更正之。

新考定经上篇[①]

【原文】

故，所得而后成也。止，以久也。

体，分于兼也。必，不已也。

知，材也。平，同高也。

虑，求也。同，长以缶相尽也。

知，接也。中，同长也。

恕，明也。厚，有所大也。

仁，体爱也。日中，正南也。

义，利也。直，参也。

礼，敬也。圜，一中同长也。

行，为也。方，柱隅四讙也。

实，荣也。倍，为二也。

忠，以为利而强低也。端，体之无序而最前者也。

孝，利亲也。有间，中也。

信，言合于义也。间，不及旁也。

佴，自作也。纑，间虚也。

谓，作嗛也。盈，莫不有也。

廉，作非也。坚白，不相外也。

令，不为所作也。撄，相得也。

任，士损己而益所为也似，有以相撄，有不相撄也。

勇，志之所以敢也。次，无间而不撄也。

力，形之所以奋也。法，所若而然也。

生，形与知处也。佴，所然也。

卧，知无知也。说，所以明也。

梦，卧而以为然也。攸不可，两不可也。

平，知无欲恶也。辩，争彼也。辩胜，当也。

利，所得而喜也。为，穷知而㒖于欲也。

害，所得而恶也。已，成、亡。

治，求得也。使，谓、故。

誉，明美也。名，达、类、私。

诽，明恶也。谓，移、举、加。

举，拟实也。知，闻、说、亲，名、实合为。

言，出举也。闻，传、亲。

且，言然也。见，体、尽。

君臣名，通约也。合，𤴓、宜、必。

功，利民也。欲𤴓权利，且恶𤴓权害。

赏，上报下之功也。为，存、亡、易、荡、治、化。

罪，犯禁也。同，重、体、合、类。

罚，上报下之罪也。异，二体、不合、不类。同，异而俱之于一也。同异交得，放有无。

久，弥异时也。守，弥异所也。

闻，耳之聪也。

穷，或有前不容尺也。循所闻而得其意，心之察也。

尽，莫不然也。言，口之利也。

始，当时也。执所言而意得见，心之辨也。

化，徵易也。诺，不一利用。

捐，偏去也。服、执、說。巧转，则求其故。大益。

儇稘秖。法同则观其同。

庫，易也。法异则观其宜。

动，或从也。止，因以别道。

【注释】

①本篇云：读此书旁行。今依录为两截，旁读成文也。

【译文】

读此书旁行，正无非。

乾隆癸卯三月，星衍方自秦北征，巡抚公将刻所注《墨子》，札讯星衍云：“《经》上、下、《经说》上、下四篇，有似坚白、异同之辩，其文脱误难晓，自鲁胜所称外，书传颇有引之否？”星衍过晋问卢学士，又抵都问翁洗马，俱未获报。阅数月，重读《淮南·齐俗训》，有云：“夫虾蟆为鹑，生非其类，唯圣人知其化。”因悟与《经说》上“化若蛙为鹑”合。又读《列子·汤问篇》云：“均，发均县，轻重而发绝，发不均也。均也，其绝也莫绝。”张湛注云：“发甚微绝，而至不绝者，至均故也。今所以绝者，犹轻重相倾，有不均处也。若其均也，宁有绝理，言不绝也。”又云：“人以为不然，自有知其然也。”湛注云：“凡人不达理也，会自有知此理为然者。《墨子》亦有此说。”今按《经说》下有云：“均，发均县，轻而发绝，不均也。均，其绝也莫绝。”“轻”下脱

“重”字，“均其绝也”句，“均”下无“也”字。又《列子·仲尼篇》云：“影不移者，说在改也。”湛注云：“影改而更生，非向之影。《墨子》：‘日影不移，说在改为也’。”今按《经下》云：“过仵景不从，说在改为。”其文微异而义亦同，是知子家多有若说。晋时尚能读此书，唐人则不及此也。又《杨朱篇》“禽子曰：‘以吾言问大禹、墨翟，则吾言当矣’。”湛注云：“禹、翟之教，忘己而济物也。”亦星衍往言《墨子》夏教之证。比复公，而是卷已刊成，无容注处。公然其言，因据增重字，又命附其说于卷末，俟知十君子焉。甲辰上巳孙星衍记。

第十一卷

大取[①]

【原文】

天之爱人也，薄于圣人之爱人也[②]；其利人也，厚于圣人之利人也。大人之爱小人也，薄于小人之爱大人也[③]；其利小人也，厚于小人之利大人也。以臧为其亲也而爱之[④]，非爱其亲也；以臧为其亲也而利之，非利其亲也。以乐为利其子，而为其子欲之[⑤]，爱其子也；以乐为利其子，而为其子求之，非利其子也[⑥]。

【注释】

①篇中言利之中取大，即大取之义也。意言圣人厚葬固所以利亲，盛乐固所以利子，而节葬、非乐则利尤大也。墨者固取此。

②言天地之大，人犹有憾。

③言不如小人之姑息。

④《说文》云："葬，臧也。"即"藏"字正文。谓葬亲。

⑤当有"非"字。

⑥此辩葬之非利亲，乐之非利子，即节葬、非乐之说也。

【原文】

于所体之中，而权轻重之谓权。权非为是也，非非为非也。权，正也。断指以存𢱭[1]，利之中取大，害之中取小也。害之中取小也[2]，非取害也，取利也。其所取者，人之所执也。遇盗人，而断指以免身，利也；其遇盗人，害也。断指与断腕[3]，利于天下相若，无择也。死生利若，一无择也。杀一人以存天下，非杀一人以利天下也。杀己以存天下，是杀己以利天下。于事为之中，而权轻重之谓求。求为之，非也。害之中取小，求为义，非为义也。为暴人语天之为是也，而性，为暴人歌天之为非也。诸陈执既有所为，而我为之陈执，执之所为，因吾所为也；若陈执未有所为，而我为之陈执，陈执因吾所为也。暴人为我为天之以人非为是也，而性。不可正而正之。利之中取大，非不得已也；害之中取小，不得已也。所未有而取焉，是利之中取大也；于所既有而弃焉，是害之中取小也。

【注释】

①此"掔"字正文，旧作"䁥"，误。《说文》云："𢱭，手𢱭也。扬雄曰：𢱭，握也。从手𥈠声。"郑注《士丧礼》云："手后节中也，古文𢱭作掔。"

②当为者。

③《玉篇》云："腕，乌段切，手腕，亦作掔。"案：掔、腕，皆𢱭字之俗。

【原文】

义可厚，厚之；义可薄，薄之；谓伦列。德行、君上、老长、亲戚，此皆所厚也。为长厚，不为幼薄。亲厚，厚；亲薄，薄。亲至，薄不至。义，厚亲不称行而顾行。为天下厚禹，为禹也。为天下厚爱禹，乃为禹之人爱也。厚禹之加于天下[①]，而厚禹不加于天下。若恶盗之为加于天下[②]，而恶盗不加于天下。爱人不外己，己在所爱之中。己在所爱，爱加于己。伦列之爱己，爱人也。圣人恶疾病[③]，不恶危难[④]。正体不动，欲人之利也，非恶人之害也[⑤]。圣人不为其室，臧之故，在于臧[⑥]。圣人不得为子之事。圣人之法，死亡亲，为天下也。厚亲，分也，以死亡之，体渴兴利[⑦]。有厚薄而毋伦列，之兴利为己。

【注释】

①言禹之厚德及天下。

②言盗之恶行及天下。

③言自重其身。

④言为人则不避艰险。

⑤言欲存其身以利人，非恶人之以危难害己。

⑥言臧富在下。

⑦《说文》云“渴，尽也”，“竭，负举也”。今经典多以竭为“渴”。此云云者，谓尽其利以厚丧也。

【原文】

语经[①]：语经也[②]，非白马焉，执驹焉说求之，舞说非也。渔大之舞大，非也[③]。三物必具，然后足以生。

【注释】

①意言圣人厚葬之说，为自厚其亲，语其经耳。经犹云正，非必欲天下人如是也，故下辨之。

②也，同“者”。

③案《列子·仲尼》云："公子牟曰：白马非白，形名离也。孤犊未尝有母，非孤犊也。"似与此意同。"执驹焉说求之舞"，似当云"执驹马说求之无母"，即孤犊之论乎？"渔大"一句未详。

【原文】

臧之爱己，非为爱己之人也。厚不外己。爱无厚薄，举己，非贤也。义，利；不义，害。之功为辩。

有有于秦马，有有于马也，智来者之马也。

爱众众也[①]，与爱寡也相若。兼爱之有相若。爱尚世与爱后世，一若今之世人也。鬼，非人也。兄之鬼，兄也。天下之利欢。圣人有爱而无利，伣日之言也，乃客之言也。天下无人，子墨之言也，犹在。

【注释】

①此与下"寡也"旧俱作"世"，以意改。

【原文】

不得已而欲之，非欲之，非欲之也[①]。非杀臧也。专杀盗，非杀盗也。凡学爱人。

【注释】

①一本无"非欲之"三字。

【译文】

小圜之圜，与大圜之圜同。方至尺之不至也，与不至锺之至不异，其不至同者，远近之谓也。是璜也[①]，是玉也。

【注释】

①《说文》云："璜，半璧也。"

【原文】

意楹，非意木也，意是楹之木也。意指之人也，非意人也。意获也，乃意禽也。志功，不可以相从也。

利人也，为[①]其人也。富人，非为其人也[②]。有为也以富人。富人也，治人有为鬼焉。为赏誉利一人，非为赏誉利人也，亦不至无贵于人。智亲之一利[③]，未为孝也，亦不至于智不为己之利于亲也。

【注释】

①一本作"非"。

②旧二字倒，一本如此。

③智，同"知"。

【原文】

智是之世之有盗也，尽爱是世。智是室之有盗也，不尽是室也。智其一人之盗也，不尽是二人[①]。虽其一人之盗，苟不智其所在，尽恶其弱也。

【注释】

①二，当为"一"。

【原文】

诸圣人所先为，人欲名实。名实不必名。苟是石也白，败是石也，尽与白同。是石也唯大，不与大同，是有便谓焉也。以形貌命者，必智是之某也，焉智某也。不可以形貌命者，唯不智是之某也，智某可也，诸以居运命者[1]，苟人于其中者，皆是也。去之，因非也。诸以居运命者，若乡里齐荆者，皆是。诸以形貌命者，若山丘室庙者，皆是也。

【注释】

①居运，言居住或运徙。

【原文】

智与意，重同[1]，具同，连同，同类之同，同名之同，丘同，鲋同，是之同[2]，然之同，同根之同。有非之异，有不然之异。有其异也，为其同也，为其同也异。一曰乃是而然，二曰乃是而不然，三曰迁，四曰强。子深其深，浅其浅，益其益，尊其尊。察次山比因至，优指复。次察声端名，因请复。正夫辞恶者，人右以其请得焉。诸所遭执，而欲恶生者，人不必以其请得焉。

【注释】

①已下“同”字，俱绝句。

②一本又有“同”字。

【原文】

圣人之附渎也[1]，仁而无利爱，利爱生于虑。昔者之虑也，非今日之虑也；昔者之爱人也，非今之爱人也。爱获之爱人也，生于虑获之利，非虑臧之利也；而爱臧之爱人也，乃爱获之爱人也。去其爱而天下利，弗能去也。昔之知墙，非今日之知墙也。贵为天子，其利人不厚于正夫。二子事亲，或遇孰，或遇凶[2]，其亲也相若。非彼其行益也，非加也。外执无能厚吾利者。藉藏也死而天下害，吾持养臧也万倍，吾爱臧也不加厚。

【注释】

①“澧”字未详。

②言岁孰、岁凶。

【原文】

长人之异，短人之同，其貌同者也，故同。指之人也，与首之人也异。人之体，非一貌者也，故异。将剑与挺剑异，剑以形貌命者也，其形不一，故异。杨木之木与桃木之木也，同。诸非以举量数命者，败之尽是也。故一人指，非一人也；是一人之指，乃是一人也。方之一面，非方也；方木之面，方木也。

以故生，以理长，以类行也者。立辞而不明于其所生，忘也。今人非道无所行，唯有强股肱，而不明于道，其困也，可立而待也。夫辞以类行者也，立辞而不明于其类，则必困矣。故浸淫之辞，其类在鼓栗。圣人也，为天下也，其类在于追迷[①]。或寿或卒，其利天下也指若[②]，其类在誉石[③]。一日而百万生，爱不加厚，其类在恶害[④]。爱二世有厚薄，而爱二世相若，其类在蛇文。爱之相若，择而杀其一人[⑤]，其类在院下之鼠。小仁与大人，行厚相若，其类在申。凡兴利除害也，其类在漏雍。厚亲不称行而类行，其类在江上井。不为己之可学也，其类在猎走。爱人非为誉也，其类在逆旅。爱人之亲若爱其亲，其类在官苟。兼爱相若，一爱相若，一爱相若，其类在死也[⑥]。

【注释】

①言能追正迷惑。

②言其指相若。

③疑誉名。言圣人有寿、有不寿，其利天下同，则誉在也。

④言意多所爱而不行者，畏难之故。

⑤言爱二人同，择而杀其一。杀，减也。

⑥一本作“虵”。

小取

【原文】

夫辩者，将以明是非之分，审治乱之纪，明同异之处，察名实之理，处利害，决嫌疑。焉摹略万物之然。论求群言之比，以名举实，以辞抒意[①]，以说出故，以类取，以类予[②]。有诸己不非诸人，无诸己不求诸人。或也者，不尽也。假者，今不然也[③]。效者，为之法也；所效者，所以为之法也。故中效[④]则是也，不中效则非也，此效也。辟也者[⑤]，举也[⑥]物而以明之也。侔也者，比辞而俱行也。援也者，曰子然[⑦]，我奚独不可以然也？推也者，以其所不取之，同于其所取者，予之也。是犹谓也者同也，吾岂谓也者异也。夫物有以同而不，率遂同。辞之侔引[⑧]，有所至而正。其然也，有所以然也同[⑨]，其所以然不必同[⑩]。其取之也，有以取之。其取之也同[⑪]，其所以取之不必同[⑫]。是故辟、侔、援、推之辞[⑬]，行而异，转而危[⑭]，远而失[⑮]，流而离本[⑯]，则不可不审也，不可常用也。故言多方，殊类异故，则不可偏观也。

青铜四兽鼎（战国）

【注释】

①纪、理、疑、比、意为韵，古四声通。

②故、取、予为韵。

③假设，是尚未行。

④中，去声。

⑤辟，同“譬”。《说文》云：“譬，谕也。”谕，古文喻字。

⑥此字疑衍。

⑦句。

⑧一本作“侔之”。

⑨句。

⑩句。

⑪句。

⑫句。

⑬譬也、侔也、援也、推也，即上四者。

⑭句。

⑮句。

⑯句。

【原文】

夫物或乃是而然，或是而不然。或一害而一不害，或一是而一不是也，不可常用也。故言多方，殊类异故，则不可偏观也。非也。白马，马也；乘白马，乘马也[①]。骊马，马也；乘骊马，乘马也。获，人也；爱获，爱人也。臧，人也；爱臧，爱人也[②]。此乃是而然者也。获之视[③]，人也；获事其亲，非事人也。其弟，美人也；爱弟，非爱美人也[④]。车，木也；乘车，非乘木也。船，木也；人船[⑤]，非人木也。盗人，人也；多盗，非多人也；无盗，非无人也。奚以明之？恶多盗，非恶多人也；欲无盗，非欲无人也[⑥]。世相与共是之。若若是，则虽盗人人也，爱盗非爱人也，不爱盗非不爱人也，杀盗人非杀人也，无难盗无难矣。此与彼同类，世有彼而不自非也，墨者有此而非之，无故也焉，所为内胶外闭，与心毋空乎，内胶而不解也。此乃是而不杀[⑦]者也。且夫读书，非好书也。且斗鸡，非鸡也[⑧]；好斗鸡，好鸡也。且入井，非入井也；止且入井，止入井也。且出门，非出门也；止且出门，止出门也。若若是，且天，非天也，寿夭也。有命，非命也。非执有命，非命也。无难矣。此与彼同[9]，世有彼而不自非也，墨者有此而罪[10]，非之，无故焉也[11]，所谓内胶外闭，与心毋空乎，内胶而不解也。此乃是而然者也。爱人，待周爱人，而后为爱人。不爱人，不待周不爱人，不失周爱，因为不爱人矣。乘马，待周乘马，然后为乘马也。有乘于马，因为乘马矣。逮至不乘马，待周不乘马，而后不乘马，而后不乘马。此一周而一不周者也。居于国，则为居国，有一宅于国，而不为有国。桃之实，桃也。棘之实，非棘也。问人之病，问人也；恶人之病，非恶人也。人之鬼，非人也；兄之鬼，兄也。祭之鬼，非祭人也；祭兄之鬼，乃祭兄也。之马之目盼[12]，则为[13]之马盼；之马之目大，而不谓之马大。之牛之毛黄，则谓之牛黄；之牛之毛众，而不谓之牛众。一马，马也；二马，马也。马四足者，一马而四足也，非两马而四足也。一马马也。马或白[14]者，二马而或白也，非一马而或白。此乃一是而一非者也。

【注释】

①张湛注《列子》云："《白马论》曰：马者所以命形也，白者所以命色也，命色者非命形也。"

②《方言》云："臧获，奴婢贱称也。荆、淮、海、岱，杂齐之间，骂奴曰臧，骂婢曰获。齐之北鄙，燕之北郊，凡民男而壻婢谓之臧，女而妇奴谓之获。亡奴谓之臧，亡婢谓之获。"王逸注《楚辞》云："臧为人所贱系也，获为人所系得也。"或曰："臧，守藏者也；获，主禽者也。"

③当为"事"。

④言使其弟有美容，而爱弟者，非以容也。

⑤当为"乘船"。

⑥此所谓辩名实之理。

⑦据下当为"然"，一本作"然"。

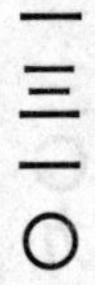

⑧言人使之斗。

⑨据上当有“类”字。

⑩据上无此字。

⑪据上文二字当倒。

⑫上“之”，疑当为“大”。

⑬当作“谓”。

⑭旧作“自”，以意改。

耕柱

【原文】

子墨子怒耕柱子。耕柱子曰：“我毋俞于人乎[①]？”子墨子曰：“我将上大行[②]，驾骥与羊，子[③]将谁敺[④]？”耕柱子曰：“将敺骥也。”子墨子曰：“何故敺骥也？”耕柱子曰：“骥足以责[⑤]。”子墨[⑥]子曰：“我亦以子为足以责[⑦]。”

【注释】

①古愈字只作俞，《太平御览》引作“愈”。

②高诱注《吕氏春秋》云：“大行在河内野王县北。”山在今河南怀庆府城北，亦名羊肠坂。

③旧作“我”，据《艺文类聚》《太平御览》改。

④《说文》云：“敺，古文驱，从攴。”《艺文类聚》引作“驱”。

⑤《艺文类聚》引作“以骥足责”。

⑥二字旧脱，据《太平御览》增。

⑦《太平御览》无“以”字。

【原文】

巫马子谓子墨子曰[1]："鬼神孰与圣人明智？"子墨子曰："鬼神之明智于圣人，犹聪耳明目[2]之与聋瞽也[3]。昔者[4]夏后开[5]使蜚廉[6]采[7]金于山川[8]，而陶铸之于昆吾[9]。是使翁难乙卜于目若之龟[10]，龟曰[11]：'鼎成，三足而方[12]，不炊而自烹[13]，不举而自臧[14]，不迁而自行[15]，以祭于昆吾之墟[16]，上乡[17]！'乙又[18]言兆之由[19]曰：'飨矣！逢逢白云，一南一北，一西一东[20]。'九鼎既成，迁于三国[21]。夏后氏失之，殷人受之；殷人失之，周人受之。夏后、殷、周之相受也，数百岁矣。使圣人聚其良臣与其桀相而谏，岂能智[22]数百岁之后哉[23]？而鬼神智之。是故曰：鬼神之明智于圣人也，犹聪耳明目之与聋瞽也。"

【注释】

①《艺文类聚》引"谓"作"问"。

②《艺文类聚》引作"聪明耳目"。

③《艺文类聚》引"瞽"作"盲"。

④二字《艺文类聚》引作"若"。

⑤《后汉书注》引云"开冶"。

⑥《艺文类聚》《后汉书注》《太平御览》《玉海》俱引"蜚"作"飞"。

⑦旧作"折"，据《文选注》改。

⑧《山海经》云："其中多金，或在山，或在水。"诸书引多无"川"字，非。

⑨《艺文类聚》《后汉书注》《文选注》俱引作"以铸鼎于昆吾"，"吾"，《文选注》作"吴"，《括地志》云："濮阳县，古昆吾国，故城县西三十里，昆吾台在县西百步，在颛帝城内，周回五十步，高二十丈，即昆吾虚也。"

⑩旧脱"乙"字，又作"白苦之龟"，误。《艺文类聚》引作"使翁难乙灼目若之龟"。《玉海》引作"使翁难雉乙卜于白若之龟"，当从"目若"者。

《周礼》云："北龟曰若。"《尔雅·释鱼》云："龟左睨不类，右睨不若。"贾公彦疏《礼》以为"睥睨"是"目若"之说也。若，顺也。

⑪旧脱"龟"字，据《玉海》增。

⑫《玉海》"三"作"四"。

⑬此"亯"字俗写，《玉海》引作"亨"，《艺文类聚》引作"不灼自成"。

⑭《玉海》引作"藏"。

⑮《太平御览》引作"擢"，《说文》云："拪，古文遷，从手西。"则擢实古拪字，后加为擢耳。今书又作"迁"，皆传写者以少见改之。又《艺文类聚》引俱无"而"字。

⑯此"虚"字俗写。《括地志》云："昆吾故城在濮阳县西三十里。"

⑰疑同"尚飨"。

⑱旧脱"乙"字，"又"字作"人"，据《艺文类聚》《玉海》改。

⑲《艺文类聚》作"繇"，无"兆之"二字。《玉海》亦作"繇"。

⑳《玉海》引作"一东一西"。

㉑北、国为韵。《艺文类聚》引作"而迁三国"。

㉒一本作"知"，下同。

㉓《艺文类聚》引云："此知必千年，无圣之智，岂能知哉。"

【原文】

治徒娱、县子硕问于子墨子曰："为义孰为大务？"子墨子曰："譬若筑墙然，能筑者筑，能实壤者实壤，能欣者欣[①]，然后墙成也。为义犹是也，能谈辩者谈辩，能说书者说书，能从事者从事，然后义事成也。"

【注释】

①《说文》云："掀，举出也。"与欣同。

【原文】

巫马子谓子墨子曰："子兼爱天下，未云利也；我不爱天下，未云贼也。功皆未至，子何独自是而非我哉？"子墨子曰："今有燎者[①]于此[②]，一人奉水将灌之，一人掺火将益之[③]，功皆未至，子何贵于二人？"巫马子曰："我是彼奉水者之义，而非夫掺火者之意。"子墨子[④]曰："吾亦是吾意，而非子之意也。"

【注释】

①《说文》云："燎，放火也。"

②旧二字倒，一本如此。

③掺，即"操"字异文，唐人别有音，非也。

④旧脱二字，以意增。

【原文】

子墨子游荆耕柱子于楚[①]，二三子过之，食之三升，客之不厚。二三子复于子墨子曰："耕柱子处楚无益矣。二三子过之，食之三升，客之不厚。"子墨子曰："未可智[②]也。"毋几何而遗十金于子墨子[③]，曰："后生不敢死[④]，有十金于此，愿夫子之用也。"子墨子曰："果未可智也。"

【注释】

①游，谓游扬其名而使之仕。

②一本作"知"，下同。

③十金，当为"千金"之误。

④称不敢死者，犹古人书疏称死罪常文。

【原文】

巫马子谓子墨子之为义也，人不见而耶[①]，鬼不见而富，而子为之，有狂疾！子墨子曰：“今使子有二臣于此[②]，其一人者见子从事，不见子则不从事；其一人者见子亦从事，不见子亦从事。子谁贵于此二人？”巫马子曰：“我贵其见我亦从事，不见我亦从事者。”子墨子曰：“然则，是子亦贵有狂疾也。”

【注释】

①此讹字。

②谓家臣。

【原文】

子夏之徒问于子墨子曰：“君子有斗乎？”子墨子曰：“君子无斗。”子夏之徒曰：“狗豨犹有斗，恶有士而无斗矣？”子墨子曰：“伤矣哉！言则称于汤文，行则譬于狗豨，伤矣哉！”

巫马子谓子墨子曰：“舍今之人而誉先[①]王，是誉槁骨也。譬若匠人然，智槁木也[②]，而不智生木。”子墨子曰：“天下之所以生者，以先王之道教也。今誉先王，是誉天下之所以生也。可誉而不誉，非[③]仁也。”

【注释】

①旧作“大”，一本如此，下同。

②智同“知”。

③旧脱此字，一本有。

【原文】

子墨子曰：“和氏之璧，隋侯之珠[①]，三棘六异，此诸侯之所谓良宝也[②]。可以富国家，众人民，治刑政，安社稷乎？曰不可。所谓贵良宝者，为其可以利也。而和氏之璧、隋侯之珠、三棘六异不可以利人，是非天下之良宝也。今用义为政于国家，人民必众，刑政必治，社稷必安。所为贵良宝者，可以利民

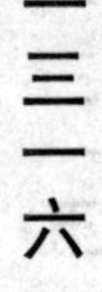

也，而义可以利人，故曰：义，天下之良宝也。”

【注释】

①《文选注》引“隋”作“随”。

②《艺文类聚》引云：“申徒狄曰：周之灵珪出于土石，楚之明月出于蚌蜃。”《太平御览》引云：“周公见申徒狄曰：贱人强气则罚至。申徒狄曰：周之灵珪出于土□，楚之明月出□蚌蜃，五象出于汉泽。和氏之璧，夜光之珠，三棘六异，此诸侯之良宝也。”又一引云：“申徒狄谓周公曰：贱人何可薄邪？周之灵珪出于土石，隋之明月出于蚌蜃，少豪大豪出于污泽，天下诸侯皆以为宝。狄今请退也。”文各不同，当是此和氏之璧上脱文。

【原文】

叶公子高问政于仲尼曰：“善为政者若之何？”仲尼对曰：“善为政者，远者近之，而旧者新之[①]。”子墨子闻之，曰：“叶公子高未得其问也，仲尼亦未得其所以对也[②]。叶公子高岂不知善为政者之远者近也[③]，而旧者新是[④]哉？问所以为之若之何也。不以人之所不智[⑤]告人，以所[⑥]智告之，故叶公子高未得其问也，仲尼亦未得其所以对也。”

【注释】

①《论语》作“近者说，远者来”。

②此称仲尼者，见翟未尝轻孔。《非儒》所斥孔子名，由其门人小子之过矣。

③当为“之”。

④一本无此字。

⑤一本作“知”。

⑥旧二字倒，一本如此。

【译文】

子墨子谓鲁阳文君[①]曰："大国之攻小国，譬犹童子之为马[②]。童子之为马，足用而劳[③]。今大国之攻小国也，攻者，农夫不得耕，妇人不得织，以守为事；攻人者，亦农夫不得耕，妇人不得织，以攻为事。故大国之攻小国也，譬犹童子之为马也。"

【注释】

①《文选注》云："贾逵《国语注》曰：鲁阳文子，楚平王之孙，司马子期之子，鲁阳公。"即此人。其地在鲁山之阳。《地理志》云："南阳鲁阳有鲁山。"师古曰："即《淮南》所云鲁阳公与韩战，日反三舍者也。"

②一本有"也"字。《文选注》云："幽求子曰：年五岁间有鸠车之乐，七岁有竹马之欢。"

③言自劳其足，谓竹马也。

【原文】

子墨子曰："言足以复行者，常之；不[①]足以举行者，勿常。不足以举行而常之，是荡口也。"

【注释】

①旧脱此字，一本有。

【原文】

子墨子使管黔敖[①]游高石子于卫，卫君致禄甚厚，设之于卿[②]。高石子三朝必尽言，而言无行者。去而之齐，见子墨子曰："君以夫子之故，致禄甚厚，设我于卿。石三朝必尽言，而言无行，是以去之也。卫君无乃以石为狂乎？"子墨子曰：“去之苟道，受狂何伤！古者周公旦非关叔[3]，辞三公，东处于商盖[4]，人皆谓之狂。后世称其德，扬其名，至今不息。且翟闻之，为义非避毁就誉[5]，去之苟道[6]，受狂何伤！”高石子曰：“石去之，焉敢不道也。昔者夫子有言曰：‘天下无道，仁士不处厚焉。’今卫君无道，而贪其禄爵，则是我为苟陷[7]人长也。”子墨子说，而召子禽子曰：“姑听此乎！夫倍义而乡禄者，我常闻之矣，倍禄而乡义者，于高石子焉见之也。”

【注释】

①疑敖字。

②旧作“乡”，一本如此，下同。

③关，即“管”字假音，一本改作“管”，非是。《左传》云：“掌其北门之管”。即关也。

④商盖，即商奄。《尚书·金縢》云：“周公居东二年。”

⑤旧二字倒，一本如此。

⑥旧二字倒，一本如此。

⑦一本作“处”。

【原文】

子墨子曰：“世俗之君子，贫而谓之富，则怒；无义而谓之有义，则喜。岂不悖哉！”

公孟子曰：“先人有则三而已矣。”子墨子曰：“孰先人而曰有则三而已矣？子未智人之先有。”

后生有反子墨子而反者，“我岂有罪哉？吾反后。”子墨子曰：“是犹三军北[1]，失后之人求赏也。”

【注释】

①句。

【原文】

公孟子曰："君子不作，术而已[1]。"子墨子曰："不然。人之其不君子者，古之善者不诛[2]，今也善者不作。其次不君子者，古之善者不遂[3]，己有善则作之，欲善之自己出也。今诛而不作，是无所异于不好遂而作者矣。吾以为古之善者则诛之，今之善者则作之，欲善之益多也[4]。"

【注释】

①术，同"述"。

②诛，疑当为"述"。术、诛、遂，疑皆声误，下同。

③疑当为述。《月令》以"遂"为"术"。

④意言古之善者多，故但述而行之；今之善者少，故须作。作者欲善之多，无异于述也。

【原文】

巫马子谓子墨子曰："我与子[1]异，我不能兼爱。我爱邹人于越人，爱鲁人于邹人，爱我乡人于鲁人，爱我家人于乡人，爱我亲于我家人，爱我身于吾亲，以为近我也。击我则疾，击彼则不疾于我，我何故疾者之不拂，而不疾[2]者之拂？故有我有杀彼以我，无杀我以利。"子墨子曰："子之义将匿邪？意将以告人乎？"巫马子曰："我何故匿我义[3]？吾将以告人。"子墨子曰："然则，一人说子，一人欲杀子以利己；十人说子，十人欲杀子以利己；天下说子，天下欲杀子以利己。一人不说子，一人欲杀子，以子为施不祥言者也；十人不说子，十人欲杀子，以子为施不祥言者也；天下不说子，天下欲杀子，以子为施不祥言者也。说子亦欲杀子，不说子亦欲杀子，是所谓经者口也，杀常之身者也。"子墨子曰："子之言恶利也？若无所利而不言，是荡口也。"

【注释】

①旧作“之”，一本如此。

②旧二字倒，一本如此。

③一本作“意”，非。

【原文】

子墨子谓鲁阳文君曰：“今有一人于此，羊牛犓豢[1]，维人[2]但割而和之[3]，不可胜食也[4]。见人之作[5]饼，则还然窃之，曰：“舍余食[6]。”不知日月安不足乎[7]？其有窃疾乎？”鲁阳文君曰：“有窃疾也。”子墨子曰：“楚四竟[8]之田，旷芜而不可胜辟[9]；呼灵数千[10]，不可胜[11]；见宋、郑之间邑，则还然窃之。此与彼异乎？”鲁阳文君曰：“是犹彼也，实有窃疾也。”

【注释】

①此“豢”字俗写，《太平御览》引作“刍豢”。

②当为“饔人”之误。

③但割，即“袒割”。《说文》云：“但，裼也。从人旦声。”经典用但为弟字之义，而忘其本。

④旧脱“不可”二字，据《太平御览》增。

⑤旧作“生”，皆据改。

⑥言舍以为余食。

⑦或当云“明不足乎”。

⑧二字旧作“三意”，据《太平御览》改。

⑨《太平御览》引云：“楚四境之田，芜旷不可胜辟。”鲁阳，楚县，故云然也。

⑩《说文》云：“呼，召也。”

⑪下当脱“用”字。

【原文】

子墨子曰：“季孙绍与孟伯常治鲁国之政，不能相信，而祝于禁社，曰：‘苟使我和。’是犹弇其目[①]而祝于禁社也，‘苟使我皆视。’岂不缪哉!”

【注释】

①《说文》云：“弇、盖也。”

【原文】

子墨子谓骆滑氂曰：“我闻子好勇。”骆滑氂曰：“然。我闻其乡有勇士焉，吾必从而杀之。”子墨子曰：“天下莫不欲与其所好，度其所恶[①]。今子闻其乡有勇士焉，必从而杀之，是非好勇也，是恶勇也。”

【注释】

①度，谓渡去也。

第十二卷

贵义

【原文】

子墨子曰：“万事莫贵于义。今谓人曰：‘予子冠履，而断子之手足，子为之乎？’必不为。何故？则冠履不若手足之贵也。又曰：‘予子天下而杀子之身，子为之乎？，必不为。何故？则天下不若身之贵也。争一言以相杀，是贵义于其身也[①]。故曰：万事莫贵于义也。”

【注释】

①《太平御览》引作“义贵于身”。

【原文】

子墨子自鲁即齐[①]，过故人[②]，谓子墨子曰文[③]：“今天下莫为义，子独自苦而为义，子不若已。”子墨子曰：“今有人于此，有子十人，一人耕而九人处，则耕者不可以不益急矣。何故？则食者众，而耕者寡也。今天下莫为义，则子如劝我者也[④]，何故止我[⑤]？”

【注释】

①二字旧倒，以意改。
②《太平御览》引作“之齐遇故人”。
③四字《太平御览》引作“故人”。
④《太平御览》引作“子宜劝”，又作“子宜劝我”。
⑤《太平御览》“故”作“以”。

【原文】

子墨子南游于楚，见楚献惠王[①]。献惠王以老辞，使穆贺见子墨子。子墨子说穆贺，穆贺大说，谓子墨子曰：“子之言则诚[②]善矣；而君王，天下之大王也，毋乃曰贱人之所为而不用乎[③]！”子墨子曰：“唯其可行。譬若药然[④]，草之本，天子食之以顺其疾[⑤]，岂曰一草之本而不食哉[⑥]？今农夫入其税于大人，大人为酒醴粢盛[⑦]以祭上帝鬼神，岂曰贱人之所为而不享哉？故虽贱人也，上比之农，下比之药，曾不若一草之本乎？且主君亦尝闻汤之说乎？昔者，汤将往见伊尹，令彭氏之子御。彭氏之子中道而问曰：‘君将何之?’汤曰：‘将往见伊尹。’彭氏之子曰：‘伊尹，天下之贱人也。若君欲见之，亦令召问焉，彼受赐矣。’汤曰：‘非女所知也。今有药此，食之则耳加聪，目加明，则吾必说而强食之。今夫伊尹之于我国也，譬之良医善药也；而子不欲我见伊尹，是子不欲吾善也。’因下彭氏之子，不使御。彼苟然，然后可也⑧。”

【注释】

①检《史记》，楚无献惠王也，《艺文类聚》引作惠王，是。又案：《文选注》引本书云“墨子献书惠王，王受而读之，曰良书也”，恐是此间脱文。

②旧作“成”，据《艺文类聚》改，一本同。

③《艺文类聚》引作“用子”，又节。

④《艺文类聚》引作“焉”。

⑤《艺文类聚》引“顺”作“疗”。

⑥《艺文类聚》引“食”作“用”。

⑦粢，当为盗，《说文》云：“黍稷在器以祀者。”盛，解同，俱从皿，亦见《周礼》也。前文皆同此义。

⑧卢云：“此下疑有脱文。”

【原文】

子墨子曰：“凡言凡动，利于天鬼百姓者为之；凡言凡动，害于天鬼百姓者舍之；凡言凡动，合于三代圣王尧、舜、禹、汤、文、武者为之；凡言凡动，合于三代暴王桀、纣、幽、厉者舍之。”

子墨子曰：“言足以迁行者，常之；不足以迁行者，勿常。以迁行而常之，是荡口也。”

子墨子曰：“必去六辟。嘿则思①，言则诲，动则事。使者三代御②，必为圣人。必去喜，去怒，去乐，去悲，去爱，而用仁义。手足口鼻耳，从事于义，

必为圣人。”

【注释】

①“默”字俗写，从口。

②卢云：“疑有脱误。”沅按：此言三世为人御，必能抑然自下，若去其喜怒乐悲爱，而有圣人之用心也，则非脱误矣。

【原文】

子墨子谓二三子曰：“为义而不能，必无排其道。譬若匠人之斫而不能，无排其绳①。”

【注释】

①排，犹背。

【原文】

子墨子曰：“世之君子，使之为一彘之宰，不能则辞之；使为一国之相，不能而为之。岂不悖哉！”

子墨子曰：“今瞽曰：‘钜者白也①，黔者黑也②。’虽明目者无以易之。兼白黑，使瞽取焉，不能知也。故我曰瞽不知白黑者，非以其名也，以其取也。今天下之君子之名仁也，虽禹、汤无以易之。兼仁与不仁，而使天下之君子取焉，不能知也。故我日天下之君子不知仁者，非以其名也，亦以其取也。”

【注释】

①未详“钜”义。

②《说文》云：“黔，黎也。秦谓民为黔首，谓黑色也。”

【原文】

子墨子曰："今士之用身，不若商人之用一布之慎也。商人用一布布，不敢继苟而雠焉①，必择良者。今士之用身则不然，意之所欲则为之，厚者入刑罚，薄者被毁丑，则士之用身，不若商人之用一布之慎也。"

【注释】

①雠，即"售"字正文。

【原文】

子墨子曰："世之君子欲其义之成，而助之修其身则愠；是犹欲其墙之成，而人助之筑则愠也，岂不悖哉！"

子墨子曰："古之圣王欲传其道于后世，是故书之竹帛，镂之金石，传遗后世子孙，欲后世子孙法之也。今闻先王之遗而不为，是废先王之传也。"

子墨子南游使卫①，关中载书甚多②。弦唐子见而怪之，曰："吾夫子教公尚过曰：'揣曲直而已。'今夫子载书甚多，何有也？"子墨子曰："昔者周公旦朝读百篇③，夕见漆十士④。故周公旦佐相天子，其修至于今。翟上无君上之事，下无耕农之难，吾安敢废此⑤？翟闻之：'同归之物，信有误者。'然而民听不钧⑥，是以书多也。今若过之心者数逆于精微，同归之物，既已知其要矣，是以不教以书也。而子何怪焉⑦？"

【注释】

①《北堂书钞》作"使于卫"。

②关中，犹云扃中。关、扃音相近。

③本多作"读书百篇"，《绎史》同，《艺文类聚》引无"书"字。《北堂书钞》凡三引，两引无，一引有，无者是也。

④漆，“七”字假音，今俗作“柒”。《艺文类聚》引作“七”。

⑤《北堂书钞》引云：“相天下犹如此，况吾无事，何敢废乎？”

⑥“均”字假音。

⑦言苟得其精微，则无用以书为教。

【原文】

子墨子谓公良桓子曰：“卫，小国也，处于齐、晋之间，犹贫家之处于富家之间也。贫家而学富家之衣食多用，则速亡必矣。今简子之家，饰车数百乘，马食菽粟者数百匹，妇人衣文绣者数百人。吾取饰车、食马之费与绣衣之财以畜士，必千人有余。若有患难，则使百人处于前，数百[①]于后，与妇人数百人处前后，孰安？吾以为不若畜士之安也。”

【注释】

①当脱“人处”二字。

【原文】

子墨子仕人[①]于卫，所仕者至而反。子墨子曰：“何故反？”对曰：“与我言而不当[②]，曰‘待女以千益[③]’，授我五百益，故去之也。”子墨子曰：“授子过千益，则子去之乎？”对曰：“不去。”子墨子曰：“然则，非为其不审也，为其寡也。”

【注释】

①旧脱“人”字，一本有。

②后作“审”。

③旧作“盆”，误。古无“镒”字，只作“益”，或作“溢”。《汉书·食货志》云：“黄金以溢为名。”《注》孟康曰：“二十两为溢也。”贾逵《国语

注》云："二十四两。"

【原文】

子墨子曰："世俗之君子，视义士不若负粟者。今有人于此，负粟息于路侧，欲起而不能。君子见之，无长少贵贱，必起之。何故也？曰义也。今为义之[1]君子，奉承先王之道以语之，纵不说而行，又从而非毁之。则是世俗之君子之视义士也，不若视负粟者也[2]。"

【注释】

①旧作"也"，据《太平御览》改。

②一本脱此字。

【原文】

子墨子曰："商人之四方，市贾信徙[1]，虽有关梁之难，盗贼之危，必为之。今士坐而言义，无关梁之难，盗贼之危，此为信徙[2]，不可胜计，然而不为。则[3]士之计利，不若商人之察也。"

【注释】

①当为"倍徙"。

②当为"倍徙"。

③旧作"财"，一本如此。

【原文】

子墨子北之齐，遇日者[1]。日者曰："帝以今日杀黑龙于北方[2]，而先生之色黑，不可以北[3]。"子墨子不听，遂北，至淄水，不遂而反焉[4]。日者曰："我谓先生不可以北。"子墨子曰："南之人不得北，北之人不得南，其色有黑者，

有白者，何故皆不遂也？且帝以甲乙杀青龙于东方，以丙丁杀赤龙于南方，以庚辛杀白龙于西方，以壬癸杀黑龙于北方，以戊己杀黄龙于中方[⑤]。若用子之言，则是禁天下之行者也[⑥]。是围心而虚天下也。子之言不可用也。”

【注释】

①《文选注》引“遇”作“过”。

②《事类赋》引“杀”作“屠”。

③《事类赋》作“往”。

④旧脱“至淄水不遂”五字，据《史记集解》及《事类赋》增。《史记集解》云“墨子不遂而反”，又多二字。淄水出今山东益都县西南颜神镇东南三十五里原山，经临淄县东北，流至寿光市北，入海。

⑤此句旧脱，据《太平御览》增。

⑥旧脱“天”字、“之”字，据《太平御览》增。

【原文】

子墨子曰：“吾言足用矣！舍言革思者，是犹舍获而攈粟也[①]。以其言非吾言者[②]，是犹以卵投石也。尽天下之卵，其石犹是也，不可毁也[③]。”

【注释】

①攈，拾也。一本作“攗”。非。

②《太平御览》引“其”作“他”。

③《太平御览》作“石犹不毁也”。

公孟

【原文】

公孟子谓子墨子曰：“君子共己以待，问焉则言，不问焉则止。譬若锺然[①]，扣则鸣[②]，不扣则不鸣。”子墨子曰：“是言有三物焉，子乃今知其一身也，又未知其所谓也。若大人行淫暴于国家，进而谏，则谓之不逊，因左右而献谏，则谓之言议。此君子之所疑惑也。若大人为政，将因于国家之难，譬若机之将发也然，君子之必以谏，然而大人之利。若此者，虽不扣必鸣者也。若大人举不义之异行，虽得大巧之经，可行于军旅之事，欲攻伐无罪之国，有之也，君得之，则必用之矣。以广辟土地，著税伪材[③]，出必见辱，所攻者不利，而攻者亦不利，是两不利也。若此者，虽不扣必鸣者也[④]。且子曰：‘君子共己待，问焉则言，不问焉则止。譬若钟然，扣则鸣，不扣则不鸣。’今未有扣子而言，是子之谓不扣而鸣邪？是子之所谓非君子邪[⑤]？”

【注释】

①《说文》云“锺，酒器也”，“鐘，乐鐘也”。此借为鐘。

②《说文》云：“扣，牵马也”，“敂，击也，读若扣”。此假音耳。

③伪，疑当为“貨”。《说文》云：“此古货字，读若贵。”

④已上申明知其一身。

⑤已上申明又未知其所谓。

【原文】

公孟子谓子墨子曰：“实为善人，孰不知[①]？譬若良玉，处而不出，有余精[②]。譬若美女，处而不出，人争求之。行而自衒[③]，人莫知[④]取也。今子偏[⑤]从人而说之，何其劳也？”子墨子曰：“今夫世乱，求美女者众，美女虽不出，人多求之；今求善者寡[6]，不强说人，人莫之知也。且有二生于此，善星[7]，一行为人筮者，与处而不出者，其精孰多？”公孟子曰：“行为人筮者其精多。”子墨子曰：“仁义钧[8]。行说人者，其功善亦多，何故不行说人也？”

【注释】

①句。
②句。
③《说文》云：“衒，行且卖也。衒或字。”
④一本作“之”。
⑤旧作“偏”，以意改。
⑥言好德不如好色。
⑦句。
⑧句。

【原文】

公孟子戴[1]章甫，搢忽[2]，儒服，而以见子墨子，曰：“君子服然后行乎？其行然后服乎？”子墨子曰：“行不在服。”公孟子曰：“何以知其然也？”子墨子曰：“昔者，齐桓公高冠博带，金剑木盾[3]，以治其国，其国治。昔者，晋文公大布之衣，牂羊之裘[4]，韦以带剑，以治其国，其国治。昔者，楚庄王鲜冠组缨，绛衣博袍[5]，以治其国，其国治。昔者，越王勾践剪发文身，以治其国，其国治。此四君者，其服不同，其行犹一也。翟以是知行之不在服也。”公孟子曰：“善。吾闻之曰：‘宿善者不祥[6]。’请舍忽[7]，易章甫，复见夫子，可乎？”子墨子曰：“请因以相见也。若不[8]，将舍忽、易章甫而后相见，然则行果在服也[9]。”

【注释】

青铜鎏金羊角杯（战国）

①本多作“义”，以意改。

②搢，即“晋”字俗写。忽，即“笏”字，《古文尚书》“在治忽”亦用此字。旧作“怱”，误。

③《说文》云：“盾，瞂也，所以扞身蔽目，象形。”陆德明《周礼音义》云：“食允反，又音允。”

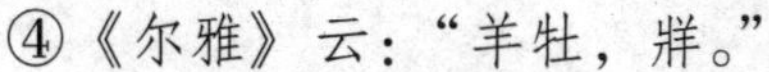

④《尔雅》云：“羊牡，羒。”

⑤《太平御览》引作“褒衣博裒”。

⑥读如“无宿诺”。

⑦旧作“怱”。

⑧句。一本作“必”，亦是。

⑨言其意在服也。

【原文】

公孟子曰：“君子必古言服[①]，然后仁。”子墨子曰：“昔者，商王纣、卿士费仲为天下之暴人，箕子、微子为天下之圣人，此同言而或仁不仁也[②]。周公旦为天下之圣人，关叔为天下之暴人，此同服或仁或不仁。然则不在古服与古言矣。且子法周而未法夏也[③]，子之古非古也。”

【注释】

①句。

②言同时之言，而仁不仁异。

③谓节葬、节用之属。墨氏之学出于夏。

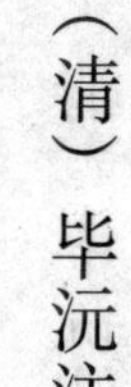

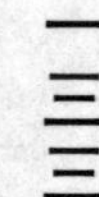

【原文】

公孟子谓子墨子曰："昔者圣王之列也，上圣立为天子，其次立为卿、大夫。今孔子博于《诗》《书》，察于礼、乐，详于万物。若使孔子当圣王，则岂不以孔子为天子哉?"子墨子曰："夫知者，必尊天事鬼，爱人节用，合焉为知矣。今子曰'孔子博于《诗》《书》，察于礼、乐，详于万物'，而曰可以为天子，是数人之齿[1]，而以为富。"

【注释】

①齿，年也。

【原文】

公孟子曰："贫富寿夭，齰然在天[1]，不可损益。"又曰："君子必学。"子墨子曰："教人学而执有命，是犹命人葆[2]而去丌[3]冠也。"

【注释】

①齰，同"错"。
②葆，言包裹其发。
③旧作"亦"，知是此字之讹。"丌"即其字，以意改。

【原文】

公孟子谓子墨子曰："有义不义，有[1]祥不祥。"子墨子曰："古圣王皆以鬼神为神明，而为祸福[2]，执有祥不祥，是以政治而国安也。自桀、纣以下，皆以鬼神为不神明，不能为祸福，执无祥不祥，是以政乱而国危也。故先王之书《子亦》有之曰：'丌[3]傲也出，于子不祥。'此言为不善之有罚，为善之有赏。"

【注释】

①旧作“无”，据下文改。

②而，同“能”。

③已下“丌”字，旧皆作“亦”。

【原文】

子墨子谓公孟子曰：“丧礼：君与父母、妻、后子[1]死，三年丧服；伯父、叔父、兄弟期；族人五月；姑、姊、舅、甥皆有数月之丧。或以不丧之间，诵《诗三百》，弦《诗三百》，歌《诗三百》，舞《诗三百》。若用子之言，则君子何日以听治？庶人何日以从事？”公孟子曰：“国乱则治之，治则为礼乐。国治则从事，国富则为礼乐。”子墨子曰：“国之治[2]，治之废，则国之治亦废。国之富也，从事，故富也；从是废，则国之富亦废。故虽治国，劝之无餍[3]，然后可也。今子曰‘国治则为礼乐，乱则治之’，是譬犹噎而穿井也[4]，死而求医也。古者三代暴王桀、纣、幽、厉，薾为声乐[5]，不顾其民，是以身为刑僇，国为戾虚者，皆从此道也。”

【注释】

①嗣子也。

②卢云：“此下脱‘治之故治也’五字。”

③犹云勉之无已。

④《说文》云：“噎，饭窒也。”饭窒则思饮。

⑤《说文》云：“薾，华盛。”言盛也。或侈假音字。

【原文】

公孟子曰：“无鬼神。”又曰：“君子必学祭祀[1]。”子墨子曰：“执无鬼而学

祭礼，是犹无客而学客礼也，是犹无鱼而为鱼罟也。”

【注释】

①当为“礼”。

【原文】

公孟子谓子墨子曰：“子以三年之丧为非，子之三日之丧亦非也[①]。”子墨子曰：“子以三年之丧非三日之丧，是犹果[②]谓撅者不恭也[③]。”

【注释】

①三日，当为“三月”。《韩非子·显学》云：“墨者之葬也，冬日冬服，夏日夏服，桐棺三寸，服丧三月。”高诱注《淮南子》云：“三月之服，是夏后氏之礼。”而《后汉书注》引《尸子》云“禹制丧三日”，亦当为月。

②当为“裸”。《说文》云：“袒也。”《玉篇》云：“倮，赤体也。”

③撅，当为“蹶”。《说文》云：“僵也。一曰跳也。”

【原文】

公孟子谓子墨子曰：“知有贤于人，则可谓知乎？”子墨子曰：“愚之知有以贤于人，而愚岂可谓知矣哉？”

公孟子曰：“三年之丧，学吾之慕父母。”子墨子曰：“夫婴儿子之知[①]，独慕父母而已。父母不可得也，然号而不止，此亓故何也？即愚之至也。然则儒者之知，岂有以贤于婴儿子哉？”

【注释】

①《众经音义》云：“《仓颉篇》云：男曰儿，女曰子。”

【原文】

子墨子曰："问于儒者：'何故为乐?，曰：'乐以为乐也。'"子墨子曰："子未我应也。今我问曰：'何故为室?'曰：'冬避寒焉，夏避暑焉，室以为男女之别也。'则子告我为室之故矣。今我问曰：'何故为乐?'曰：'乐以为[1]乐也。'是犹曰：'何故为室?'曰：'室为以室也。'"

【注释】

①旧脱此字，据上文增。

【原文】

子墨子谓程子曰："儒之道足以丧天下者，四政焉。儒以天[1]为不明，以鬼为不神；天鬼不说，此足以丧天下。又厚葬久丧，重为棺椁，多为衣衾，送死若徙，三年哭泣，扶后起，杖后行，耳无闻，目无见，此足以丧天下。又弦歌鼓舞[2]，习为声乐，此足以丧天下。又以命为有，贫富寿夭、治乱安危有极矣，不可损益也。为上者行之，不必听治矣；为下者行之，必不从事矣。此足以丧天下。"程子曰："甚矣！先生之毁儒也。"子墨子曰："儒固无此各四政者，而我言之，则是毁也。今儒固有此四政者，而我言之，则非毁也，告闻也[3]。"程子无辞而出。子墨子曰"迷之[4]。"反[5]，后[6]坐，进复曰："乡者先生之言有可闻[7]者焉。若先生之言，则是不誉禹，不毁桀、纣也。"子墨子曰："不然。夫应孰[8]辞，称议而为之，敏也。厚攻则厚吾，薄攻则薄吾。应孰辞而称议，是犹荷辕而击蛾也[9]。"

【注释】

①旧脱此字，据下文增。

②此鼓字从支，与钟鼔字异，彼从攴。

③言告所闻。

④句。

⑤句。

⑥句。言惑于此说者，请反，而后后留之。

⑦当为“间”。

⑧当为“执”。

⑨蛾，同“螘”。

【原文】

子墨子与程子辩，称于孔子[1]。程子曰：“非儒[2]，何故称于孔子也?”子墨子曰：“是亦当而不可易者也。今鸟闻热旱之忧则高，鱼闻热旱之忧则下，当此，虽禹、汤为之谋，必不能易矣。鸟、鱼可谓愚矣，禹、汤犹云因焉。今翟曾无称于孔子乎[3]?”

【注释】

①称述孔子。

②句。

③言孔子之言有必不能易者。此下旧有“有游于子墨子之门者，谓子墨子曰：先王以鬼为神明，知能为祸人哉”二十七字，今据一本移后。

【原文】

有游于子墨子之门者，身体强良，思虑徇通，欲使随而学。子墨子曰：“姑学乎，吾将仕子。”劝于善言而学。其年[1]，而责仕于子墨子。子墨子[2]曰：“不仕子。子亦闻夫鲁语乎？鲁有昆弟五人者，丌[3]父死，丌长子嗜酒而不葬。丌四弟曰：‘子与[4]我葬，当为子沽酒。’劝于善言而葬。已葬，而责酒于其四弟。四弟曰：‘吾末予子酒矣。子葬子父，我葬吾父，岂独吾父哉？子不葬则人将笑子，故劝子葬也。’今子为义，我亦为义，岂独我义也哉？子不学则人将笑子，故劝子于学。”

【注释】

①同“期年”。

②旧脱二字，以意增。

③旧作“亦”，下同。一本俱作“其”。

④旧作“无”，一本如此。

【原文】

有游于子墨子之门者，子墨子曰：“盍学乎？”对曰：“吾族人无学者。”子墨子曰：“不然。夫好美者，岂曰吾族人莫之好，故不好哉？夫欲富贵者，岂曰我族人莫之欲[1]，故不欲哉[2]？好美、欲富贵者，不视人犹强为之[3]。夫义，天下之大器也，何以视人必[4]强为之[5]？”

【注释】

①已上八字旧脱，据一本增。

②《太平御览》引云：“墨子谓门人曰：‘汝何不学？’对曰：‘吾族无学者。’墨子曰：‘不然。岂有好美者，而曰吾族无此，不欲邪？富贵者，而曰吾族无此，不用也？’”与此微异。

③此下旧接“为善者富之”云云二百六十四字，今据文义移后。一本此下亦接“夫义，天下之大器也。”

④当为“不”。

⑤已上十六字旧脱，在“则盗何遽无从”下，今据一本移正。

【原文】

有游于子墨子之门者，谓子墨子曰：“先王以鬼为神明，知能为祸人哉[1]，

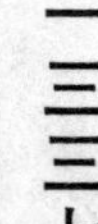

为善者富之，暴者祸之。今吾事先生久矣，而福不至。意者先生之言有不善乎？鬼神不明乎？我何故不得福也？”子墨子曰：“虽子不得福，吾言何遽不善？而鬼神何遽不明？子亦闻乎匿徒之刑之有刑乎？”对曰：“未之得[②]闻也。”子墨子曰：“今有人于此，什子，子能什誉之而一自誉乎？”对曰：“不能。”“有人于此，百子，子能终身誉丌善而子无一乎？”对曰：“不能。”子墨子曰：“匿一人者犹有罪，今子所匿者若此丌多，将有厚罪者也，何福之求？”

【注释】

①已上二十七字旧在“今翟曾无称于孔子乎”下，今据一本在此，一本又无“知能无祸福人哉”六字。

②二字旧倒，以意移。

【原文】

子墨子有疾，跌鼻进而问曰：“先生以鬼神为明，能为祸福，善者赏之，为不善者罚之。今先生圣人也，何故有疾？意者先生之言有不善乎？鬼神不明知乎？”子墨子曰：“虽使我有病，何遽不明？人之所得于病者多方，有得之寒暑，有得之劳苦，百门而一门焉，则盗何遽无从[①]？”

【注释】

①旧有“夫义天下之大器也”云云十六字，据一本移前。

【原文】

二三子有复于子墨子学射者，子墨子曰：“不可。夫知者必量丌力所能至而从事焉。国士战且扶人，犹不可及也[①]。今子非国士也，岂能成学又成射哉？”

【注释】

①及，犹兼。

【原文】

二三子复于子墨子曰："告子曰'言义而行甚恶'，请弃之。"子墨子曰："不可。称我言以毁我行，愈于亡。有人于此：'翟甚不仁。'尊天、事鬼、爱人，甚不仁，犹愈于亡也。今告子言谈甚辩，言仁义而不吾毁，告子毁[①]，犹愈亡也。"

【注释】

①二字倒，今移。

【原文】

二三子复于子墨子曰："告子胜为仁[①]。"子墨子曰："未必然也！告子为仁，譬犹跂[②]以为长，隐[③]以为广[④]，不可久也。"

【注释】

①《文选注》引无"为"字。

②旧作"跛"，据《文选注》改。此企字假音，《尔雅》云："其踵企。"陆德明《音义》云："去豉反，本或作跂。"《说文》云"企，举踵也"，"跂，足多指"。二字异。

③《文选注》引作"偃"。隐、偃音相近，亦通。

④言企足以为长，仰身以为广。偃，犹仰。

【原文】

告子谓子墨子曰："我治国为政。"子墨子曰："政者，口言之，身必行之。今子口言之，而身不行，是子之身乱也。子不能治子之身，恶能治国政？子姑亡[①]，子之身乱之矣[②]！"

【注释】

①言子姑无若此。

②一本作"子姑防子之身乱之矣"，是。

第十三卷

鲁问

【原文】

鲁君[①]谓子墨子曰："吾恐齐之攻我也，可救乎?"子墨子曰："可。昔者，三代之圣王禹、汤、文、武，百里之诸侯也，说忠行义，取天下；三代之暴王桀、纣、幽、厉，仇怨行暴，失天下。吾愿主君之上者尊天事鬼，下者爱利百姓，厚为皮币，卑辞令，函遍礼四邻诸侯，敺国而以事齐，患可救也。非愿[②]，无可为者。"

【注释】

①当是鲁阳文君，楚县之君。

②言非此之为愿。

【原文】

齐将伐鲁。子墨子谓项子牛曰："伐鲁，齐之大过也。昔者，吴王东伐越，栖诸会稽；西伐楚，葆昭王于随；北伐齐，取国太子以归于吴。诸侯报其仇，百姓苦其劳，而弗为用，是以国为虚戾，身为刑戮也。昔者，智伯伐范氏与中行氏，兼三晋之地。诸侯报其仇，百姓苦其劳，而弗为用，是以国为虚戾，身为刑戮用是也。故大国之攻小国也，是交相贼也，过必反于国。”

子墨子见齐大王[①]，曰：“今有刀于此，试之人头，倅然断之[②]，可谓利乎？”大王曰：“利。”子墨子曰：“多试之人头，倅然断之，可谓利乎？”大王曰：“利。”子墨子曰：“刀则利矣，孰将受其不祥？”大王曰：“刀受其利，试者受其不祥[③]。”子墨子曰：“并国覆军，贼敖百姓[④]，孰将受其不祥？”大王俯仰而思之，曰：“我受其不祥。”

【注释】

①《太平御览》无“大”字，下同。

②“卒”字异文作“倅”，读如“仓倅”。

③言持刀之人。

④旧作“敖”，非。《太平御览》引作“杀”。案：《说文》云：“敚，古文杀。”出此，今依改正。此书观览者少，故犹存古字，如《广雅》然也，慎勿改乱之。

【原文】

鲁阳文君将攻郑，子墨子闻而止之，谓[①]阳文君曰：“今使鲁[②]四境之内，大都攻其小都，大家伐其小家，杀其人民，取其牛马、狗豕、布帛、米粟、货财，则何若？”鲁阳文君曰：“鲁四境之内，皆寡人之臣也。今大都攻其小都，大家伐其小家，夺之货财，则寡人必将厚罚之。”子墨子曰：“夫天之兼有天下也，亦犹君之有四境之内也。今举兵将以攻郑，天诛亓不至乎？”鲁阳文君曰：“先生何止我攻郑也？我攻郑，顺于天之志。郑人三世杀其父[③]，天加诛焉，使三年不全。我将助天诛也。”子墨子曰：“郑人三世杀其父，而天加诛焉，使三年不全。天诛足矣，今又举兵将以攻郑，曰‘吾攻郑也，顺于天之志’。譬有人于此，其子强梁不材，故其父笞之，其邻家之父举木而击之，曰‘吾击之也，

顺于其父之志’，则岂不悖哉？”

【注释】

①此下当脱“鲁”字。

②谓鲁阳。

③未详其事。

【原文】

子墨子谓鲁阳文君曰：“攻其邻国，杀其民人，取其牛马、粟米、货财，则书之于竹帛，镂之于金石，以为铭于钟鼎，传遗后世子孙曰：‘莫若我多[1]。’今贱人也，亦攻其邻家，杀其人民，取其狗豕、食粮[2]、衣裘，亦书之竹帛，以为铭于席豆，以遗后世子孙曰：‘莫若我多。’丌可乎？”鲁阳文君曰：“然。吾以子之言观之，则天下之所谓可者，未必然也。”

【注释】

①二字旧作“多吾”，一本如此。

②“糧”字俗写。

【原文】

子墨子为[1]鲁阳文君曰：“世俗之君子，皆知小物而不知大物。今有人于此，窃一犬一彘则谓之不仁，窃一国一都则以为义。譬犹小视白谓之白，大视白则谓之黑。是故世俗之君子，知小物而不知大物者，若此[2]言之谓也。”

【注释】

①“谓”字。

②旧二字倒，一本如此。

【原文】

鲁阳文君语子墨子曰："楚之南有啖人之国者桥，其国之长子生，则鲜[1]而食之。谓之宜弟。美，则以遗其君，君喜则赏其父。岂不恶俗哉？"子墨子曰："虽中国之俗，亦犹是也。杀其父而赏其子，何以异食其子而赏其父者哉？苟不用仁义，何以非夷人食其子也？"

【注释】

①一本作"解"。

【原文】

鲁君之嬖人死，鲁君为之诔，鲁人因说而用之。子墨子闻之，曰："诔者，道死人之志也；今因说而用之，是犹以来首从服也[1]。"

【注释】

①未详。

【原文】

鲁阳文君谓子墨子曰："有语我以忠臣者：令之俯则俯[1]，令之仰则仰，处则静，呼则应。可谓忠臣乎？"子墨子曰："令之俯则俯，令之仰则仰，是似景也[2]。处则静，呼则应，是似响也。君将何得于景与响哉？若以翟之所谓忠臣者，上有过，则微之以谏，己有善，则访之上，而无敢以告外；匡其邪而入其善[3]，尚而无下比[4]。以美善在上，而怨仇在下；安乐在上，而忧戚在臣。此翟之谓忠臣者也。"

【注释】

①"頫"字俗写。

②古“影”字只作“景”，葛洪加“彡”，而明刻《淮南子》有注云“古影字”，或以此为高诱文，则非始于葛。沅案：《道藏》本《淮南子注》无此三字，盖明人妄增耳。今《尚书》亦有“影响”字，写者乱之。

③“匡”字旧阙，注云“太祖庙讳上字”，盖宋本如此，今增。

④句。

【原文】

鲁君谓子墨子曰：“我有二子，一人者好学，一人者好分人财，孰以为太子而可？”子墨子曰：“未可知也，或所为赏与[①]为是也。魡者之恭[②]，非为赐也[③]；饵鼠以虫[④]，非爱之也。吾愿主君之合其志功而观焉。”

【注释】

①旧作“兴”，以意改。

②“钓”字，俗写从鱼。《艺文类聚》引作“钓”。案：《玉篇》有魡字，云“丁叫切，亦作钓。饵取鱼。”出此。《墨》书如此类字，由后人抄写，以意改为，大都出自六朝。凡秦以前书传，皆篆简耳，不应有此，以相传既久，亦不改也。

③“赐”字，一本作“鱼赐”，《艺文类聚》作“鱼”。

④“饵”旧作“蛕”，非，据《艺文类聚》改。

【原文】

鲁人有因子墨子而学其子者，其子战而死，其父让子墨子。子墨子曰：“子欲学子之子，今学成矣，战而死，而子愠，是犹欲粜籴，雠则愠也[①]，岂不费哉？”

【注释】

①“售”字正作“雠”。

【原文】

鲁之南鄙人有吴虑者[①]，冬陶夏耕，自比于舜。子墨子闻而见之。吴虑谓子墨子："义耳义耳，焉用言之哉！"子墨子曰："子之所谓[②]义者，亦有力以劳人，有财以分人乎？"吴虑曰："有。"子墨子曰："翟尝计之矣：翟虑耕天下而食之人矣，盛[③]，然后当一农之耕，分诸天下，不能人得一升粟。籍而以为得一升粟[④]，其不能饱天下之饥者，既可睹矣。翟虑织而衣天下之人矣，盛，然后当一妇人之织，分诸天下，不能人得尺布。籍而为得尺布，其不能煖天下之寒者，既可睹矣。翟虑被坚执锐，救诸侯之患，盛，然后当一夫之战。一夫之战，其不御三军，既可睹矣。翟以为不若诵先王之道而求其说，通圣人之言而察其辞，上说王公大人，次[⑤]匹夫徒步之士。王公大人用吾言，国必治；匹夫徒步之士用吾言，行必修。故翟以为虽不耕而食饥[⑥]，不织而衣寒[⑦]，功贤于耕而食之、织而衣之者也。故翟以为虽不耕织乎，而功贤于耕织也。"吴虑谓子墨子曰："义耳义耳，焉用言之哉！"子墨子曰："籍设而天下不知耕，教人耕，与不[⑧]教人耕而独耕者，其功孰多？"吴虑曰："教人耕者其功多。"子墨子曰："籍设而攻不义之国，鼓[⑨]而使众进战，与不鼓而使众进战而独进战者，其功孰多？"吴虑曰："鼓而进众者其功多。"子墨子曰："天下匹夫徒步之士少知义，而教天下以义者功亦多，何故弗言也？若得鼓而进于义，则吾义岂不益进哉？"

【注释】

①《太平御览》引作"吴宪"。

②二字旧倒，以意改。

③句。

④籍，"藉"字似音。

⑤当脱"说"字。

⑥句。

⑦句。

⑧旧脱此字，一本有。

⑨已下“鼓”字皆从攴。

【原文】

子墨子游公尚过于越。公尚过说越王，越王大说[①]，谓公尚过曰：“先生苟能使子墨子于越而教寡人，请裂故吴之地，方五百里[②]，以封子墨子。”公尚过许诺。遂为公尚过束车五十乘，以迎子墨子于鲁，曰：“吾以夫子之道说越王，越王大说，谓过曰，苟能使子墨子至于越而教寡人，请裂故吴之地，方五百里，以封子。”子墨子谓公尚过曰：“子观越王之志何若？意越王将听吾言，用我道，则翟将往；量腹而食，度身而衣，自比于群臣，不[③]能以封为哉？抑越不听吾言，不用吾道，而我往焉，则是我以义粜也[④]。钧之粜[⑤]，亦于中国耳，何必于越哉[⑥]？”

【注释】

①旧作“悦”，下同，此俗写字，今改正。

②时吴已亡入越，故曰“故吴”。

③一本作“奚”。

④“粜”旧作“糶”，下同，以意改。《吕氏春秋》作“翟”。

⑤句。

⑥《吕氏春秋·高义》云：“子墨子游公上过于越。公上过语墨子之义，越王说之，谓公上过曰：‘子之师苟肯至越，请以故吴之地，阴江之浦，书社三百，以封夫子。’公上过往复于子墨子。子墨子曰：‘子之观越王也，能听吾言，用吾道乎？’公上过曰：‘殆未能也。’墨子曰：‘不唯越王不知翟之意·虽子亦不知翟之意。若越王听吾言，用吾道，翟度身而衣，量腹而食，比于宾萌，未敢求仕。越王不听吾言，不用吾道，虽全越以与我，吾无所用之。越王不听

吾言，不用吾道，而受其国，是以义翟也。义翟何必越，虽于中国亦可。”即用此文。义翟，亦当为“义粜”。

【原文】

子墨子游，魏越曰：“既得见四方之君，子则将先语？”子墨子曰：“凡入国，必择务而从事焉。国家昏乱，则语之尚贤、尚同；国家贫，则语之节用、节葬；国家憙音湛湎[①]，则语之非乐、非命；国家淫僻无礼，则语之尊天、事鬼；国家务夺侵凌，即语之兼爱、非曰，择务而从事焉。”

【注释】

①《说文》云：“憙，说也。”

【原文】

子墨子曰。出[①]曹公子而于宋，三年而反，睹子墨子曰：“始吾游于子之门，短褐之衣[②]，藿羹朝得之，则夕弗得祭祀鬼神。而以夫子之政[③]，家厚于始也。有家厚[④]，谨祭祀鬼神，然而人徒多死，六畜不蕃，身湛于病。吾未知夫子之道之可用也。”子墨子曰：“不然！夫鬼神之所欲于人者多，欲人之处高爵禄则以让贤也，多财则以分贫也。夫鬼神岂唯擢季拑肺[⑤]之为欲哉？今子处高爵禄而不以让贤，一不祥也；多财而不以分贫，二不祥也。今子事鬼神唯祭而已矣，而曰病何自至哉？是犹百门而闭一门焉，曰盗何从入？若是而求福于有怪之鬼，岂可哉？”

【注释】

①未详。

②“短”从豆声，读如裋。

③句。

④句。

⑤四字有误。

【原文】

鲁祝以一豚祭，而求百福于鬼神。子墨子闻之，曰："是不可。今施人薄而望人厚，则人唯恐其有赐于己也。今以一豚祭，而求百福于鬼神，唯恐其以牛羊祀也。古者圣王事鬼神，祭而已矣。今以豚祭而求百福，则其富不如其贫也。"

彭轻生子曰："往者可知，来者不可知。"子墨子曰："籍设而亲在百里之外，则遇难焉，期以一日也，及之则生，不及则死。今有固车良马于此，又有奴马[①]四隅之轮于此，使子择焉，子将何乘？"对曰"乘良马固车，可以速至。"子墨子曰："焉在矣来[②]！"

【注释】

①"驽"古字只作"奴"，一本作"驽"。《说文》无"驽"字。

②卢云："似谓焉在不知来，文误。"

【原文】

孟山誉王子闾曰："昔白公之祸，执王子闾，斧钺钩要[①]，直兵当心，谓之曰：'为王则生，不为王则死。'王子闾曰：'何其侮我也！杀我亲，而喜我以楚国。我得天下而不义，不为也；又况于楚国乎？'遂而不为[②]。王子闾岂不仁哉？"子墨子曰："难则难矣，然而未仁也。若以王为无道，则何故不受而治也？若以白公为不义，何故不受王[③]，诛白公[④]然而反王[⑤]？故曰难则难矣，然而未仁也。"

【注释】

①此正字，余文作"腰"者，后改乱之耳。

②《说文》云："遂，亡也。从辵㒸声。"王逸注《楚词》云："遂，往也。"义出于此。经典多借为"㒸"字。而忘其本蒙从意也。

③句。

④句。

⑤言何不借王之权，以杀白公，然后反位于王。

【原文】

子墨子使胜绰事项子牛。项子牛三侵鲁地，而胜绰三从。子墨子闻之，使高孙子请而退之，曰："我使绰也，将以济骄而正嬖也[①]。今绰也禄厚而谲夫子，夫子三侵鲁，而绰三从，是鼓鞭于马靳也[②]。翟闻之：'言义而弗行，是犯明也。'绰非弗之知也，禄胜义也。"

【注释】

①济，止也。嬖，同"僻"。

②《说文》云："靳，当膺也。从革斤声。"一本改作"勒"，非。言欲马行而鞭其前，所以自困，犹使人仕而反来侵我也。

【原文】

昔者楚人与越人舟战于江，楚人顺流而进，迎流而退；见利而进，见不利则其退难。越人迎流而进，顺流而退；见利进，见不利则其退速。越人因此若执，亟败楚人。公输子[①]自鲁南游楚焉[②]，始为舟战之器[③]，作为钩强之备，退者钩之，进者强之[④]，量其钩强之长，而制为之兵。楚之兵节，越之兵不节。楚人因此若执，亟败越人。公输子善其巧，以语子墨子曰："我舟战有钩强，不知子之义亦有钩强乎？"子墨子曰："我义之钩强，贤于子舟战之钩强。我钩强，我钩之以爱，揣之以恭。弗钩以爱，则不亲；弗揣以恭，则速狎[⑤]；狎而不亲则速离。故交相爱，交相恭，犹若相利也。今子钩而止人，人亦钩而止子；子强

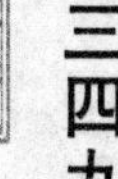

而距人，人亦强而距子。交相钩，交相强，犹若相害也。故我义之钩强，贤子舟战之钩强。”

【注释】

①旧有“曰”字，一本无。

②《太平御览》引作“公输般自鲁之楚”。

③《太平御览》引作“具”。

④《太平御览》引作“谓之钩拒，退则钩之，进则拒之也”。

⑤旧脱一“狎”字，以意增。

【原文】

公输子削竹木以为鹊，成①而飞之，三日不下②，公输子自以为至巧。子墨子谓公输子曰：“子之为鹊也，不如翟③之为车辖④，须臾刘三寸之木⑤，而任五十石之重。故所为巧，利于人谓之巧，不利于人谓之拙⑥。”

【注释】

①《太平御览》引作“鹊”。

②《文选注》云：“案墨子削竹以为鹊，鹊三日不行者”。彼误。

③《太平御览》引作“匠”。

④《太平御览》有“也”字。

⑤刘，“镂”字假音。《太平御览》引此作“竖”。

⑥《韩非子》云：“墨子为木鸢，三年而成，蜚一日而败。弟子曰：‘先生之巧，至能使木鸢飞。’墨子曰：‘不如为车輗之巧也，用咫尺之木，不费一朝之事，而引三十石之任，致远，力多，久于岁数。今我为鸢三年成，蜚一日而败。’惠子闻之曰：‘墨子太巧，巧为輗，拙为鸢。’”与此异也。

【原文】

公输子谓子墨子曰：“吾未得见之时，我欲得宋；自我得见之后，予我宋而不义，我不为。”子墨子曰：“翟之未得见之时也，子欲得宋；自翟得见子之后，予子宋而不义，子弗为，是我予[①]子宋也。子务为义，翟又将与子天下。”

【注释】

①一本作“与”。

公输

【原文】

公输盘[①]为楚造云梯之械，成[②]，将以攻宋[③]。子墨子闻之，起于齐[④]，行十日十夜而至于郢[⑤]，见公输盘。公输盘曰：“夫子何命焉为？”子墨子曰：“北方有侮臣，愿藉子杀之。”公输盘不说。子墨子曰：“请献十金[⑥]。”公输盘曰：“吾义固不杀人。”子墨子起，再拜，曰：“请说之。吾从北方，闻子为梯[⑦]，将以攻宋。宋何罪之有？荆国有余于地而不足于民，杀所不足而争所有余，不可谓智。宋无罪而攻之，不可谓仁。知而不争，不可谓忠。争而不得，不可谓强。义不杀少而杀众，不可谓知类。”公输盘服。子墨子曰：“然乎不已乎[⑧]？”公输盘曰：“不可。吾既已言之王矣。”子墨子曰：“胡不见我于王？”公输盘曰：“诺。”

【注释】

①《史记集解》《后汉书注》《文选注》皆引作“般”，《广韵》引作“班”。

②张湛《列子注》云："云梯可以凌虚。"

③《文选注》引作"必取宋"三字，《太平御览》云："《尸子》云：般为蒙天之阶，阶成，将以攻宋。"

④《吕氏春秋》云"自鲁往"，是。

⑤《文选注》引云："公输般欲以楚攻宋，墨子闻之，自鲁往，裂裳裹足，十日至郢。"

⑥一本作"千金"，是。

⑦《太平御览》引作"阶"。

⑧《太平御览》引作"胡不已也"。

【原文】

子墨子见王，曰："今有人于此，舍其文轩，邻有敝轝而欲窃之；舍其锦绣[1]，邻有短褐而欲窃之；舍其粱肉，邻有糠糟而欲窃之。此为何若人?"王曰："必为窃疾矣[2]。"子墨子曰："荆之地，方五千里；宋之地，方五百里[3]；此犹文轩之与敝轝也[4]。荆有云梦，犀兕麋鹿满之[5]，江汉之鱼鳖鼋鼍为天下富；宋所为无雉兔狐狸者也[6]；此犹粱肉之与糠糟也。荆有长松、文梓、楩枏、豫章[7]；宋无长木；此犹锦绣之与短褐也。臣以三事之攻宋也[8]，为与此同类。臣见大王之必伤义而不得[9]。"王曰："善哉！虽然，公输盘为我为云梯，必取宋[10]。"

【注释】

①已上十一字旧脱，据《太平御览》增。一本亦有。"轝"即"舆"，异文耳。

②《太平御览》作"耳"。

③七字旧脱，据《太平御览》增。

④《太平御览》引"敝"作"獘"，"轝"即"舆"异文。

⑤《太平御览》“满”作“盈”。

⑥《太平御览》“狐狸”作“鲋鱼”。

黑陶彩绘三足鼎（战国）

⑦《说文》无楩字，《玉篇》云：“鼻县切，楩木似豫章。”陆德明《尔雅音义》云：“鼻县反，又婢衍反。”《字指》云：“楩木似豫章。”《尸子》作“梗”，《太平御览》引此亦只作“梗”。

⑧《战国策》云：“臣以王吏之攻宋。”“王吏”盖“三事”之误。《说文》云：“叓，古文事。”《尸子》作“王使”，《太平御览》作“王之攻宋”。

⑨已上十一字旧俱脱，《太平御览》有，或当在此。

⑩《太平御览》引有云“宋王曰：公输子，天下之巧士，作为云梯，设以攻宋，曷为弗取”二十三字，皆与此异，岂此文已为后人所节与？

【原文】

于是见公输盘。子墨子解带为城，以褋为械[①]。公输盘九设攻城[②]之[③]机变，子墨子九距之。公输盘之攻械尽，子墨子之守圉[④]有余[⑤]。公输盘诎[⑥]，而曰：“吾知所以距子矣，吾不言。”子墨子亦曰：“吾知子之所以距我[⑦]，吾不言[⑧]。”楚王问其故，子墨子曰：“公输子之意，不过欲杀臣。杀臣，宋莫能守[⑨]，可攻也。然臣之弟子禽滑釐等三百人，已持臣守圉之器[⑩]，在宋城上而待楚寇矣。虽杀臣，不能绝也。”楚王曰：“善哉！吾请[⑪]无攻宋[⑫]矣[⑬]。”

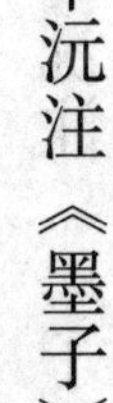

【注释】

①旧作“牒”，《太平御览》引作“褋”，《北堂书钞》作“襟”。案：作“褋”者是也，褋省为褋。《说文》云：“南楚谓禅衣曰褋。”《玉篇》云：“褋，

徒频切，禅衣也。襍同。”又案：陈孔璋《为曹洪与文帝书》云：“墨子之守，萦带为垣，折箸为械。”则似以意改用之。

②《太平御览》一作“宋”。

③《太平御览》引有“具”字。

④《史记集解》引作“固”，一本作“固”，《太平御览》作“御”。

⑤《太平御览》引有云：“今公输设守之械，墨子设守之备，公输九攻，而墨子九拒之，终弗能入，于是乃偃兵辍不攻宋。”俱多于此文。

⑥《太平御览》引作“屈”，《文选注》作“出”。

⑦《文选注》引有“者”字。

⑧《文选注》引有“之”字。

⑨《文选注》有“乃”字，是。

⑩《史记集解》引“圉”作“国”。

⑪《后汉书注》引作“楚”。

⑫《史记集解》云“宋城”。

⑬《文选注》引作“也”。

【原文】

子墨子归，过宋，天雨，庇其间中①，守闾者不内也。故曰：“治于神者，众人不知其功；争于明者，众人知之②。”

【注释】

①庇荫。

②文与《战国策》及《尸子》略同。高诱注《吕氏春秋·慎大篇》引此，节文。

第十四卷

备城门①

【原文】

禽滑釐问于子墨子曰："由圣人之言，凰鸟之不出②，诸侯畔殷周之国③，甲兵方起于天下，大攻小，强执弱。吾欲守小国，为之奈何？"

【注释】

①《说文》云"备，慎也"，"葡，具也"。经典通用"备"为葡具之字，此二义俱通。

②见《论语》。

③殷，盛也。孙云："《尔雅》云：殷，中也。言周之中叶。"

【原文】

子墨子曰："何攻之守？"

禽滑釐对曰："今之世常所以攻者：临①、钩②、冲③、梯④、堙⑤、水⑥、穴⑦、突⑧、空洞⑨、蚁附⑩、轒辒⑪、轩车⑫。敢问守此十二者奈何？"

【注释】

①一。《诗传》云："临，临车也。"陆德明《音义》云："《韩诗》作隆。"孔颖达《正义》曰："临者，在上临下之名。"

②二。《诗传》云："钩，钩梯也。所以钩引上城者。"

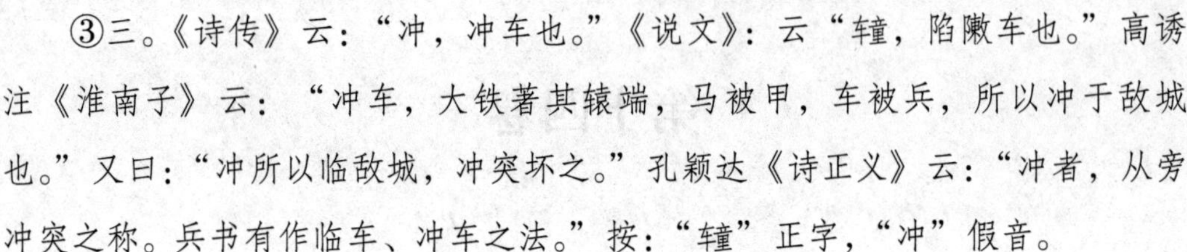

③三。《诗传》云："冲，冲车也。"《说文》：云"輴，陷敶车也。"高诱注《淮南子》云："冲车，大铁著其辕端，马被甲，车被兵，所以冲于敌城也。"又曰："冲所以临敌城，冲突坏之。"孔颖达《诗正义》云："冲者，从旁冲突之称。兵书有作临车、冲车之法。"按："輴"正字，"冲"假音。

④四。案：即云梯。

⑤五。一本作"湮"。案：当为"垔"，俗加土。《说文》云："垔，塞也。"《玉篇》云："何休曰：上城具堙。"《通典》云："于城外起土为山，乘城而上，古谓之土山，今谓垒道。用生牛皮作小屋，并四面蒙之，屋中置运土人，以防攻击者。"注云："即《孙子》所谓距闉也。凿地为道，行于城下，用攻其城，往往建柱，积薪于其柱，圜而烧之。柱折橹部城摧。"

⑥六。

⑦七。

⑧八。

⑨九。

⑩十。同"蚍"。《孙子》云："将不胜心忿而蚁附。"注云："使卒徐城上，如蚁缘城，杀士也。"

⑪十一。《太平御览》云："太公《六韬》曰：凡三军有大器，攻围邑，有轒辒临冲。城中则有云梯飞楼。"周迁《舆服杂事》曰："楯榅，今之橦车也。其下四轮，从中椎之，至敌城下。"《说文》云："轒，淮阳名车穹隆轒。"《玉篇》云："轒輼，兵车作輼。"輼、辒音相近。《艺文类聚》引《孙子》又作"枌榅"。《通典》云："攻城战具，作四轮车，上以绳为脊，生牛皮蒙之，下可藏十人，填隍推之，直抵城下，可以攻掘，金火木石所不能败，谓之轒辒车。"

⑫十二。

【原文】

子墨子曰："我城池修，守器具，推粟足[①]，上下相亲，又得四邻诸侯之

救，此所以持也。且守者虽善[②]，则若不可以守也。若君用之守者，又必能乎守者，不能而君用之，则犹若不可以守也。然则守者必善而君尊用之，然后可以守也。”

【注释】

①推粟言輓粟。

②卢云：“此下当有‘而君用之，四字。”

【原文】

“故凡守城之法，备城门为县门[①]沉机，长二丈，广八尺，为之两相如[②]；门扇[③]数[④]令相接三寸，施土扇上[⑤]，无过二寸。堑中深丈五，广比扇[⑥]，堑长以力[⑦]为度，堑之末为之县，可容一人所。容至，诸门户皆令凿而幕[⑧]孔。孔[⑨]之[⑩]，各为二幕二，一凿而系绳，长四尺[⑪]。”

【注释】

①旧脱“门”字，据《太平御览》增。

②句。

③旧作“问扁”，据下文改。

④同“促”。

⑤旧“土扇”作“士扁”，非。《通典·守拒法》云：“城门扇及楼堠，以泥涂厚，备火。”

⑥《说文》云：“堑，坑也。”

⑦字未详。

⑧旧作“慕”，据下文改。

⑨旧作“孜”，以意改。

⑩疑脱“间”字。

⑪已上县门之法。

【原文】

“救车火，为烟矢射火城门上，凿扇上为栈①，塗之②，持水麻升、草盆救之③。门扇薄植，皆凿半尺，一寸一涿弋，弋长二尺④，见⑤一寸，相去七寸，厚塗之以备火。城门上所凿以救门火，有名一㽅水⑥，火三石以上，小大相杂。”

【注释】

①《说文》云：“栈，棚也。”

②“涂”字俗写从土，本书《迎敌祠》亦只作“涂”。《通典·守拒法》云：“门栈以泥厚塗之，备火。柴草之类贮积，泥厚塗之，防火箭飞火。”

③麻一升，草一盆也。

④《说文》云：“椓，弋也。”

⑤疑“间”字。

⑥㽅，“罋”字省文。《说文》云：“罋，小口罂也。”

【原文】

“门植关必环锢①，以锢②金若铁，鍱之③。门关再重鍱之以铁，必坚。梳关④，关二尺，梳关一苋⑤，封以守印，时令人行貌封⑥，及视关入桓浅深⑦。门者皆无得挟斧、斤、凿、锯、椎⑧。”

【注释】

①言扃固之，环与扃音相近。

②此字疑衍。

③《说文》云：“鍱，鏶也。”此与鍇音同。《说文》云：“以金有所冒也。”

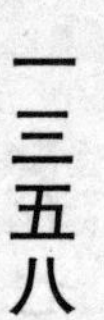

④“梳”字未详，疑作“琐”。

⑤“管”字假音，《春秋左氏》云“北门之管”。

⑥貌，疑“视”字。

⑦桓，表也。

⑧已上救车火之法。

【原文】

“城上二步一渠[①]，渠立程，丈三尺，冠长十丈，辟长六尺。二步一荅[②]，广九尺，袤[③]十二尺[④]。二步置连梃[⑤]、长斧、长椎各一物，枪二十枚，周置二步中[⑥]。二步一木弩[⑦]，必射五十步以上。及多为矢，节毋以竹箭，楛、赵、扌度、榆，可。盖求齐铁夫，播以射衙[⑧]及栊枞[⑨]。二步积石，石重千钧以上者，五百枚[⑩]。毋百[⑪]，以亢疾犁[⑫]、壁，皆可善方[⑬]。二步积笠[⑭]，大一围，长丈，二十枚。五步一罂，盛水有奚，奚蠡大容一斗。五步积狗尸五百枚，狗尸长三尺，丧以弟，瓮[⑮]丌端，坚约弋。十步积抟，大二围以上，长八尺者，二十枚。二十五步一灶，灶[⑯]有铁鐕[⑰]容石以上者一[⑱]，戒以为汤[⑲]。及持沙，毋下千石[⑳]。三十步置坐候楼[㉑]，楼出于堞四尺[㉒]，广三尺，广四尺[㉓]，板周三面，密傅之，夏盖丌上。五十步一藉车[㉔]，藉车必为铁纂[㉕]。五十步一井屏[㉖]，周垣之，高八尺。五十步一方，方尚必为关籥守之。五十步积薪，毋下三百石，善蒙涂，毋令外火能伤也。百步一栊枞[㉗]，起地高五丈，三层，下广前面八尺，后十三尺，丌上称议衰杀之[㉘]。百步一木楼，楼广前面九尺，高七尺，楼物居坫[㉙]，出城十二尺。百步一井，井十甕[㉚]，以木为系连。水器容四斗到六什者百。百步一积杂秆[㉛]，大二围以上者五十枚。百步为橹[㉜]，橹广四尺，高八尺，为冲术。百步为幽牍[㉝]，广三尺、高四尺者千。二百步一大楼[㉞]，城中广二丈五尺二[㉟]，长二丈，出枢五尺。”

【注释】

①高诱注《淮南子》云：“渠，渐也。”案：渐，同“堑”。

②《汉书注》云："苏林曰：渠荅，铁蒺藜也。"

③旧作"表"，据《前汉书注》改。

④《前汉书注》云："晏子曰：城上二步一渠，立程，程长三尺，冠长十尺，臂长六尺三步。"则文当为长，辟同"臂"。

⑤旧作"挺"，以意改。《说文》云："梃，一枚也。"《孟子音义》云："丁，徒顶切。"《通典·守拒法》云："连梃如打禾连枷状，打女墙外上城敌人。"

⑥已上渠、荅之法。

⑦《通典·守拒法》云："木弩以黄连、桑、柘为之，弓长一丈二尺，径七寸，两弰三寸。绞车张之，大矢自副，一发声如雷吼，败队之卒。"

⑧疑"冲"字，文未详。

⑨已上木弩之法。

⑩《后汉书注》引作"积石百枚，重千钧以上者"。旧"千"作"中"，据改。

⑪卢云："疑云毋下百，脱下字，或尚有脱字。"

⑫此正字。《汉书注》作"蒺藜"，非。《通典·守拒法》云："敌若木驴攻城，用铁蒺藜下而敦之。"

⑬疑"缮方"。

⑭一本作"至"，旧作"苙"。

⑮丧，藏也。

⑯旧脱一"灶"字，据《太平御览》增。

⑰"鬵"字假音。《说文》云："鬵，大釜也。一曰鼎。大上小下，若甑曰鬵，读若岑。"《方言》云："甑自关而东或谓之鬵。"《太平御览》引作"镬"。

⑱《太平御览》引作"容二石以上为汤"。

⑲已上积石、笠、狗尸、榑、灶之法。

⑳毋下，犹言毋过。

㉑《通典·守拒法》有云："却敌上建堠楼，以版跳出为橹，与四外烽戍昼夜瞻视。"

㉒《说文》云："壜，城上女垣也。"堞，省文。

㉓当云"下广四尺"。

㉔疑即巢车。巢、藉音相近。

㉕《说文》云："簺，轴也。"纂，假音字。

㉖当为井。

㉗旧从手，非。

㉘言称此而议减其上。

㉙物物，疑"吻"。坫，疑"坫"字，《说文》云："坫，屏墙也。"又或同"阽"，《汉书注》如淳曰："阽，近边欲堕之意。"

㉚旧作"百步再，再十壅"，据《太平御览》改。

㉛一本作"杆"。

㉜《说文》云："橹，大盾也。"

㉝未详。

㉞"大"旧作"立"，据《太平御览》改。

㉟《太平御览》引云："二百步一大楼，去城中二丈五尺。"

【原文】

"城上广三步到四步，乃可以为使斗。俾倪[1]广三尺，高二尺五寸。陛高二尺五，广长各三尺，远广各六尺。城上四隅童异高五尺，四尉舍焉[2]。"

【注释】

①《说文》云："陴，城上女墙，俾倪也。"杜预注《左传》作"僻倪"。《众经音义》云："《三仓》云：俾倪，城上小垣也。一云《三仓》作'顛垷'，又作'埤䦧'。"

②已上候楼、井、栊枞、木楼、井、杂杆、橹、幽𣟴、立楼之法。

【原文】

“城上七尺一渠，长丈五，貍三尺[①]，去堞五寸，夫[②]长丈二尺，臂长六尺。半植一凿，内后长五寸。夫两[③]凿，渠夫前端下堞四寸而适。貍渠、凿坎，覆以瓦，冬日以[④]马夫寒，皆待命，若以瓦为坎。城上千步一表，长丈，弃水者操表摇之。五[⑤]十步一厕，与下同圂[⑥]。之厕者[⑦]，不得操[⑧]。城上三十步一藉车，当队者不用。城上五十步一道陛，高二尺五寸，长十步。城上五十步一楼扤[⑨]，扤勇勇必重。土[⑩]楼百步一，外门发楼，左右渠之。为楼加藉幕[⑪]，栈上出之以救外。城上皆毋得有室，若他[⑫]可依匿者，尽除去之。城下州道内[⑬]百步一积藉，毋下三千石以上，善涂之。”

【注释】

①貍，“薶”省文。

②“夫”字俱未详，疑即“扶”字，所以著手。

③旧作“雨”，以意改。

④中脱一字，或是“息”字。

⑤旧衍一“五”字。

⑥《说文》云：“圂，厕也。”

⑦之，往也。见《尔雅》。

⑧言不得有挟持。

⑨字未详。

⑩旧作“士”，以意改。

⑪旧作“慕”，以意改。

⑫旧作“也”，以意改。

⑬疑“周道”。

【原文】

"城上十人一什长①。属一吏士、一帛尉②。百步一亭，高垣丈四尺，厚四尺，为闺门两扇③，令各可以自闭。亭尉，必取有序④忠信可任事者⑤。"

【注释】

①《通典·守拒法》云："城上五步有伍长，十步有什长，五十步、百步皆有将长。"

②帛，同伯。

③《说文》云："闺，特立之户，上圜下方，有似圭。"

④言以资格。

⑤已上渠、表、藉车、道、楼□、积藉、什长、亭之法。

【原文】

"二舍共一井爨，灰、康、粃①、杯②马矢③，皆谨收藏之。城上之备：渠谵④、藉车、行栈、行楼、到、颉皋、连梃、长斧、长椎、长兹⑤、距、飞冲、县□、批屈。楼五十步一，堞下为爵穴⑥，三尺而一为薪皋，二围长四尺半必有洁⑦。瓦石，重二升以上上⑧。城上沙⑨，五十步一积。灶置铁鐕焉⑩，与沙同处。木大二围，长丈二尺以上，善耿丌本⑪，名曰长从，五十步三十。木桥长三丈，毋下五十。后使辛⑫急为垒壁，以盖瓦后之。用瓦木罂，容十升以上者，五十步而十，盛水，且用之。五十二者十步而二。"

【注释】

①《说文》云："穅，谷皮也。"康或省字。"秕，不成粟也"，此从米，非。

②"麸"字假音。《通典·守拒法》有"灰、麸、糠、粃、马矢"。

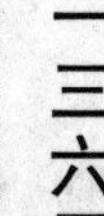

③旧作“夫”，据《太平御览》引云：“备城皆收藏灰、糠、马矢。”《通典》云：“掷之以眯敌目也。”

④疑“渠苔”假音字。“谵”与“幨”同。《淮南子·氾论》云：“渠幨以守。”高诱注云：“渠，渐也。一曰甲名，《国语》奉文渠之甲是。幨幰所以御矢也。”

⑤疑“镰”字。《通典·守拒法》有“长斧、长椎、长镰”。

⑥旧作“内”，以意改。

⑦当为“挈”。

⑧疑衍一上字。

⑨旧作“涉”，下同，俱以意改。

⑩旧作“错”，据上文改。鐕同“鬵”。

⑪言连其本。“丌”旧作“十”，以意改。

⑫疑“薪”字。

【原文】

“城四面四隅皆为高磨㯚[①]，使重室乎[②]子居丌上，候適[③]，视丌倠状[④]，与丌进左右所移处，失候斩。”

【注释】

①未详。

②字疑衍。

③“敌”字假音，《史记》亦用此字。

④倠即“态”字，《说文》云：“态，或从人。”

【原文】

“適人为穴[①]而来，我函使穴师选木，匝而穴之，为之且[②]内弩以应之。

【注释】

①旧作“内”，以意改。

②当为“具”。

【原文】

“民室杵木瓦石，可以盖城之备者，尽[1]上之[2]。不从令者斩。”

【注释】

①旧作“盖”，以意改。

②言民室中所有，尽为城备。

【原文】

“昔筑[1]，七尺一居属[2]，五步一垒。五筑有锑[3]。长斧，柄长八尺。十步一长镰，柄长八尺。十步一斗[4]，长椎，柄长六尺，头长尺，斧丌两端。三步一[5]。”

【注释】

①当云“皆筑”。

②疑“锯楇”。

③《说文》云：“锑，鏟锑也。”

④当为“斫”。

⑤下有脱文。已上井、渠、詹、杂器等之法。

【原文】

“凡守围城之法，厚以高，壕[1]也[2]深以广，楼撕揗，守备[3]缮利，薪食足以

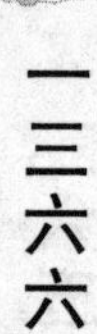

支[④]三月以上；人众以选，吏民[⑤]和，大臣有功劳于上者多，主信以义，万民乐之无穷。不然，父母坟墓在焉；不然，山林草泽之饶足利；不然，地形之难攻而易守也；不然，则有深怨于適而有大功于上；不然，则赏明可信而罚严足畏也[⑥]。城下里中，家人各葆丌左右前后，如城上。城小人众，葆离乡老弱国中及他[⑦]大城。"

【注释】

①《玉篇》云："壕，胡高切，城壕也。"

②字疑衍。

③》《玉篇》无"撕"。《集韵》云："斯或作撕字。"《说文》云："揗，摩也。"《玉篇》"食尹、详遵二切。"

④旧作"交"，以意改。

⑤旧作"尺"，以意改。下当有"以"字。

⑥《管子九变》云："凡民之所以守战至死，而不德其上者，有数以至焉。曰，大背亲戚坟墓之所住也，田宅富厚足居也。不然，则州县乡党与宗族足怀乐也；不然，则上之教训习俗慈爱之于民也厚，无所往而得之也；不然，则山林泽谷之利足生也；不然，则地形险阻易守而难攻也；不然，则罚严而可畏也；不然，则赏明而足劝也；不然，则有深怨于敌人也；不然，则有厚功于上也。此民之所以守战至死，而不德其上者也。"与此文相似。言有此数者，方可以守围城。

⑦旧作"也"，以意改。

【原文】

"寇至，度必攻，主人先削城编，唯勿烧。寇在城下，时换吏卒署[①]，而毋换丌养[②]，养毋得上城。寇在城下，收[③]诸盆瓮，耕积之城下[④]，百步一积，积五百。城门内不得有室，为周官桓吏[⑤]，四尺为倪[⑥]。行栈内闬，二关一堞。除城场外，去池百步，墙垣树木小大尽坏伐[7]，除去之。寇所从来若昵道、傒近[8]，若城场，家为扈楼[9]。立竹箭天中。守天[10]，堂下为大楼，高临城。堂下周散，道中应客，客待见，时召三老左葆官中者，与计事得[11]。"

【注释】

①《说文》云："署，部署，有所网属。"

②粮也。

③旧作"牧"，以意改。

④耕，疑"藉"字。

⑤疑云"周宫桓吏"。

⑥陴倪也。古只作此，作"堄"者俗。

⑦旧作"代"，以意改。

⑧《说文》云："尼，从后近之。"傒，即"溪"假音字。

⑨《礼记·檀弓》云"毋扈扈"，陆德明《音义》云："音户，广也，大也。"

⑩疑"矢"字。

⑪下脱简。

【原文】

为之奈何？子墨子曰："问穴土之守邪？备穴者城内为高楼，以谨。"

"此十四者具，则民亦不宜上矣，然后城可守。十四者无一，则虽善者不能守矣。"

"守法：五十步丈夫十人、丁女二十人、老小十人，计之五十步四十人[1]。城下楼本，率一步一人，二十步二十人。城小大以此率之，乃足以守围。"

【注释】

①丈夫、丁女、老小共四十人。

【原文】

“客[1]冯面而蛾傅之，主人则先之知[2]，主人利[3]，客適。客攻以遂[4]，十万物之众[5]，攻无过四队者，上术广五十步，中术三百步，下术五十步。诸不尽百五步者，主人利而客病。广五百步之队，丈夫千人，丁女子二千人，老小千人[6]，凡千人[7]而足以应之。此守术之数也。使老小不事者，守于城上不当术者。”

【注释】

①旧作“宕”，以意改。
②二字疑倒。
③言主人先知，则主人利。
④同“队”。
⑤一本作“数”
⑥千皆当作“十”。
⑦当云“四十人”。

【原文】

“城持出必为明填[1]，令吏民皆智知之。从一人百人以上，持出不操填章，从人非丌故人，乃[2]丌稹[3]章也[4]，千人之将以上止之，勿令得行。行及吏率从之，皆斩，具以闻于上。此守城之重禁之[5]，夫奸之所生也，不可不审也。”

【注释】

①未详。
②疑“及”字。
③上作“填”，是。

④填章疑印章之属，言出城从人，非故相识人及有印信者，止之。

⑤当“为”也。

【原文】

“候望適人。適人为变，筑垣聚土非常者[①]，若彭有水浊非常者[②]，此穴土也。急壍城内[③]，穴亓[④]土直之[⑤]。穿井城内，五步一井，傅[⑥]城足，高地，丈五尺[⑦]，地得泉三尺而止。令陶者为罂，容四十斗以上，固顺之以薄鞈革[⑧]，置井中，使聪耳者伏罂而听之，审知穴之所在，凿内迎之[⑨]。令陶者为月明[⑩]，长二尺五寸六围，中判之，合而施之内中，偃一[⑪]覆一。柱之外善周涂，亓傅[⑫]柱者勿烧。柱者勿烧[⑬]。柱善涂亓窦际[⑭]，勿令泄，两旁皆如此，与穴[⑮]俱前。下迫地，置康若矢[⑯]亓中[⑰]，勿满。矢康长五窦，左右俱杂相如也。穴内口为灶，令如窯[⑱]，令容七八员艾，左右窦皆如此，灶用四橐。穴且遇[⑲]，以颉皋冲之，疾鼓橐熏之，必令明习[⑳]橐事者，勿令离灶口[㉑]。连版以穴高下，广陕为度，令穴者与版俱前，凿亓版令容矛[㉒]，参分亓疏数，令可以救窦。穴则遇，以版[㉓]当之，以矛救窦，勿令塞窦，窦则塞，引[㉔]版而郄[㉕]，过一窦而塞之，凿亓窦，通亓烟，烟通，疾鼓橐以熏之。徙[㉖]穴内听穴左右，急绝亓前，勿令得行。若集客穴，塞之以柴涂，令无可烧板也。然则穴土[㉗]之攻败矣。”

【注释】

①言以所穴之土筑垣。

②水浊者，穴土之验。

③《玉篇》云：“壍同堑。”

④旧作“内”，亦以意改。

⑤直，当也。《说文》云：“直，正见也，从乚从十从目。”

⑥旧作“传”，以意改。

⑦言视城足之高于地丈五尺者穿之。

⑧即《通典》所云“以新罂用薄皮裹口如鼓”也。

⑨《文选注》引云：“若城外穿地来攻者，宜于城内掘井，以薄城幕罂内井，使聪耳者伏罂而听，审知穴处，凿内迎之。”《太平御览》引云：“若城外穿地来攻者，宜城中掘井，以薄瓮内井中，使听聪者伏瓮听之，审知穴处，凿内而迎之。”与此微异。《通典·守拒法》云“地听，于城内八方穿井，各深二丈，以新罂用薄皮裹口如鼓，使聪耳者于井中托罂而听，则去城五百步内悉知之，审知穴处，助凿迎之”云云，即其法也。

⑩未详。

⑪偃，仰。

⑫旧作“亦传”，以意改。

⑬四字衍。

⑭缝也。

⑮旧作“内”，以意改。

⑯旧作“疾”，以意改，下同。

⑰康即“糠”字，见《说文》。

⑱《说文》云：“窯，烧瓦灶也”。即今“窑”字正文。

⑲旧作“愚”，据下改。

⑳旧作“翟”，以意改。

㉑《通典·守拒法》云：“审知穴处，助凿迎之，与外相遇，即就以干艾一石，烧令烟出，以板于外，外密覆穴口，勿令烟泄，仍用鞴袋鼓之。”即其遗法。所云“以板于外，密覆穴口，勿令烟泄”，即下连版法也。

㉒旧作“予”，以意改。

㉓旧作“攸”，以意改。

㉔旧作“弓”，以意改。

㉕此“却”字俗写。

㉖旧作“徒”，以意改。

㉗旧作“内土”，以意改。

【原文】

“斩艾与柴[1]长尺，乃置窯灶中，先垒窯壁迎穴为连。凿井傅城足，三丈一，视外之广陕而为凿井，慎勿失。城卑穴高从穴难[2]，凿井城上，为三四井，内新斲[3]井中，伏而听之。审之知穴之所在，穴而迎之。穴且遇，为颉皋，必以坚杖为夫[4]，以利斧施之，命有力者三人用颉皋冲之，灌以不洁十馀石[5]。趣伏此井中[6]，置艾丌上，七分，盆盖井口，毋令烟上泄，旁丌槖口，疾鼓之。以车轮輼[7]。一束樵，梁[8]麻索涂中以束之。铁锁[9]，县正当寇穴[10]口。铁锁长三丈[11]，端环，一端钩。”

【注释】

①旧作“此”，以意改。

②二“穴”字旧俱作“内”，以意改。

③当为“新甀”。

④同“趺”，如足两分也。

⑤若糠矢之类。

⑥“伏”旧作“状”，以意改。趣，同“促”。

⑦未详。下文作“苴”，即“薀”省文。《说文》云：“薀，积也。”

⑧疑“粱”字。

⑨当为“琐”，《说文》无“锁”字，据《备蛾傅》作“琐”。

⑩旧作“内”，以意改。

⑪《通典·守拒法》云：“先为桔槔县铁鏁，长三丈以上，束柴苇焦草而燃之，队于城外所穴之孔以烟熏之，敌立死。”已上罂听、连版、伏艾、县锁、备穴土之法。

【原文】

“鼠[1]穴高七尺，五寸广，柱间也尺，二尺一柱，柱下傅舄[2]，二柱共一员十一。两柱同质[3]，横员士，柱大二围半，必固丌员士，无柱与柱交者。穴二窯，皆为穴月屋[4]，为置吏、舍人，各一人，必置水。塞穴门以车两走[5]，为藴[6]，涂丌上，以穴高下广陕为度，令入穴中四五尺，维置之。当穴者客争伏门[7]，转而塞之为窯，容[8]三员艾者，令丌突人[9]伏尺[10]。伏傅[11]突一旁，以二橐守之，勿离。穴矛[12]以铁，长四尺半，大如铁服说，即刃之二矛[13]。内去窦尺，邪凿之，上穴当心，丌矛长七尺。穴中为环利率，穴二。凿井城上，俟丌身井且通，居版上[14]，而凿丌一偏[15]，已而移版，凿一偏。颉皋为两夫，而旁貍丌植，而数钩其两端。诸作穴者五十人，男女相半。”

【注释】

①旧作“僶”，以意改。

②张衡《西京赋》云“雕楹玉碣”，李善注云：“《广雅》云：碣，碽也。碣，古字作舄。”

③“碽”古字如此。

④疑“穴月”字。

⑤即车轮。

⑥“薀”省文。

⑦旧“穴”作“内”“客”作“容”，以意改。

⑧旧作“客”，以意改。

⑨旧作“亦突人”，以意改。

⑩一本无此二字。

⑪旧作“付”，以意改。

⑫旧作“内予”，以意改。

⑬旧凡“矛”字作“予”，俱以意改。

⑭居，同“倨”。

⑮旧作“徧”，以意改。

【原文】

“城上为爵穴，下堞三尺，广丌外，五步一。爵穴大容苴，高者六尺，下者三尺，疏数自適为之[①]。塞外堑，去格七尺，为县梁。城筵陕不可堑者，勿堑。城上三十步一聋灶[②]，入坛苣长五节。寇在城下，闻鼓音，燔苣，复鼓，内苣爵穴中，照外。

【注释】

①言视敌而为疏促。自，“视”字之误。

②聋疑“垄”字。

【原文】

“诸藉车皆铁什[①]，藉车之柱长丈七尺，丌貍者四尺，夫长三丈以上至三丈五尺，马颊长二尺八寸，试藉车之力而为之困，失四分之三在上。藉车，夫长三尺，四二三在上，马颊在三分中。马颊长二尺八寸，夫长二十四尺，以下不用。治困以大车轮。藉车桓长丈二尺半，诸藉车皆铁什，复车者在之。”

【注释】

①什与“鎝”音近。《说文》云：“鎝，以金有所冒也。”

【原文】

“寇闉池来[①]，为作水甬，深四尺，坚幕[②]貍之。十尺一，覆以穴[③]而待令。以木大围长二尺四分而早凿之，置炭火丌中而合幕之，而以藉车投之。为疾犁

投，长二尺五寸，大二围以上。涿弋[4]，弋长七寸，弋[5]间六寸，剡丌末。狗走[6]，广七寸，长尺八寸，蚤长四寸，大耳施之。”

【注释】

①闉，疑当为“冲”，或“闉”字。池，城池。

②旧作“慕”，以意改。

③旧作“月”，以意改。

④旧俱作“代”，以意改。

⑤旧作“我”，以意改。

⑥疑“穴”字，可以出狗者，曰狗走。

【原文】

子墨子曰：“守城之法，必数城中之木，十人之所举为十挈，五人之所举为五挈，凡轻重以挈为人数[1]。为薪樵挈，壮者有挈，弱者有挈，皆称丌任。凡挈轻重所为，吏人各得丌任。城中无食则为大杀[2]。”

【注释】

①言即以十挈、五挈名其物者，以人数也。

②杀，言减。

【原文】

“去城门五步大堑之，高地三丈下地至，施贼丌中，上为发梁[1]而机巧之，比传薪土，使可道行，旁有沟垒，毋可踰越，而出佻旦[2]，比適人遂入[3]，引机发梁，適人可禽。適人恐惧而有疑心，因而离[4]。”

【注释】

①梁，桥也。

②疑“佻达”字。旦、达，音之缓急。

③旧作“人”，以意改。

④下脱简。

备高临

【原文】

禽子再拜再拜曰：“敢问適人[①]积土为高，以临吾城，薪土俱上，以为羊黔[②]，蒙橹俱前，遂属之城，兵弩俱上，为之柰何?”

【注释】

①適，同“敌”。

②《杂守》作“羊坽”，未详其器。

【原文】

子墨子曰：“子问羊黔[①]者，将之拙者也，足以劳本，不足以害城。守为台城，以临羊黔，左右出巨各二十尺，行城三十尺，强弩之，技机藉之，奇[②]器□□之，然则羊黔之攻败矣。”

【注释】

①疑下更有“羊黔”二字。

②疑即藉车。

【原文】

“备矣[①]临以连弩之车，杖大方一方一尺，长称城之薄厚。两轴三轮，轮居筐中，重下上筐。左右旁二植，左右有衡植，衡植左右皆圜内，内径四寸。左右缚弩皆于植，以弦钩弦，至于大弦。弩臂前后与筐齐，筐高八尺，弩轴去下筐三尺五寸。连弩机郭同铜，一石三十斤。引弦鹿长奴[2]。筐大三围半，左右有钩距，方三寸，轮厚尺二寸，钩巨臂博尺四寸，厚七寸，长六尺。横臂齐筐外，蚤尺五寸，有距，博六寸，厚三寸，长如筐，有仪，有诎胜[3]，可上下。为武重一石，以材大围五寸。矢长十尺，以绳□□矢端，如如戈射，以磨[4]鹿[5]卷收[6]。矢高弩臂三尺，用弩无数，出人六十枚，用小矢无留。十人主此车。遂具寇，为高楼以射道，城上以荅[7]罗、矢[8]。”

【注释】

①备，同“惰”。

②同“弩”。

③即《通典》屈胜梯。

④疑“麻”。

⑤此“粗”字之讹。

⑥旧作“牧”，以意改。

⑦荅，即“幨”也，音之缓急。《说文》无“幨”字，疑古用“荅”为之。

⑧《通典·守拒法》云：“弩台高下与城等，去城百步，每台相去亦如之，下阔四丈，高五丈，上阔二丈，下建女墙，台内通暗道，安屈胜梯，人上便卷收，中设毡幕，置弩手五人，备干粮水火。”

备梯

【原文】

禽滑釐子事子墨子三年，手足胼胝[1]，面目黧黑[2]，役身给使，不敢问欲。

子墨子其[3]哀之，乃[4]管酒块脯[5]，寄于大山，昧菜[6]坐之，以樵禽子[7]。

【注释】

①“骿”省文，从月。

②“黎”字俗写，从黑。

③“甚”字。

④旧作“及”，以意改。

⑤当为“餽脯”，“馈”字假音。

⑥当为“茅蒸”。昧，音同“茅”。

⑦当云“以谯禽子”。

【原文】

禽子再拜而叹。子墨子曰：“亦何欲乎[1]？”禽子再拜再拜曰：“敢问守道。”

【注释】

①“亦”当为“尔”字之误。

【原文】

子墨子曰：“姑亡，姑亡。古有丌术者，内不亲民，外不约治，以少间众，以弱轻强，身死国亡，为天下笑。子丌慎之，恐为身姜[1]。”

【注释】

①同“僵”。亡、强、姜为韵。

【原文】

禽子再拜顿首，愿遂问守道，曰：“敢问客众而勇，烟资吾池，军卒并进，云梯既施，攻备已具，武士又多，争上[①]吾城，为之柰何[②]？”

【注释】

①旧作“土”，据《太平御览》改。

②池、施，多、何为韵。

【原文】

子墨子曰：“问云梯之□邪？云梯者重器也，丌动移甚难。守为行城，杂楼相见，以环丌中。以适广陕为度，环中藉幕[①]，毋广丌处[②]。行城之法，高城二十尺，上加堞，广十尺，左右出巨各二十尺，高广如行城之法。为爵穴煇鼠[③]，施荅丌外[④]，机、冲、钱、城，广与队等，杂丌间以镌、剑，持冲十人，执剑五人，皆以有力者。令案目者视適[⑤]，以鼓发之，夹而射之，重而射，披机藉之，城上繁下矢、石、沙、炭以雨之[⑥]，薪火、水汤以济之。审赏行罚，以静为故，从之以急，毋使生虑[⑦]。若此，则云梯之攻败矣。”

【注释】

①旧作“慕”，以意改。

②度、幕、处为韵。

③旧作“偎”，以意改。

④言施蟾盖之。

⑤適，同“敌”。

⑥《太平御览》引“繁”作“多”。

⑦故、虑为韵。

【原文】

“守为行堞，堞高六尺而一等[①]，施剑丌面，以机发之，冲至则去之，不至则施之。爵穴三尺而一，蒺藜[2]投必遂而立，以车推引之。”

【注释】

①等，级。

②据《备城门》当为“疾犁”。

【原文】

“裾城[1]外，去城十尺，裾厚十尺。伐裾[2]，小大尽本[3]断之，以十尺为传[4]，杂而深埋之，坚筑[5]，毋使可拔。二十步一杀，杀有一鬲，鬲厚十尺，杀有两门，门广五尺。裾门一，施浅埋，勿筑，令易拔。城希裾门而直桀[6]。”

【注释】

①“裾城”未详，文与《备蛾傅》同，彼“裾城”作“置薄城外”四字，下“裾”字俱作“薄”。

②《备蛾傅》此下有“之法”二字。

③《备娥傅》作“木”。

④《备蛾傅》作“断”，此传字当为“剸”之讹也。《说文》云：“剸，古文断。”叀，古文专字。

⑤《备蛾傅》作“坚作之”，“杂”作“离”。

⑥《备蛾傅》作“置揭”。

【原文】

“县火，四尺一钩樴，五步一灶，灶[1]有炉炭。令適人尽入，煇[2]火烧门，县火次之。出载而立，丌广终队。两载之间[3]一火，皆立而持鼓而撚[4]，即具发之。適人除火而复攻，县火复下，適人甚病，故引兵而去。则令吾死士[5]左右出穴门击遗师[6]，令贲士、主将皆听城鼓之音而出，又听城鼓之音而入。因数出兵

施伏[7]，夜半城上四面鼓噪[8]，適人必或[9]，有此必破军杀将。以白衣为服，以号相得。若此[10]，则云梯之攻败矣。”

【注释】

①旧脱一“灶”字，据《备蛾傅》增。

②《备蛾傅》作“车”。

③此下旧有“载之门”三字，据《备蛾傅》去之，当是上三字重文之讹。

④《备蛾傅》云“待鼓音而燃”，待、持，燃、撚字相似，然此义较长，不必改从彼。《说文》云：“撚，执也。”

⑤旧脱“士”字，据《备蛾傅》增。

⑥犹言余师。

⑦旧“数”作“素”，“伏”作“休”，据《备蛾傅》改。

⑧《说文》云：“譟，擾也。”此省文。

⑨同“惑”。

⑩旧作“也”，以意改。

备水

【原文】

城内堑外周道，广八步，备水谨度四旁高下。城地中遍下，令耳[1]丌内，及下地，地深穿之令漏泉[2]。置则瓦井中[3]，视外水深丈以上，凿城内水耳[4]。

【注释】

①疑“瓦”字。

②《通典·守拒法》云：“如有泄水之处，即十步为一井，井之内潜通引

泄漏。”即其遗法。

③则，同“侧”。

④疑“瓦”字。

【原文】

并船以为十临[1]，临三十人，人擅弩计四有弓[2]，必善[3]。以船为轒辒，二十船为一队，选材士有力者三十人共船，丌二十人人擅有弓[4]，剑甲鞮[5]瞀[6]，十人擅苗[7]。先养材士为异舍，食丌父母妻子以为质，视水可决，以临轒辒，决外堤，城上为射杈[8]疾佐之[9]。

【注释】

①言方舟以为临高之具。

②旧作“方”，以意改。

③善，同“缮”，言劲也。

④旧作“方”，以意改。

⑤《说文》云：“鞮，革履也。”

⑥“鍪”字假音。《说文》云：“鍑属。”

⑦同“矛”，犹苗山即茅山。

⑧《说文》云：“杈，干也。”言矢干。旧从手，非，今改。

⑨《通典·守拒法》云：“城中速造船一二十只，简募解舟楫者，载以弓、弩、锹、䦆，每船载三十人，自暗门衔枚而出，潜往斫营，决堤堰，觉即急走，城上鼓噪，急出兵助之。”即其遗法。

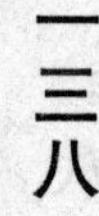

备突

【原文】

城百步[①]一突门，突门各为窯灶，窦入门四五尺，为亓门上瓦屋，毋令水潦能入门中。吏主塞突门，用车两轮，以木束之，塗其上，维置突门内，使度门广狭，令之[②]入门中四五尺。置窯[③]灶，门旁为橐[④]，充灶伏柴艾[⑤]。寇即入，下辅[⑥]而塞之，鼓橐而熏之。

【注释】

①《后汉书注》引有“为”字，一引无。

②《后汉书注》引作“人”。

③《后汉书注》引作“窒”，非。

④旧作“槖”，下同，据《后汉书注》改。又《韩非子》云：“干城拒卫，不若堙穴伏橐。”槖，当为“橐”。

⑤旧“伏”作“状”，以意改，《后汉书注》作“又置艾”。

⑥《后汉书注》引作“轮”。

备穴

【原文】

禽子再拜再拜，曰：“敢问古人有善攻者，穴土而入，缚柱施火，以坏吾城；城坏，或中人……[①]”

【注释】

①卢云：“此上是问，下是答，此处有阙文。”

【原文】

“大铤，前长尺[①]，蚤长五寸。两铤交之置如平，不如平不利，兑丌两末[②]。穴队若冲队，必审如攻队之广狭，而令邪[③]穿丌穴，令丌广必夷客队。”

【注释】

①《考工记》云：“铤十之。”注云：“铤，读如麦秀铤之铤。郑司农云：铤，箭足入橐中者也。”《说文》云：“铤，铜铁朴也。”陆德明《周礼音义》“徒顶反”。

②兑，同“锐”。

③旧作“雅”，据下文改。

【原文】

“疏束树木，令足以为柴抟，毌前面树，长丈七尺一以为外面，以柴抟从横施之，外面以强塗，毋令土漏。令丌广厚，能任三丈五尺之城以上。以柴木土稍杜之[①]，以急为故。前面之长短，豫蚤接之，令能任塗，足以为堞，善塗丌外，令毋可烧拔也。”

【注释】

①此杜甘棠也。《说文》有“敷”字，云：“闭也，读若杜。”此及杜门字皆当为“敷”之假音。

【原文】

“大城丈五为闺门[①]，广四尺。为郭门，郭门在外，为衡，以两木当门，凿丌木维敷上堞。为斩县梁，聆穿，断城以板桥，邪穿外，以板次之，倚杀如城报。城内有傅壤，因以内壤为外。凿丌间，深丈五尺，室以樵，可烧之以待

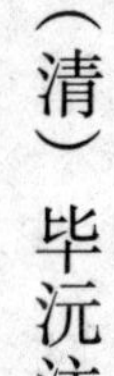

适[2]。令耳属城，为再重楼。下凿城外堞内深丈五，广丈二。楼若令耳，皆令有力者主敌，善射者主发，佐皆广矢。治裾诸，延堞，高六尺，部广四尺，皆为弩简格[3]。”

【注释】

①《说文》云：“闺，持立之户，上圆下方有似圭。”

②同“敌”。

③简，同“阑”。

【原文】

“转射机，机长六尺，貍一尺。两杖合而为之辒，辒长二尺，中凿夫之为道臂，臂长至桓。二十步令一善射之者佐，一人皆勿离。”

“城上百步一楼，楼四植，植皆为通舄，下高丈，上九尺，广、丧各丈六尺，皆为宁[1]。三十步一突，九尺，广十尺，高八尺，凿广三尺，表二尺，为宁。城上为攒火，夫长以城高下为度，置火丌末。城上九尺一弩、一戟、一椎、一斧、一艾，皆积参石、蒺藜。”

【注释】

①“亭”字。

【原文】

“渠长丈六尺，夫长丈，臂长六尺，丌貍者三尺，树渠毌傑[1]堞三丈。藉莫[2]长八尺，广七尺，丌木也广五尺，中藉苴为之桥，索丌端；適攻[3]，令一人下上之，勿离。”

【注释】

①同“贯堞”。

②“幕”同。

③適，同“敌”。

【原文】

“城上二十步一藉车，当队者不用此数。城上三十步一䨀[①]灶。”

【注释】

①唐宋字书无“䨀”字，《备城门》作“聋”，疑皆“垄”字。

【原文】

“传火者必以布麻什、革盆，十步一。柄长八尺，什大容二什以上到三十。敝裕[①]、新布长六尺，中拙柄，长丈，十步一，必以大绳为箭。城上十步一鈂[②]。水甀[③]，容三石以上，大小相杂。盆、蠡各二财。”

【注释】

①《说文》云：“裕，衣物饶也。”言敝衣物。

②旧从穴，传写误也。《说文》云：“鈂，臿属。”《玉篇》云“直深切”。

③《玉篇》云：“甀，同缶。”

【原文】

“为卒干饭，人二斗，以备阴雨，面使积燥处。令使守为城内堞外行餐。置器备，杀[①]沙砾铁，皆为坏斗。令陶者为薄甀，大容一斗以上至二斗，即用取，三秘合束。”

【注释】

①“𣪠”省文。《说文》云：“𣪠，𥻆杀散之也。”

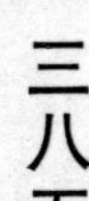

【原文】

“坚为斗城上隔。栈高丈二，剡丌一末。为闺门，闺门两扇，令可以各自闭也。”

“救闉池者[①]，以火与争，鼓橐[②]，冯埴外内，以柴为燔。灵丁，三丈一，火耳施之。十步一人，居柴内弩[③]，弩半，为狗犀者环之。墙七步而一[④]。”

【注释】

①闉，同“堙”。

②旧作“稿”，以意改。

③内，同“纳”。

④下有脱字。

【原文】

“寇至吾城，急非常也，谨备穴。穴疑有应寇，急穴。穴未得，慎毋追[①]。凡杀以穴攻者，二十步一置穴，穴高十尺，凿十尺，凿如前，步下三尺，十步拥穴，左右横行，高[②]高广各十尺杀。”

【注释】

①言已不谨其备，且勿追寇。

②此“高”字及下，疑当为“鬲”。

【原文】

“俚两罂，深平[①]城，置板丌上，蹁[②]板以井听。五步一密。用[③]若松为穴户，户穴有两蒺藜，皆长极丌户，户为环，垒石外墿[④]，高七尺，加堞丌上。勿为陛与石，以县陛上下出入。具炉橐，橐[⑤]以牛皮，炉有两缻，以桥鼓之百十[⑥]，每丌熏四十什，然炭杜之[⑦]。满炉而盖之，毋令气出。适人疾近五百穴，穴高若下，不至吾穴，即以伯凿而求通之。穴中与适人遇，则皆圉而毋逐，且战北，以须炉火之然也，即去而入壅穴杀。有偑傂[⑧]，为之户及关籥独顺，得往来行丌中。穴垒之中各一狗，狗吠即有人也。”

【注释】

①俚，同“埋”。

②未详。

③未详。

④即“厚”字。《说文》云：“垕，古文厚，从后土。”此又俗加。

⑤旧俱作“稾”。

⑥桥，桔皋也。

⑦然，即“燃”正文。

⑧俱“鼠”字之误。

【原文】

“五十人，攻内为传士之口，受六参，约枲绳以牛丌下，可提而与投，已则穴七人守退，垒之中为大庑一，藏穴具丌中。难穴，取城外池唇木月散之什，斩丌穴，深到界。难近穴为铁鈇，金与扶林长四尺，则自足。客即穴[①]，亦穴而应之。”

【注释】

①即，就也。

【原文】

“为铁钩钜长四尺者，财自足，穴[①]彻以钩客穴者。为短矛、短戟、短弩、虻矢，财自足，穴彻以斗。以金剑为难，长五尺，为銎[2]、木杘[3]；杘有虑枚，以左客穴。”

【注释】

①才与穴等也。

②《说文》云：“銎，斤斧穿也。”案经典文，凡以穿为孔者，此字假音。

③《说文》云：“杘，籆木柄也。”《玉篇》“丑利切”。

【原文】

“戒持罂，容[1]三十斤以上，貍[2]穴中，丈一，以听穴者声。”

【注释】

①旧作“客”，以意改。

②旧作“狸”，以意改。

【原文】

“为穴，高八尺，广，善为傅置。具全牛交槀[1]皮及𡉏[2]，卫穴二，盖陈藿[3]及艾，穴彻熏之以。”

【注释】

①疑“茭藁”。

②未详。

③郑君注《公食大夫礼》云：“藿，豆叶也。”《说文》云：“藿，尗之少也。”少言始生之叶。藿省文。

【原文】

“斧金为斫，杘长三尺，卫穴四。为垒，卫穴四十，属四。为斤、斧、锯、凿、钁[①]，财自足。为铁校，卫穴四。”

【注释】

①《说文》云：“钁，大锥也。”《玉篇》云：“居缚切。锄钁。”

【原文】

“为中橹，高十丈半，广四尺。为横穴八橹，盖具稾枲，财自足，以烛穴中。”

【原文】

“盖持醯[①]，客即熏以救目，救目分方鼙穴[②]，以益盛醯置穴中，文盆毋少四斗。即熏，以自临醯上及以洒[③]目[④]。”

【注释】

①未详。

②鼙，即“鼓”。

③《玉篇》云：“洒，大水也。”未详。

④此文多坏体字，已无善本可校。

备蛾傅[①]

【原文】

禽子再拜再拜曰：“敢问適人强弱，遂以傅城，后上先断，以为溘程[②]，斩城为基，掘下为室，前上[③]不止，后射既疾[④]，为之奈何？”

【注释】

①蛾，同“螘”。《说文》云：“螘，蚍蜉也。”“蛾，罗也”，又云：“蛾，蚕化飞虫也。”经典多借为螘者，音相近耳。傅亦“附”字假音。

②城、程为韵。“湉”字未详。

③旧作“止”，以意改。

④室、疾为韵。

【原文】

子墨子曰：“子问蛾傅之守邪？蛾傅者，将之忽者也。守为行临射之，校机藉之，擢之，太汜迫之，烧荅覆之，沙石雨之，然则蛾傅之攻败矣。”

“备蛾傅为县脾[1]，以木板厚二寸，前后三尺，旁广五尺，高五尺，而折为下磨车，转径尺六寸。令一人操二丈四方[2]，刃其两端，居县脾中，以铁璅[3]敷县二脾上衡，为之机，令有力四人下上之，勿难。施县脾，大数二十步一，攻队所在六步一。”

【注释】

①疑“陴”字。

②疑“矛”字。

③《说文》无“锁”字，此璅与琐皆无锁钥之义，古字少，故借音用之。

“为累[1]，荅广从丈各二尺，以木为上衡，以麻索大遍之，染其索涂中，为铁鏁[2]，钩其两端之县。客则蛾傅城，烧荅以覆之，连篗[3]，抄大皆救之。以车两走，轴间广大以圉，犯之。䖶其两端[4]。以束轮，遍遍涂其上。室中，以榆若蒸，以棘为旁，命曰火捽，一曰传汤，以当队。客则乘队，烧传汤，斩维而下之，令勇士随而击之，以为勇士前行，城上辄塞坏城。”

【注释】

①当为坌。

②据上文当为瑮。《玉篇》云："鏁，俗。"

③义未详。

④鼬，未详。《广雅》有䄵字，云"大也"，疑此即"矜"异文。

【原文】

"城下足为下说镵找，长五尺[①]，大圉半以上[②]，皆剡其末，为五行，行间广三尺，貍三尺，大耳树之。为连殳，长五尺，大十尺。梃[③]长二尺，大六寸，索长二尺。椎，柄长六尺，首长尺五寸。斧，柄长六尺，刃必利，皆葬[④]其一后。荅广丈二尺，□□丈六尺，垂前衡四寸，两端接尺相覆，勿令鱼鳞三，著其后行。中央木绳一，长二丈六尺，荅楼不会者以牒塞，数暴干[⑤]，荅为格，令风上下。堞恶疑坏者，先貍木十尺一枚一，节坏，斲植以押虑卢薄于木[⑥]，卢薄[⑦]表八尺，广七寸，经尺一，数施一击而下之，为上下釫[⑧]而斲之。经一钧、禾楼、罗石、县荅，植内毋植外。杜格，貍四尺，高者十尺，木长短相杂，兑其上，而外内厚塗之。为前行行栈、县荅。隅为楼，楼必曲里。土五步一，毋其二十畾[⑨]。爵穴十尺一，下壤三尺，广其外。转牖城上[⑩]，楼及散与池革盆。若转，攻卒击其后，煖失治。车革火。"

【注释】

①找，未详。

②圉，疑"围"。

③旧俱从手，以意改。

④未详。

⑤《说文》云："暴，晞也。"

⑥唐大周长安三年石刻云“爰雕爰邓”，即“斫”字，“虑”字衍文。

⑦《说文》云：“栌，柱上柎也。”“榑，壁柱。”

⑧《说文》云：“芣，两刀臿也。或从金，或从手。”《玉篇》云：“釫同铧。铧，銎也，胡瓜切。”

⑨“絭”字。

⑩腷，即“傅”字。

【原文】

“凡杀蛾傅而攻者之法，置薄城外[1]，去城十尺，薄厚十尺。伐操[2]之法，大小尽木断之，以十尺为断，离而深貍坚筑之，毋使可拔。二十步一杀，有壉[3]，厚十尺[4]。杀有两门，门[5]广五步[6]，薄门板梯貍之，勿[7]筑，令易拔。城上希薄门而置捣，县火，四尺一椅[8]，五步一灶，灶门有炉炭。传令敌人尽入[9]，车火烧门，县火次之，出[10]载而立，其广终队，两载之间一火，皆立而待[11]鼓音而燃，即俱发之。敌人辟火而复攻，县火复下，敌人甚病。敌引哭而去[12]，则令吾死士左右出穴门击遗师，令贲士、主将皆听城鼓之音而出，又听城鼓之音而入。因素出兵将施伏，夜半，而城上四面鼓噪，敌人[13]必或[14]，破军杀将。以白[15]衣为服，以号相得。”

【注释】

①薄，疑即“榑”字，所谓壁柱。

②当为“薄”。

③《方言》云：“𤇾火，虞望也。”郭璞注云：“今云烽火是也。”此从土，俗写耳。《说文》《玉篇》无此字。

④《备梯》云：“杀有一鬲，鬲厚十尺。”

⑤旧脱一“门”字，据《备梯》增。

⑥《备梯》作“尺”。

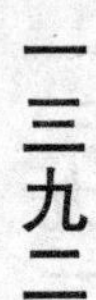

⑦旧脱此字，据《备梯》增。

⑧《备梯》作“钩枳”。

⑨旧作“人”，以意改。

⑩旧脱此字，据《备梯》增。

⑪旧作“侍”，以意改。

⑫旧作“榆”，音之讹，据《备梯》改。《备梯》多有微异。

⑬旧作“之”，据《备梯》改。

⑭与“惑”同。

⑮旧脱此字，据《备梯》增。

第十五卷

迎敌祠

【原文】

敌以东方来，迎之东坛，坛高八尺，堂密八。年八十者八人，主祭青旗。青神长八尺者八。弩八，八发而止。将服必青，其牲以鸡。敌以南方来，迎之南坛，坛高七尺，堂密七。年七十者七人，主祭赤旗。赤神长七尺者七。弩七，七发而止。将服必赤，其牲以狗。敌以西方来，迎之西坛，坛高九尺，堂密九。年九十者九人，主祭白旗。素神长九尺者九。弩九，九发而止。将服必白，其牲以羊。敌以北方来，迎之北坛，坛高六尺，堂密六。年六十者六人，主祭黑旗。黑神长六尺者六。弩六，六发而止。将服必黑，其牲以彘[1]。从外宅诸名大祠，灵巫或祷焉，给祷牲。

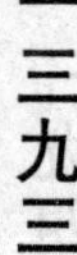

【注释】

①已上与《黄帝兵法》说同，见《北堂书钞》。

【原文】

凡望气，有大将气，有小将气，有往气，有来气，有败气[①]，能得明此者可知成败、吉凶。举巫、医、卜有所长，具药宫之，善为舍。巫必近公社，必敬神之。巫卜以请守，守独智[②]巫卜望之气请而已[③]。其出入为流言，惊骇恐吏民，谨微察之，断，罪不赦。望气舍近守官。牧贤大夫及有方技者若工，弟之。举屠、酤者置厨给事，弟之[④]。

【注释】

①今其法存《通典·兵·风云气候杂占》也。

②“知”同。

③言望气之请，唯告守独知之。

④言次第居之。古次第字只作“弟”。

【原文】

凡守城之法，县师受事，出葆，循沟防，筑荐通涂，修城。百官共财，百工即事，司马视城修卒伍。设守门，三人掌右阖，二人掌左阖，四人掌闭，百甲坐之。城上步一甲、一戟，其赞三人。五步有五长，十步有什长，百步有百长，旁有大率，中有大将，皆有司吏卒长。城上当阶，有司守之；移中中处，泽急而奏之[①]。士皆有职。城之外，矢之所还，坏其墙，无以为客菌。三十里之内，薪、蒸、水皆入内。狗、彘、豚、鸡食其宍[②]，敛其骸以为醢，腹病者以起。城之内，薪、蒸庐室，矢之所还，皆为之涂菌。令命昏纬狗纂马，掔纬。静夜闻鼓声而譟[③]，所以阉客之气也[④]，所以固民之意也，故时譟则民不疾矣。

【原文】

①言居中者择急事奏之。泽，当为“择”。

②“肉”字异文。《广韵》云：“肉，俗作宍。”

③“噪”字异文。

④阉，遏也。

【原文】

祝、史乃告于四望、山川、社稷，先于戎，乃退。公素服，誓于太庙，曰：“其人为不道，不修义详[①]，唯乃是王，曰：予必怀亡尔社稷，灭尔百姓。二参子尚夜自厦[②]，以勤寡人，和心比力，兼左右，各死而守[③]。”既誓，公乃退食，舍于中太庙之右，祝、史舍于社。百官具御，乃斗[④]鼓于门，右[⑤]置旂、左置旌于隅练名。射参发，告胜，五兵咸备，乃下，出挨[⑥]，升望我郊。乃命鼓，俄升，役司马射自门右，蓬矢射之，茅参发，弓弩继之，校自门左，先以挥，木石继之。祝、史、宗人告社，覆之以甑。

【注释】

①“祥”同。

②当为“厉”。

③左右，助也。

④疑“刁斗”字。

⑤“门”旧作“问”，以意改。

⑥当为“俟”。

旗帜[1]

【原文】

守城之法，木为苍旗，火为赤旗，薪樵为黄旗，石为白旗[2]，水为黑旗，食为菌旗，死士为仓英之旗，竟士[3]为雩旗[4]，多卒为双兔之旗，五尺男子为童旗，女子为梯末之旗，弩为狗旗，戟为菆旗[5]，剑盾为羽旗，车为龙旗[6]，骑为鸟旗。凡所求索旗名不在书者，皆以其形名为旗。城上举旗，备具之官致财物，之足而下旗。

【注释】

①《说文》云："旗，熊旗五游，以象罚星，士卒以为期。"《释名》云："熊虎为旗，军将所建，象其猛如虎，与众期其下也。"帜，当为织，《诗》"织文鸟章"，传云："徽织也。"陆德明《音义》音"志"，云"又尺志反"，又作"识"。案《汉书》亦作"志"，而无从巾字。

②《北堂书钞》引作"金为白旗，土为黄旗"。

③犹云强士。

④"虎"字假音。

⑤《北堂书钞》引作"林旗"。

⑥旧作"垄"，据《北堂书钞》改，"车"，彼作"舆"。

【原文】

凡守城之法，石有积，樵薪有积，菅茅有积，雚苇有积，木有积，炭有积，沙有积，松柏有积，蓬艾有积，麻脂有积，金铁有积，粟米有积；井灶有处[1]，重质有居[2]，五兵各有旗，节各有辨，法令各有贞，轻重分数各有请，主慎道路者有经。

【注释】

①《通典·守拒法》云："城上四队之间，各置八旗，若须木橝拯板，举苍旗；须灰炭稃铁，举赤旗；须檑木樵苇，举黄旗；须沙石砖瓦，举白旗；须水汤不洁，举黑旗；须战士锐卒，举熊虎旗；须戈戟弓矢刀剑，举鸷旗；须皮毡麻鍱锹钁斧凿，举双兔。城上举旗，主当之官随色而供。"亦其遗法。

②言居其妻子。

【原文】

亭尉各为帜，竿长二丈五，帛长丈五，广半幅[①]。有[②]大寇傅攻前池外廉，城上当队鼓三，举一帜；到水中周，鼓四，举二帜；到藩，鼓五，举三帜；到冯垣，鼓六，举四帜；到女垣，鼓七，举五帜；到大[③]城，鼓八，举六帜；乘大城半以上，鼓无休。夜以火，如此数。寇却解，辄部帜如进数[④]，而无鼓。

【注释】

①《太平御览》引云："凡帜帛长五丈，广半幅。"

②旧作"者"，据《礼说》改。

③旧作"六"，以意改，下同。

④言数如此行之，寇去始解，辄部署帜如前也。

【原文】

城为隆长五十尺，四面四门将长四十尺，其次三十尺，其次二十五尺，其次二十尺，其次十五尺，高无下四十五尺。

城上吏卒置之背，卒于头上，城下吏卒置之肩[①]。左军[②]于左肩，中军置之胸[③]。各一鼓，中军一三。每鼓三、十击之，诸有鼓之吏，谨以次应之，当应鼓而不应，不当应而不应鼓，主者斩[4]。

【注释】

①旧作“眉”，据《礼说》改，下同。

②旧作“在他”，据《礼说》改。

③此俗字，当为“匈”，或“胷”。

④言罪其鼓主。

【原文】

道广三十步，于城下夹阶者，各二，其井置铁㼚。于道之外[1]为屏，三十步而为之圜，高丈。为民图，垣高十二尺以上。巷术周道者，必[2]为之门，门二人守之，非有信符勿行，不从令者斩。

【注释】

①《说文》云：“㼚，弓曲也。”

②旧作“心”，以意改。

【原文】

城中吏卒民男女，皆葕异衣章，微令男女可知。

诸守牲格者，三出却[1]适，守以令召赐食，前矛[2]大旗，署百户邑若他人财物，建旗其署，令皆明白知之，曰某子旗。牲格内广二十五步，外广十步，表以地形为度。

【注释】

①《玉篇》云：“卻字之俗。”

②旧作“予”，以意改。

【原文】

靳卒，中教解前后左右，卒劳者更修之。

号令

【原文】

安国之道，道任地始，地得其任其功成，地不得其任则劳而无功。人亦如此，备不先具者，无以安主；吏卒民多心不一者，皆在其将长；诸行赏罚及有治者，必出于公[①]。王数使人行劳赐守边城关塞、备蛮夷之劳苦者，举其守率之财用有余、不足，地形之当守边者，其器备常多者。边县邑，视其树木恶则少用，田不辟[②]少食，无大屋草盖少用桑[③]。多财，民好食。为内牒[④]，内行栈，置器备其上，城上吏、卒、养皆为舍道内，各当其隔部。养什二人，为符者，曰养吏一人，辨护诸门[⑤]。门者及有守禁者皆无令无事者得稽稽留心其旁[⑥]，不从令者戮。敌人但至，千丈之城[⑦]，必郭近之[⑧]，主人利；不尽千丈者勿迎也，视敌之居曲[⑨]、众少而应之。此守城之大体也。其不在此中者，皆心术与人事参之。凡守城者，以函伤敌为上[⑩]。其延日持久以待救之至，明于守者也，不能此[⑪]，乃能守城。

【注释】

①旧作“功”，一本如此。

②“闢”假音字。

③言无大屋之处，当留桑以为荫。一本作“乘”，非。

④《说文》云：“牒，札也。”

⑤辨，即今“办”字正文。

⑥心，当为“必”。或衍一“稽”字。

⑦千，当为“十”。

⑧当为“迎之”。

⑨言所居曲隘。

⑩言扞御伤敌。

⑪句。

【原文】

守城之法，敌去邑百里以上，城将如今[①]，尽召五官及百长，以富人重室之亲舍之官符，谨令信人守卫之，谨密为故，乃传[②]。城守将营无下三百人，四面四门之将，必选择之有功劳之臣及死事之后重者，从卒各百人。门将并守他门，他门[③]之上必夹为高楼，使善射者居焉。女郭、冯垣一人，一人守之，使重字子[④]。五十步一击。因城中里为八部，部一吏，吏各从四人，以行冲术[⑤]及里中。里中父老小不举守之事及会计者，分里以为四部，部一长，以苛往来，不以时行、行而有他异者，以得其奸。吏从卒四人以上有分者，大将必与为信符；大将使人行，守操信符，信不合及号不相应者，伯长以上辄止之，以闻大将[⑥]。当止不止及从吏卒纵之，皆斩。诸有罪自死罪上，皆还父母、妻子、同产。诸男女有守于城上者，什，六弩、四兵。丁女子、老少，人一矛。

双龙形佩（战国）

【注释】

①当为“令”。

②言守符谨密，必有故，乃传用也。

③旧脱此字，以意增。

④言重家之字子，谓富家。

⑤冲，当为“衝”，《说文》云：“通道也。”《春秋传》曰：“及衝以击之。”

⑥告大将。

【原文】

卒有惊事，中军疾击鼓者三，城上道路、里中巷街皆无得行，行者斩。女子到大军，令行者男子行左，女子行右，无并行，皆就其守，不从令者斩。离守者三日而一徇[①]，而所以备奸也。里缶与皆守[②]宿里门，吏行其部，至里门，缶与开门内吏，与行父老之守及穷巷间无人之处。奸民之所谋为外心，罪车裂[③]。缶面与父老及吏主部者，不得，皆斩；得之[④]，除，又赏之黄金，人二镒。大将使使人行守，长夜五循行，短夜三循行。四面之吏亦皆自行其守，如大将之行，不从令者斩。

【注释】

①当为“徇”，《众经音义》云：“《三仓》云：徇，遍也。”

②当为“与守皆”。

③《说文》云：“斩，戳也。从车从斤。斩法，车裂也。”

④旧脱“得”字，据下文增。

【原文】

诸灶必为屏[①]，火突高[②]。出屋四尺。慎无敢失火[③]，失火者斩。其端失火[④]以为事者，车裂。伍人不得，斩[⑤]；得之，除。救火者无敢讙哗[⑥]，及离守绝巷救火者斩[⑦]。其缶及父老有守此巷中部吏，皆得救之。部吏[⑧]函令人谒之大将，大将使信人将左右救之；部吏失不言者斩。诸女子有死罪及坐失火，皆无有所失逮。其以火为乱事者，如法。围城之重禁。

【注释】

①旧“必”作“火”，“屏”作“井”，据《艺文类聚》改。

②“火”，《艺文类聚》引作“心”。“突”或“㸌”字，《说文》云：“㸌，灶㸌。㸌从穴从火，从求省。”《玉篇》有“堗”字，徒忽切，云“灶堗”，《鲁仲连子》“灶而五堗”也。未详㸌、突谁是。案：㸌、囱音相近，今人犹呼火窗为烟囱，疑㸌义为强。

③今江浙人家有高墙出屋如屏，云以障火，是其遗制。

④言因事端以害人，若今律故犯。

⑤言同伍不举，罪之。

⑥《说文》云：“讙、哗转注。”

⑦绝，言乱。

⑧二字旧倒，据下移。

【原文】

敌人卒而至，严令吏民，无敢讙嚣、三最、并行、相视、坐泣流涕，若视、举手相探、相指、相呼、相麾[①]、相踵、相投、相击、相靡以身及衣，讼驳言语[②]及非令也而视敌动移者，斩。伍人不得，斩；得之，除。伍人逾城归敌，伍人不得，斩；与伯归敌，队吏斩；与吏归敌，队将斩。归敌者，父母、妻子、同产皆车裂。先觉之，除。

【注释】

①旧作“历”，以意改。

②《说文》云：“咬，兽如马。”“驳，马色不纯”，据此义，当为“驳”。

【原文】

当术[①]需敌离地[②]，斩。伍人不得，斩；得之，除。其疾斗却敌于术，敌下终不能复上，疾斗者，队二人赐上奉[3]。而胜围，城周里以上，封城将三十里地，为关内侯[4]；辅将如令赐上卿；丞及吏比于丞者，赐爵五大夫；官吏、豪杰与计坚守者[5]，十人及城上吏比五官者，皆赐公乘。男子有守者，爵人二级；女子，赐钱五千；男女老小先分守者，人赐钱千。复之三岁，无有所与，不租税。此所以劝吏民坚守胜围也。

【注释】

①《说文》云："术，邑中道也。"

②言离其所。

③《玉篇》云："俸，房用切，俸禄也。"此作"奉"，古字。

④《韩非子·显学》云："关内之侯，虽非吾行，吾必使执禽而朝。"《史记·春申君列传》黄歇上书云"韩必为关内之侯"，又云"魏亦关内侯"，则战国时有关内侯也。

⑤二字旧倒，以意改。

【原文】

吏卒侍大门中者，曹无过二人[1]。勇敢为前行，伍坐，令各知其左右前后。擅离署，戮。门尉昼三阅之，莫[2]，鼓击门闭一阅，守时令人参之，上逋者名。铺食[3]皆于署，不得外食。守必谨微察视谒者、执盾、中涓及妇人侍前者志意、颜色、使令、言语之请；及上饮食，必令人尝，皆非请也，击而请故。守有所不说谒者、执盾、中涓及妇人侍前者，守曰断之。冲之，若缚之不如令，及后缚者，皆断。必时素诫之。诸门下朝夕立若坐，各令以年少长相次，旦夕就位，先佑有功有能[4]，其余皆以次立。五日官各上喜戏、居处不庄、好侵侮人者一。

【注释】

①《说文》云："曹，狱之两曹也。在廷东，从棘；治事者，从曰。"案：

即两造，造、曹音近。而《蜀志》林琼曰："古者名夏职不言曹，始自汉以来，名夏尽言曹，吏言属曹，卒言侍曹。"非也。

②《说文》云："莫，日且冥也。"

③此铺食字义当作餔，《说文》云："餔，日加申时食也。"

④"佑"旧作"估"，非。此"右"字，俗加人。

【原文】

诸人士外使者来，必令[1]有以执将[2]。出而还若行县，必使信人先戒舍室，乃出迎，门守乃入舍。为人下者，常司上之[3]，随而行，松上不随下，必须□□随。客卒守主人，及以为守卫，主人亦守客卒。城中戍卒，其邑或以下寇，谨备之，数录其署，同邑者勿令共所守。与阶门吏为符，符合，入劳；符不合，牧守言。若城上者，衣服，他不如令者。

【注释】

①旧作"合"，以意改。

②依义当为"牂"。

③司，即"伺"字。

【原文】

宿鼓在守大门中，莫，令骑若使者操节闭城者，皆以执毚。昏鼓鼓十，诸门亭皆闭之。行者断，必击问行故，乃行其罪。晨见掌文，鼓纵行者，诸城门吏各入请籥，开门已，辄复上籥。有符节不用此令。寇至，楼鼓五，有周鼓，杂小鼓乃应之。小鼓五后从军，断。命必足畏，赏必足利，令必行，令出辄人随，省其可行、不行。号[1]，夕有号[2]，失号，断[3]。为守备，程而署之曰某程，置署街，街衢阶若门，令往来者皆视而放。诸吏、卒、民有谋杀伤其将长者，与谋反同罪；有能捕告，赐黄金二十斤，谨罪。非其分职而擅之取，若非其所当治而擅治为之，断。诸吏、卒、民非其部界而擅入他部界，辄收[4]，以属都司空若候，候以闻守；不收而擅纵之，断。能捕得谋反、卖城、逾城敌者一人[5]，以令为除死罪二人，城旦四人。反城事父母去者，去者之父母妻子。

【注释】

①句。

②句。

③句。

④旧作“牧”，以意改。

⑤当作“归敌”，脱“归”字。

【原文】

悉举民室材木凡若藺石数，署长短小大，当举不举，吏有罪。诸卒、民居城上者，各葆其左右，左右有罪而不智也[1]，其次伍有罪。若能身捕罪人，若告之吏，皆构之。若非伍而先知他伍之罪，皆倍其构赏。

【注释】

①智，同“知”。

【原文】

城外令任，城内守任。令、丞、尉亡得入当，满十人以上，令、丞、尉夺爵各二级；百人以上，令、丞、尉免以卒戍。诸取当者，必取寇虏，乃听之。

募民欲财物粟米以贸易凡器者，卒以贾予。邑人知识、昆弟有罪，虽不在县中而欲为赎，若以粟米、钱金、布帛、他财物免出者，令许之。传言者十步一人，稽留言及乏传者，断。诸可以便事者，函以疏传言守。吏、卒、民欲言事者，函为传言请之吏，稽留不言诸者，断[1]。县各上其县中豪杰若谋士、居大

夫[2]、重厚口数多少[3]。

【注释】

①诸，当为“请”。

②其大夫之家居者。

③重厚，言富厚。

【原文】

官府城下吏、卒、民家，前后左右相传保火。火发自燔[1]，燔曼延[2]，燔人[3]，断[4]。诸以众强凌弱少及强奸人妇女[5]以讙哗者，皆断。

【注释】

①句。

②句。

③句。

④句。

⑤《玉篇》云：“奸，同姦，俗。”

【原文】

诸城门若亭，谨候视往来行者符，符传疑，若无符，皆诣县延言，请问其所使。其有符传者，善舍官府；其有知识、兄弟欲见之，为召，勿令里巷中。三老、守闾令厉缮夫为答。若他以事者微者，不得入里中。三老不得入家人。传令里中有以羽，羽在三所差，家人各令其官中。失令，若稽留令者，断。家有守者治食。吏、卒、民无符节而擅入里巷官府，吏、三老、守闾者失苛止[1]，皆断。

【注释】

①言不诃止之。旧作“心”，以意改。

【原文】

诸盗守器械、财物及相盗者，直一钱以上，皆断。吏、卒、民各自大书于傑，著之其署同，守案其署，擅入者，断。城上日壹发席蓐，令相错发，有匿不言人所挟藏在禁中者，断。

吏、卒、民死者，辄召其人，与次司空葬之，勿令得坐泣。伤甚者令归治，病家善养，予医给药，赐酒日二升、肉二斤，令吏数行间，视病有瘳[①]，辄造事上。诈为自贼伤以辟事者[②]，族之。事已。守使吏身行死伤，临户而悲哀之。

【注释】

①《说文》云：“瘳，疾愈也。”

②辟，同“避”。言诈为废疾以避事。

【原文】

寇去事已，塞祷[①]。守以令益[②]邑中豪杰力斗诸有功者，必身行死伤者家以吊哀之，身见死事之后。城围罢，主函发使者往劳，举有功及死伤者数使爵禄，守身尊宠，明白贵之，令其怨结于敌。

【注释】

①塞，即“赛”正文。

②此字疑衍。

【原文】

城上卒若吏各保其左右，若欲以城为外谋者，父母、妻子、同产皆断。左右知不捕告，皆与同罪。城下里[①]中家人皆相葆，若城上之数。有能捕告之者，封之以千家之邑；若非其左右及他伍捕告者，封之二千家之邑。

【注释】

①旧作“理”，以意改。

【原文】

城禁：使、卒、民不欲寇微职和旌者断。不从令者，断。非擅出令者，断。失令者，断。倚戟县不城，上下不与众等者，断。无应而妄讙呼者，断。总失者，断。誉客内毁者，断[①]。离署而聚语者，断。闻城鼓声而伍后上署者，断。人自大书版，著之其署隔[②]，守必自谋其先后，非其署而妄入之者，断。离署左右，共入他署，左右不捕，挟私书，行请谒及为行书者，释守事而治私家事，卒民相盗家室、婴儿，皆断无赦。人举而藉之。无符节而横行军中者，断。客在城下，因数易其署而无易其养，誉敌，少以为众，乱以为治，敌攻拙以为巧者，断。客、主人无得相与言及相藉，客射以书，无得誉，外示内以善，无得应，不从令者，皆断。禁无得举矢书，若以书射寇，犯令者父母、妻子皆断，身枭城上[③]。有能捕告之者，赏之黄金二十斤。非时而行者，唯守及掺太守之节而使者[④]。

【注释】

①言称敌而自毁，以其惑众。

②旧作“鬲阝”，以意改。

③《说文》云：“県，到首也。贾侍中说，此断首到县。”県字今多用枭者，《说文》云：“枭从鸟头在木上。”义亦通。

④《史记·赵世家》云：“孝成王令赵胜告冯亭曰：敝国君使致命，以万户都三封太守，千户都三封县令。”《正义》云：“尔时未合言太守，至汉景帝

始加太守。此言太，衍字。”沅案：此书亦云太守，则先秦时已有此官，张守节言衍字，非也。掺，即“操”异文。《广雅》云：“掺，操也。”以为二字，非。言行不以时，唯守者及操节人可，余皆禁之。

【原文】

守人临城，必谨问父老、吏大夫，请有怨仇雠不相解者，召其人，明白为之解之。守必自异其人而藉之，孤[①]之。有以私怨害城若吏事者，父母、妻子皆断。其以城为外谋者，三族[②]。有能得若捕告者，以其所守邑小大封之，守还授其印，尊宠官之，令吏大夫及卒民皆明知之。豪杰之外多交诸侯者，常请之，令上通知之，善属之，所居之吏上数选具之，令无得擅出入，连质之。术乡长者、父老、豪杰之亲戚父母、妻子，必尊宠之，若贫人食不能自给食者，上食之。及勇士父母亲戚妻子，皆时酒肉，必敬之，舍之必近太守。守楼临质宫而善周[③]，必密涂楼，令下无见上，上见下，下无知上有人无人。

【注释】

①旧作“狐”，以意改。

②《史记》云：“秦文公二十年，法初有三族之罪。”然《家语》云：“宰予与田常之乱，夷三族。”《楚世家》云：“销人曰：新王法，有敢饷王从王者，罪及三族。”《酷吏列传》云：“光禄徐自为曰：古有三族。”则知三族是古军法，非始于秦。

③质宫，言质人妻子之处。守楼临之，所以见远，必周防之也。古者贵贱皆谓之宫。

【原文】

守之所亲，举吏贞廉、忠信、无害、可任事者，其饮食酒肉勿禁，钱金、布帛、财物各自守之，慎勿相盗。葆宫之墙必三重，墙之垣，守者皆累瓦釜墙

上。门有吏，主者门里，筦闭，必须太守之节。葆卫必取戍卒有重厚者。请择吏之忠信者，无害可任事者。令将卫自筑十尺之垣，周还墙。门、闺者，非令卫司马门。

望气者舍必近太守，巫舍必近公社，必敬神之。巫祝吏与望气者必以善言告民，以请报守上，守独知其请而已[①]。无与望气妄为不善言惊恐民，断勿赦。

【注释】

①言望气纵有不善，而必以善告民，但私以实告守耳。

【原文】

度食不足，食民各自占家五种石升数，为期，其在蕙害，吏与杂訾；期尽匿不占，占悉，令吏卒款得，皆断。有能捕告，赐什三。牧粟米、布、钱金，出内畜产，皆为平直其贾，与主人券书之。事已，皆各以其贾倍偿之[①]。又用其贾贵贱、多少赐爵，欲为吏者许之，其不欲为吏，而欲以受赐赏爵禄，若赎士亲戚、所知罪人者，以令许之。其受构赏者令葆官见，以与其亲。欲以复佐上者，皆倍其爵赏。某县某里某子家食口二人，积粟六百石；某里某子家食口十人，积粟百石。出粟米有期日，过期不出者王公有之，有能得若告之，赏之什三。慎无令民知吾粟米多少。

【注释】

①古偿只作“赏”，此俗写。

【原文】

守入城，先以候为始，得辄宫养之，勿令知吾守卫之备。候者为异宫，父母、妻子皆同其宫，赐衣食酒肉，信吏善待之。候来若复，就间，守宫三难，外环隅为之楼，内环为楼，楼入葆宫丈五尺为复道，葆不得有室。三日一发席蓐，略视之，布茅宫中，厚三尺以上。发候，必使乡邑忠信、善重士，有亲戚、妻子，厚奉资之。必重发候，为养其亲，若妻子，为异舍，无与员同所，给食之酒肉。遣他候，奉资之如前候；反，相参审信，厚赐之。候三发三信，重赐之。不欲受赐而欲为吏者，许之二百石之吏，守佩授之印[1]。其不欲为吏而欲受构赏禄，皆如前。有能入深至主国者，问之审信，赏之倍他候。其不欲受赏而欲为利者，许之三石之侯。扞士受赏赐者，守必身自致之其亲之其亲之所，见其见守之任。其欲复以佐上者，其构赏、爵禄、罪人倍之。

【注释】

①“佩”字俗写从王。

【原文】

士候无过十里，居高便所树表，表三人守之；北至城者三表，与城上烽燧相望[1]，昼则举烽，夜则举火。闻寇所从来，审知寇形必攻，论小城不自守通者，尽葆其老弱、粟米、畜产。遣卒候者无过五十人，客至堞去之。慎无厌建。候者曹无过三百人，日暮出之[2]，为微职[3]。空队、要塞之人所往来者，令可□迹者，无下里三人，平而迹。各立其表，城上应之。候出越陈表，遮坐郭门之外内，立其表，令卒之少居门内，令其少多无知可也。即[4]有惊，见寇越[5]陈表，城上以麾指之[6]，迹坐击缶期，以战备[7]从麾所指。望，举一垂；入竟，举二垂；狎郭[8]，举三垂；入[9]，举四垂；狎城，举五垂。夜以火，皆如此。去郭百步，墙垣、树木小大尽伐除之。外空井尽窒之，无可得汲也。外空窒尽发之，木尽伐之。诸可以攻城者尽内城中，令其人各有以记之。事以，各其记取之。事为之券[10]，书其枚数。当遂枚木不能尽[11]内，既烧之，无令客得而用之。

【注释】

①《说文》云：“熢、燧，表候也。边有警，则举火。”“𨽌，塞上亭，守熢

火者。𤎫，篆文省。”《汉书注》云：“孟康曰：𤒑，如覆米䉛。县著契皋头，有寇则举之。燧，积薪，有寇即燔然之也。”此二字省文。

②据上文暮当为“莫”。

③即徽织。微，当为徽，《说文》云：“徽，识也，以绛帛箸于背，从巾，微省声。《春秋传》曰：扬徽者公徒。”《东京赋》云：“戎士介而扬挥。”薛综注云：“挥为肩上绛帜，如燕尾。”亦即徽也。《说文》又无帜字，当借织为之。

④旧作“节”，以意改。

⑤《说文》云：“越，度也。”言逾越而来。

⑥麾，即“摩”字异文；摩，即“攠”字省文。《说文》云：“攠，旌旗，所以指攠也。从手靡声。”《玉篇》云：“攠，呼为切。”

⑦《杂守篇》云：“斥步鼓整旗，旗以备战。”此作“坐击正期”，即击鼓正期也。

⑧狎，近。

⑨疑脱一字。

⑩各，当为“名”。

⑪遂，同“术”。

【原文】

人自大书版，著之其署忠。有司出其所治，则从淫之法，其罪射[1]。务色谩𠙷，淫嚣不静，当路尼众[2]，舍事[3]后就路[4]，逾时不宁，其罪射。讙嚣𧇊众[5]，其罪杀。非上不谏，次主凶言，其罪杀。无敢有乐器、獘骐军中[6]，有则其罪射。非有司之令，无敢有车驰、人趋，有则其罪射。无敢散牛马军中，有则其罪射。饮食不时，其罪射。无敢歌哭于军中，有则其罪射。令各执罚尽杀，有司见有罪而不诛，同罚；若或逃之，亦杀。凡将率斗其众失法，杀。凡有司不使去卒、吏民闻誓令，伐之服罪。凡戮人于市，死上目行。

【注释】

①谓贯耳。

②尼，止。

③言舍其事。

④言缓。

⑤駴，“骇”字异文。《周礼》云：“鼓皆駴。”陆德明《音义》云：“本亦作骇，胡楷反。李一音亥。”又《大仆》“戒鼓”，郑君注云：“故书戒为骇。”则駴本“戒”之俗加也。

⑥句。

【原文】

谒者侍令门外，为二曹，夹门坐，铺食更，无空。门下谒者一长，守数令入中，视其亡者，以督门尉与其官长，及亡者入中报。四人夹令门内坐，二人夹散门外坐。客见，持兵立前，铺食更，上侍者民。守室下高楼，候者望见乘车若骑卒道外来者，及城中非常者，辄言之守。守以顺城上候城门及邑吏来告其事者以验之。楼下人受候者言，以报守[①]。中涓二人夹散门内坐，门常闭，铺食更，中涓一长者。环守宫之术衢，置屯道，各垣其两旁，高丈，为埤院[②]，立初鸡足置，夹挟视葆食。而札书得，必谨案视参食者，节不法，正请之。屯陈垣外，术衢街皆楼，高临里中，楼一鼓聋灶。即有物故，鼓，吏至而正。夜以火指鼓所。城下五十步一厕，厕与上同圂。请有罪过而可无断者，令杼厕利之[③]。

【注释】

①言传其言。

②院，当为“倪”。

③似言罚之守厕。

杂守

【原文】

禽子问曰："客众而勇，轻意见威，以骇主人。薪土俱上，以为羊坽，积土为高，以临民[①]，蒙橹俱前，遂属之城[②]，兵弩俱上，为之奈何？"

【注释】

①句。脱一字。

②民、城为韵。

【原文】

子墨子曰："子问羊坽守邪？羊坽者，攻之拙者也，足以劳卒，不足以害城。羊坽之政，远攻则远害，近城则近害，不至城[①]。矢石无休，左右趣射，蘭为柱后[②]，望以固[③]。厉吾锐卒，慎无使顾，守者重下，攻者轻去[④]。养勇高奋，民心百倍，多执数少，卒[⑤]乃不殆[⑥]。"

【注释】

①句。脱一字。

②休、后为韵。

③句。脱一字。

④旧作"云"，以意改。固、顾、去为韵。

⑤旧脱此字，据下文增。

⑥倍、殆为韵。

【原文】

“作士不休，不能禁御，遂属之城，以御云梯之法应之。凡待煙[1]、冲、云梯、临之法，必应城以御之，曰不足，则以木椁之。左百步，右百步，繁下矢、石、沙、炭以雨之，薪火、水汤以济之。选厉锐卒，慎无使顾，赏审行罚，以静为故，从之以急，无使生[2]虑，恚瘉高愤[3]，民心百倍，多执数赏，卒乃不[4]怠[5]。冲、临、梯皆以冲冲之。”

【注释】

①同“堙”。

②旧作“主”，以意改。

③《说文》云：“恚，恨也。”“恿，古文勇，从心”，则字当为“恿”。

④旧二字倒，以意改。

⑤顾、故、虑、倍、怠为韵。

【原文】

“渠长丈五尺，其埋[1]者三尺，矢长丈二尺。渠广丈六尺，其弟丈二尺，渠之垂者四尺。树渠无傅葉五寸[2]，梯渠十丈一梯，渠荅大数，里二百五十八，渠荅百二十九。”

【注释】

①旧作“理”，以意改。

②葉，即“堞”字。

【原文】

“诸外道可要塞以难寇，其甚害者为筑三亭，三亭隅，织女之[1]，令能相救。诸距[2]阜、山林、沟渎、丘陵、阡陌[3]、郭门、若阎术，可要塞及为微职[4]，可以迹知往来者少多及所伏藏之处。”

【注释】

①当云“织如之”。织，古帜字。

②旧作“讵”，以意改。

③古只为“仟伯”。

④同“织”。

【原文】

“葆民，先举城中官府、民宅、室署，大小调处，葆者或欲从兄弟、知者许之。外宅粟米、畜产、财物诸可以佐城者，送入城中，事即急，则使积门内。候无过五十，寇至，随弃[1]去，唯弇逮。民献粟米、布帛、金钱、牛马、畜产，皆为置平贾，与主券书之。”

【注释】

①旧作“棄”，以意改。

【原文】

“使人各得其所长，天下事当[1]；钧其分职，天下事得[2]；皆其所喜，天下事备[3]；强弱有数，天下事具矣[4]。”

【注释】

①长、当为韵。

②职、得为韵。

③喜、备为韵。

④数、具为韵。

【原文】

“筑邮亭者圜之，高三丈以上，令侍杀。为辟梯[①]，梯两臂长三尺，连门三尺，报以绳连之。堑再杂为县梁。聋灶，亭一鼓。寇烽、惊烽、乱烽，传火以次应之，至主国止[②]，其事急者引而上下之。烽火以举，辄五鼓传，又以火[③]属之，言寇所从来者少多，旦弇还，去来属次烽勿罢。望见寇，举一烽；入境[④]，举二烽；射妻[⑤]，举三烽蓝；郭会[⑥]，举四烽二蓝；城会，举五烽五蓝。夜以火，如此数[⑦]。守烽者事急。”

【注释】

①辟，即“臂”字。

②旧作“正”，以意改。

③旧作“又”，以意改。

④《号令篇》作“竟”，是。

⑤当是“女垣”讹字。

⑥蓝、闉声相近，青闉郭也，谓近之。

⑦句。

【原文】

“日暮出之，令皆为微职。距阜、山林，皆令可以迹，平明而迹。无迹，各立其表，下城之应。候出置田表，斥坐郭内外立旗帜，卒半在内，令多少无可知。即有惊，举孔表；见寇，举牧表。城上以麾指之，斥步鼓整旗，旗以备战从麾所止。田者男子以战备从斥，女子函走入。即见放，到传到城正。守表者三人，更立捶表而望。守数令骑若吏行旁视，有以知为所为。其曹一鼓，望见寇，鼓传到城止。”

"升食[1]，终岁三十六石；参食，终岁二十四石；食，终岁十八石；五食，终岁十四石[2]升；六食，终岁十二石。升食食五升，参食食参升，四食食二升半，五食食二升，六食食一升大半，日再食。救死之时，日二升者二十日，日三升者三十日，日四升者四十日，如是，而民免于九十日之约矣。"

【注释】

①疑"斗食"

②卢云："疑十四石五升，否或升字衍。"

【原文】

"寇近，函收诸杂乡金器，若铜铁及他可以左守事者。先举县官室居、官府不急者，材之大小长短及凡数，即急先发。寇薄，发屋，伐木，虽有请谒，勿听。入柴，勿积鱼鳞簪[1]，当队，令易取也。材木不能尽入者，燔之，无令寇得用之。积木，各以长短大小恶美形相从，城四面外各积其内。诸木大者皆以为关鼻[2]，乃积聚之。"

【注释】

①疑"槮"字假音，读若高诱注《淮南子》"积柴之罧"。

②言为之纽，令事急可曳。

【原文】

"城守司马以上，父母、昆弟、妻子，有质在主所，乃可以坚守。署都司空，大城四人；候二人，县候面一；亭尉、次司空，亭一人。吏侍守所者财足，廉信[1]，父母、昆弟、妻子有在葆宫中者，乃得为侍吏。诸吏必有质，乃得任事。守大门者二人，夹门而立，令行者趣其外。各四戟，夹门立，而其人坐其下。吏日五阅之，上逋者名。"

【注释】

①言厚禄足以养其廉信。

【原文】

“池水廉有要有害，必为疑人，令往来行夜者射之，谋其疏者。墙外水中为竹箭[①]，箭尺广二步，箭于下水五寸，杂长短，前外廉三行，外外乡，内亦内乡。三十步一弩庐，庐广十尺，袤丈二尺。”

【注释】

①旧作“箭”，今改，下同。

【原文】

“队有急，极发其近者往佐，其次袭其处。”

“守节出入，使主节必疏书，署其情，令若其事，而须其还报以剑验之。节出，使所出门者，辄言节出时掺者名[①]。”

【注释】

①言操节人即出，门者当记其名。

【原文】

“百步一队。閤通守舍，相错穿室。治复道，为筑墉，墉善其上。”

“先行德计谋合，乃入葆。葆入守，无行城，无离舍。诸守者，审知卑城浅池，而错守焉。晨暮卒歌以为度，用人少易守。”

“取疏[①]，令民家有三年畜蔬食，以备湛旱岁[②]不为。常令边县豫种畜芫、芸、乌喙、袾叶，外宅沟井可寘塞[③]，不可置此其中[④]。安则示以危，危示

以安。”

【注释】

①此正字，下作“蔬”，俗。

②言湛溺大水与旱。

③寘，同“填”。

④言此数物有毒，可置外宅，不可置中。

【原文】

“寇至，诸门户令皆凿而类窍之，各为二类，一凿而属绳，绳长四尺，大如指。寇至，先杀牛、羊、鸡、狗、乌、雁[①]，收其皮革、筋、角、脂、葥、羽，彘皆剥之。吏橝桐自[②]，为铁錍，厚简为衡柸。事急，卒不可远，令掘外宅林。谋多少，若治城□为击，三隅之。重五斤已上诸林木，渥水中，无过一茷[③]。涂茅屋若积薪者，厚五寸已上。吏各举其步界中财物可以左守备者上。

【注释】

①《说文》云：“雁，鹅也。”此与鸿雁异。《吕氏春秋》云：“庄子舍故人之家，故人令竖子为杀雁飨之。”亦见《庄子》。《新序·刺奢》云：“邹穆公有令，食凫雁必以秕，无得以粟。”皆即鹅也。今江东人呼鹅犹曰雁鹅。

②未详。

③《说文》云：“橃，海中大船。（臣铉等曰：今俗别作筏。）”案：唐《隆阐禅师碑》又作“栰”，此作“茷”，皆“橃”假音字。

【原文】

“有谗人，有利人，有恶人，有善人，有长人；有谋士，有勇士，有巧士，有使士；有内人者，外人者；有善人者，有善门人者。守必察其所以然者，应名乃内之。民相恶，若议吏，吏所解，皆礼书藏之，以须告之至以参验之。睨者小五尺，不可卒者，为署吏，令给事官府若舍。蔺石、厉矢，诸材[1]器用，皆谨部，各有积分数。为解车以枱，城矣以轺车[2]，轮轱[3]广十尺，辕长丈，为三辐，广六尺，为板箱长与辕等，四高尺，善盖上治，令可载矢。”

曾仲游父壶（战国）

【注释】

①旧作“林”，以意改。

②《汉书注》服虔云：“轺音瑶，立乘小车也。”

③此“毂”字异文无疑。《广雅》云：“轱，车也。”曹宪音枯，又音姑。

【原文】

子墨子曰：“凡不守者有五：城大人少，一不守也[1]；城小人众，二不守也；人众食寡，三不守也；市去城远，四不守也；畜积在外，富人在虚，五不守也。率万家而城方三里[2]。”

【注释】

①旧作“者”，以意改。

②言大率万家而城方三里，则可守。

佚文

【原文】

乐者，圣王之所非也，而儒者为之，过也[①]。

【注释】

①见《荀子》，当是《非乐篇》文。

【原文】

孔子[①]见景公。曰："先生素不见晏子乎？"对曰："晏子事三君而得顺焉，是有三心，所以不见也。"公告晏子，晏子曰："三君皆欲其国安，是以婴得顺也。闻君子独立不惭于影，今孔子伐树削迹，不自以为辱，身穷陈、蔡，不自以为约。始吾望儒贵之，今则疑之。"景公祭路寝，闻哭声，问梁邱据。对曰："鲁孔子之徒也。其母死，服丧三年，哭泣甚哀。"公曰："岂不可哉？"晏子曰："古者圣人非不能也，而不为者，知其无补于死者，而深害生事故也[②]。"

【注释】

①"子"字皆鲋所更，《墨》本用孔子讳。

②见《孔丛·诘墨篇》，疑《非儒上第三十八篇》文。

【原文】

堂高三尺[①]，土阶三等，茅茨不翦，采椽不刮；食土簋，啜土刑，粝粱之食，藜藿之羹；夏日葛衣，冬日鹿裘；其送死，桐棺三寸，举音不尽其哀[②]。

【注释】

①《索隐》云："自此已下，韩子之文，故称曰也。"

②见《史记·太史公自序》，又见《文选注》《后汉书注》，文皆微异，今《韩非子》虽有之，然疑《节用中、下篇》文。

【原文】

年逾十五，则聪明思虑无不徇通矣①。

【注释】

①见裴骃《史记集解》，《索隐》"十五"作"五十"，"无不"作"不"，云"作十五非是"。

【原文】

禽滑釐问于墨子曰："锦绣絺纻，将安用之?"墨子曰："恶！是非吾用务也。古有无文者得之矣，夏禹是也。卑小宫室，损薄饮食，土阶三等，衣裳细布。当此之时，黻无所用，而务在于完坚。殷之盘庚，大其先王之室而改迁于殷，茅茨不翦，采椽不斫，以变天下之视。当此之时，文采之帛将安所施?夫品庶非有心也，以人主为心。苟上不为，下恶用之?二王者，以化身先于天下，故化隆于其时，成名于今世也。且夫锦绣絺纻，乱君之所造也。其本皆兴于齐景公喜奢而忘俭，幸有晏子以俭镌之，然犹几不能胜。夫奢安可穷哉！纣为鹿台糟邱、酒池肉林，宫墙文画，雕琢刻镂，锦绣被堂，金玉珍玮，妇女优倡，钟鼓管弦，流漫不禁，而天下愈竭，故卒身死国亡，为天下戮。非惟锦绣絺纻之用邪?今当凶年，有欲予子随侯之珠者，不得卖也，珍宝而以为饰；又欲予子一钟粟者。得珠者不得粟，得粟者不得珠，子将何择?"禽滑釐曰："吾取粟耳，可以救穷。"墨子曰："诚然，则恶在事夫奢也。长无用、好末淫，非圣人之所急也。故食必常饱，然后求美；衣必常暖，然后求丽；居必常安，然后求乐。为可长，行可久，先质而后文，此圣人之务。”禽滑釐曰：“善[①]。”

【注释】

①见《说苑》，疑《节用中、下篇》文。

【原文】

吾见《百国春秋》史[①]。

【注释】

①见隋李德林《重答魏收书》。

【原文】

禽子问：“天与地孰仁？”墨子曰：“翟以地为仁。太山之上则封禅焉。培𡓓之侧[①]则生松柏，下生黍苗莞蒲，水生鼋鼍龟鱼，民衣焉，食焉，死焉，地终不责德焉。故翟以地为仁[②]。”

【注释】

①《太平御览》作“沉”。

②见《艺文类聚》，又见《北堂书钞》《太平御览》、吴淑《事类赋》，文微异。

【原文】

申徒狄曰：“周之灵珪，出于土石；楚之明月，出于蚌蜃[①]。”

【注释】

①见《艺文类聚》。

【原文】

画衣冠，异章服，而民不犯[①]。

【注释】

①见《文选注》。

【原文】

墨子献书惠王，王受而读之，曰："良书也[①]。"

【注释】

①见《文选注》。

【原文】

时不可及，日不可留[①]。

【注释】

①见《文选注》。

【原文】

《备冲篇》[①]

【注释】

①见《诗正义》。

【原文】

备冲法，绞善麻长八丈，内有大树则系之，用斧长六尺，令有力者斩之[1]。

【注释】

①见《太平御览》。疑《备冲篇》文。

【原文】

申徒狄谓周公曰："贱人何可薄也！周之灵珪，出于土石；随之明月，出于蚌蜃；少豪大豪，出于污泽；天下诸侯皆以为宝。狄今请退也[1]。"

【注释】

①见《太平御览》。义一引云："周公见申徒狄，曰：'贱人强气则罚至。'申徒狄曰：'周之灵珪，出于土石；楚之明月，出于蚌蜃；五象出于汉泽。和氏之璧、夜光之珠、三棘六异，此诸侯之良宝也。'"疑今《耕柱篇》脱文。

【原文】

桀女乐三万人，晨噪闻于衢。服文绣衣裳[1]。

【注释】

①见《太平御览》。

【原文】

秦穆王遗戎王以女乐二八，戎王沈于女乐，不顾国亡，政国之祸[1]。

【注释】

①见《太平御览》。

【原文】

良剑期乎利，不期乎莫邪[1]。

【注释】

①见《太平御览》。

【原文】

禹造粉[1]。

【注释】

①见《太平御览》。

【原文】

子禽问曰："多言有益乎？"墨子曰："虾蟆蛙蝇日夜而鸣，舌干擗，然而不听[1]。今鹤鸡时夜而鸣，天下振动。多言何益？唯其言之时也[2]。"

【注释】

①一引作"口干而人不听之"。

②见《太平御览》。

【原文】

昔夏之衰也，有推侈、大戏；殷之衰也，有费仲、恶来，足走千里，手制兕虎[①]。

【注释】

①见《太平御览》。

【原文】

神机阴开，剞劂无迹，人巧之妙也；而治世不以为民业。又工人下漆而上丹则可，下丹而上漆则不可，万事由此也。又神明钩绳者，乃巧之具也，而非所以为巧。又神明之事，不可以智巧为也，不可以功力致也。天地所包，阴阳所呕，雨露所濡，以生万殊。翡翠瑇瑁碧玉珠，文采明朗，泽若濡，摩而不玩，久而不渝，奚仲不能放，鲁般弗能造，此之大巧。又夫至巧不用剑。又大匠大不斫。又夫物有以自然，而后人事有治也。故大匠不能斫金，巧冶不能铄木，金之势不可斫，而木之性不可铄也。埏埴以为器，刳木而为舟，烁铁而为刃，铸金而为钟，因其可也[①]。

【注释】

①见《太平御览》，而文不似《墨子》，或恐误引他书。

【原文】

右二十一条，今本所脱，由沅采摭书传，附十五卷末。其《意林》所称，已见《篇目考》中，不更入也。

第十六卷

原目

【原文】

非命中第三十六

非命下第三十七

非儒上第三十八缺

非儒下第三十九

卷之十

经上第四十

经下第四十一

经说上第四十二

经说下第四十三

卷之十一

大取第四十四

小取第四十五

耕柱第四十六

卷之十二旧云十三同卷者，梵本分帙如此

贵义第四十七

公孟第四十八

卷之十三

鲁问第四十九

公输第五十

□□第五十一

卷之十四

备城门第五十二

备高临第五十三

□□第五十四

□□第五十五

备梯第五十六

□□第五十七

备水第五十八

□□第五十九

□□第六十

备突第六十一

备穴第六十二

备蛾傅第六十三

卷之十五

□□第六十四

□□第六十五

□□第六十六

□□第六十七

迎敌祠第六十八

旗帜第六十九

号令第七十

杂守第七十一

【译文】

案旧本皆无目，《隋书·经籍志》云：“《墨子》十五卷，目一卷。”马总《意林》云：“《墨子》十六卷。”则是古本有目也。考《汉书·艺文志》云“《墨子》七十一篇”，高诱注《吕氏春秋》云七十二篇，疑当时亦以目为一篇耳。《藏》本云阙者八篇而有其目，《节用下》《节葬上、中》《明鬼上、中》《非乐中、下》《非儒上》是也。当是宋本如此。而《馆阁书目》云“自《亲士》至《杂守》为六十一篇，亡九篇”，恐是八讹为九。又七十一篇亡其九，当存六十二，而云六十一，亦二之讹也。其十篇者，《藏》本并无目，亦当是宋时亡之。然则宋时所存实止五十三篇耳。然《诗正义》引《备冲篇》则尚存其目，而不知列在第几。《太平御览》引有备冲法，正在此篇，则宋初尚多存与？南宋人所见十三篇一本，乐台曾注之，即自《亲士》至《上同》是。而潜溪《诸子辩》云："上卷七篇，号曰经；下卷六篇，号曰论。共十三篇。"又有可疑。夫《墨子》自有《经上、下》《经说上、下》，在十三篇之后。此所谓经，乃《亲士》《修身》《所染》《法仪》《七患》《辞过》《三辩》七篇，与下《尚贤》《尚同》各三篇文例不异，似无经论之别，未知此说何据？以意求之，或以《经上、下》《经说上、下》及《亲士》《修身》六篇为经。其说或近，以无子墨子云云故也。然古人亦未言之。至乐台所注，见郑樵《通志·艺文略》，而焦竑《国史经籍考》亦载之，似至明尚存，卒亦不传，何也？若钱曾云藏会稽钮氏世学楼本，共十五卷七十一篇，内亡《节用》等九篇者，实即今五十三篇之本，内著阙字者八篇，钱不深核耳。

附录

篇目考

【原文】

《汉书·艺文志》：

《墨子》七十一篇[①]。

【注释】

①名翟，为宋大夫，在孔子后。

【原文】

《隋书·经籍志》：

《墨子》十五卷，目一卷[①]。

【注释】

①宋大夫墨翟撰。

【原文】

马总《意林》：
《墨子》十六卷[①]。

【注释】

①案：墨子名翟，高诱曰鲁人，一曰宋人，为宋大夫。善守御，务俭啬。所著书，《汉志》七十一篇，《隋》《唐志》十五卷、目一卷，《宋志》十五卷，杨倞《荀子注》云三十五篇，宋潜溪曰二卷，《亲士》至《经说》十三篇。明堂策槛刊本十五卷、七十一篇，与旧志合，阙《节用下》《节葬上、中》《明鬼上、中》《非乐中、下》《非儒上》共八篇。盖杨据篇名总计之，宋则未见全书也。明刻文多重复，似亦非古本，但次第止与此同。

【原文】

君子自难而易彼[①]，众人自易而难彼[②]。

【注释】

①“彼”字补，同下。
②《亲士篇》。

【原文】

灵龟先灼，神蛇先暴[①]。

【注释】

①“先”原作“近”。

【原文】

君子虽有学，行为本焉。战虽有陈，勇为本焉。丧虽有礼，哀为本焉[①]。

【注释】

①《修身篇》。

【原文】

墨子见染丝而叹曰：染于苍则苍，染于黄则黄。非独染丝然也，国亦有染。舜染许由，桀染干辛[①]，纣染崇侯也[②]。

【注释】

①“干”旧作“予”，《说苑》作“干莘”，原有“推哆”，《韩非子》曰：“桀有侯哆。”

②《所染篇》。

【原文】

圣人为舟车，完固轻利，可以任重致远[①]。

【注释】

①《辞过篇》

【原文】

子自爱，不爱父，欲亏父而自利；弟自爱，不爱兄，欲亏兄而自利；非兼爱也[1]。盗爱其室，不爱异室，故窃异室以利其室，亦非[2]兼爱[3]。

【注释】

①句非原文。

②旧讹“能”。

③《兼爱上篇》。

【原文】

节葬之法：三领之衣[1]足以朽肉[2]，三寸之棺[3]足以朽骸，深则通于泉[4]。

【注释】

①原作“衣三领”。

②《节葬篇》作“蔽形”。

③原作“棺三寸”。

④原作“掘穴深不通于泉，流不发泄则止”。《节葬篇》亦云“下无及泉，上无通臭”。《节用中篇》。

【原文】

诸侯不得恣己为政，有三公政之[1]；三公不得恣己为政，有天子政之；天子不得恣己为政，有天[2]政之[3]。

【注释】

①“政之”之“政”原作“正”，下同。

②旧有“下”字。

③《天志下篇》。案：此文两见，皆作“有天政之”。

【原文】

断指以存腔[1]，以免于身者，利[2]。

【注释】

①原作“䀝”。下云“利之中取大，害之中取小也。害之中取小，非取害也，取利也”。

②原作“遇盗人，而断指以免身，利也”。言虽受伤而身得免，即谓之利。《大取篇》。

【原文】

君子如钟，扣则鸣，不扣则不鸣。美[1]女处不出，则争求之；行而自衒，人莫之娶[2]。

【注释】

①原作“义”。

②《公孟篇》。

【原文】

墨子劝弟子学，曰：“汝速学，君[1]当仕汝。”弟子学期年，就墨子责仕[2]。墨子曰：“汝闻鲁人[3]乎？有昆弟五人，父死，其长子嗜酒，不肯预葬，其四弟曰：‘兄若送葬，我当为兄沽酒[4]。’葬讫，就四弟求酒。四弟曰：‘子葬父，岂独吾父也？吾恐人笑，欺以酒耳！’今不学，人自笑子，故劝子也。”遂不复求仕。墨子谓门人曰：“汝何不学？”对曰：“吾族无学者。”墨子曰：“不然。岂谓欲好美，而曰吾族无此，辞不欲耶？欲富贵，而曰吾族无此，辞不用耶？强自力矣！”

【注释】

①原作“吾”。

②二字补。责，求也。

③原作“语”。

④此下与原文小异。

【原文】

甘瓜苦蒂，天下物无全美[①]。

【注释】

①二句原书阙，见《埤雅》引。下二条亦原书所无。

【原文】

古之学者得一善言，附于其身；今之学者得一善言，务以说人，言过而行不及[①]。

【注释】

①《书钞》引《新序》“齐王问墨子曰：‘古之学者为己，今之学者为人，何如?’对曰‘古之学者’”云云说人，则为墨子之言甚明。

【原文】

君子服美则益敬，小人服美则益骄[①]。

【注释】

①案：《史记》墨翟“或曰并孔子时，或曰在其后”。张衡谓当子思时，出

仲尼后也。《抱朴子》、小司马皆言在七十子后。《史》邹阳书曰“宋信子之计囚墨翟”，《汉书》“子罕”作“子冉”。意其生稍后孔子，而先于孟子者欤？窃谓儒与杨、墨犹阴与阳，而墨较近理，故与杨同一塞路，同经孟子辞辟，而墨氏之书至今犹有传者。甚至尸佼谓孔子贵公，墨子贵兼，其实则一；《韩非子·显学篇》孔、墨并尊，《史·传》以墨附孟，范书言墨、孟之徒；韩昌黎谓孔子必用墨子，墨子必用孔子。是岂特秦越同舟已哉！荀卿书虽不醇，其《礼论篇》讥墨子薄葬，反覆数百言，大旨谓以倍叛之心事亲，棺椁三寸、衣衾三领，为刑余罪人之丧，又谓刻死而附生，所见实出孔鲋诘墨之上，唐开元从祀孔庭，其以此欤？

【原文】

《唐书·经籍志》：

《墨子》十五卷①。

【注释】

①墨翟撰。

【原文】

《新唐书·艺文志》：

《墨子》十五卷①。

【注释】

①墨翟。

【原文】

《宋史·艺文志》：

《墨子》十五卷[①]。

【注释】

①宋墨翟撰。

【原文】

郑樵《通志·艺文略》：

《墨子》十五卷[①]。又三卷[②]。

【注释】

①宋大夫墨翟撰。墨翟与孔子同时。《汉志注》“在孔子后”。

②乐台注“《唐志》不载，当考”。

【原文】

马端临《文献通考·经籍考》：

《墨子》十五卷。

王应麟《玉海》：

《书目》云：“《墨子》十五卷，自《亲士》至《杂守》为六十一篇[①]。一本自《亲士》至《上同》凡十三篇。”

【注释】

①亡九篇。

【原文】

晁公武《郡斋读书志》：

《墨子》十五卷，宋墨翟撰，战国时为宋大夫，著书七十一篇，以贵俭、兼爱、尊贤、右鬼、非命、尚[1]同为说云。荀、孟皆非之，而韩愈独谓辨生于末学，非二师之道本然也。

【注释】

①衢本作“上”。

【原文】

陈振孙《直斋书录解题》：

《墨子》三卷，宋大夫墨翟撰，孟子所谓邪说诐行，与杨朱同科者也。韩吏部推尊孟氏，而《读墨》一章，乃谓孔、墨相为用，何哉？《汉志》七十一篇，《馆阁书目》有十五卷六十一篇者，多讹脱不相联属。又二本止存十三篇者，当是此本也。方杨、墨之盛，独一孟子讼言非之，谆谆焉惟恐不胜。今杨朱书不传，《列子》仅存其余；墨氏书传于世者亦止于此。《孟子》越百世益光明，遂能上配孔氏，与《论语》并行。异端之学，安能抗吾道哉！

钱曾《读书敏求记》：

《墨子》十五卷。潜溪《诸子辨》云：“《墨子》三卷，战国时宋大夫墨翟撰。上卷七篇号曰经，中卷、下卷六篇号曰论，共十三篇。考之《汉志》七十一篇，《馆阁书目》则六十一篇，已亡《节用》《节葬》《明鬼》《非乐》《非儒》等九篇，今书则又亡多矣。”潜溪之言如此。予藏弘治己未旧抄本，卷篇之数恰与其言合；又藏会稽钮氏世学楼本，共十五卷七十一篇，内亡《节用》等九篇，盖所谓《馆阁书目》本或即此欤？潜溪博览典籍，其辨订不肯聊且命笔，而止题为三卷，岂犹未见完本欤？抑此书两行于世而未及是正欤？姑识此，以询藏书家。

焦竑《国史经籍考》：

《墨子》十五卷，又三卷[1]。

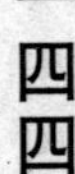

【注释】

①乐台注。

后叙

孙星衍

乾隆四十八年癸卯十二月，弇山先生既刊所注《墨子》成，以星衍涉于诸子之学，命作后叙。星衍以固陋辞，不获命，叙曰：

墨子与孔异者，其学出于夏礼。司马迁称其善守御，为节用。班固称其贵俭、兼爱、上贤、明鬼、非命、上同。此其所长，而皆不知墨学之所出。淮南王知之，其作《要略训》云："墨子学儒者之业，受孔子之术，以为其礼烦扰而不说，厚葬靡财而贫民，服伤生而害事，故背周道而用夏政。"其识过于迁、固。古人不虚作，诸子之教或本夏，或本殷，故韩非著书亦载弃灰之法。《墨子》有《节用》，节用，禹之教也。孔子曰："禹菲饮食，恶衣服，卑宫室，吾无间然。"又曰："礼与其奢宁俭。"又曰："道千乘之国，节用。"是孔子未尝非之。又有《明鬼》，是致孝鬼神之义；《兼爱》，是尽力沟洫之义。孟子称墨子摩顶放踵，利天下为之。而庄子称禹亲自操橐耜而杂天下之川，腓无胈，胫无毛，沐甚风，栉甚雨。列子称禹身体偏枯，手足胼胝。吕不韦称禹忧其黔首，颜色黎墨，窍藏不通，步不相过。皆与《书传》所云"予弗子，惟荒度土功"，"三过其门而不入，思天下有溺者犹己溺之"同。其节葬，亦禹法也。尸子称禹之丧法"死于陵者葬于陵，死于泽者葬于泽，桐棺三寸，制丧三日"当为"月"，见《后汉书注》。《淮南子·要略》称禹之时，天下大水，死陵者葬陵，死泽者葬泽，故节财、薄葬、闲服生焉。又《齐俗》称三月之服，是绝哀而迫切之性也。高诱注云："三月之服，是夏后氏之礼。"《韩非子·显学》称墨者之葬也，冬日冬服，夏日夏服，桐棺三寸，服丧三月。而此书《公孟篇》墨子谓公孟曰："子法周而未法夏也，子之古非古也。"又公孟谓子墨子曰"子以三年之丧为非，子之三日当为"月"之丧亦非也"云云，然则三月之丧，夏有是制，墨始法之矣。孔子则曰："吾说夏礼，杞不足征；吾学周礼，今用之，吾从周。"又曰："周监于二代，郁郁乎文哉，吾从周。"周之礼尚文，又贵贱有法，其事具《周官》《仪礼》《春秋传》，则与墨书节用、兼爱、节葬之旨甚异。孔子生于周，故尊周礼而不用夏制，孟子亦周人而宗孔，故于墨非之，势则然焉。

若览其文，亦辨士也。《亲士》《修身》《经上》《经下》及《说》，凡六篇，皆翟自著。《经上、下》略似《尔雅·释诂》文，而不解其意指。又怪汉、唐以来，通人硕儒，博贯诸子，独此数篇莫能引其字句，以至于今，传写讹错，更难钩乙。《晋书·鲁胜传》云："胜注《墨辩》，存其《叙》，曰：'墨子著书，作《辩经》以立名本。惠施、公孙龙祖其学，以正刑名显于世。孟子非墨子，其辩言正词则与墨同。荀卿、庄周等皆非毁名家，而不能易其论也。'又曰：'《墨辩》有上下《经》，《经》各有《说》，凡四篇，与其书众篇连第，故独存。今引《说》就《经》，各附其章，疑者阙之。又采诸众杂集为《刑》《名》二篇，略解指归，以俟君子。'"如所云，则胜曾引《说》就《经》，各附其篇，恨其注不传，无可征也。

《备城门》诸篇具古兵家言，惜其脱误难读。而弇山先生于此书，悉能引据传注类书，匡正其失。又其古字古言，通以声音训故之原，豁然解释。是当与高诱注《吕氏春秋》、司马彪注《庄子》、许君注《淮南子》、张湛注《列子》，并传于世。其视杨倞、卢辩空疏浅略，则倜然过之。

时则有仁和卢学士抱经、大兴翁洗马覃溪，及星衍三人者，不谋同时共为其学，皆折衷于先生，或此书当显，幸其成帙，以惠来学，不觉僭而识其末也。

阳湖孙星衍撰。

第六章 《墨子》经典故事

众贤之术

墨子说，“如果一个国家想要繁荣富强，人口众多，政务与治安都好的话，一定要任用贤人。所以王公大人们的主要任务，在于让自己国家的贤人变得多起来。”

这时候，有人问道：“那么，我们有什么办法让贤人变得多起来呢？”

墨子回答说：“比如说，我们想让一个国家善于射箭、驾车的人多起来，我们就一定要让善于射箭、驾车的人富裕起来，使他们的地位得到提高，使他们受到普遍的尊敬，受到赞誉。等我们把这些事情都做到的时候，也就会得到众多的射箭、驾车高手了。更何况是对那些贤良的人呢，他们德行敦厚，善于辞令，能说服别人，又通晓治国的方法，更应该让他们富裕起来，提高他们的地位，让他们获得尊敬和赞誉了。如果这些都做到的话，一个国家的贤良之士，也会多起来的。所以以前的圣王总是说，‘不义的人不能使他们富贵，也不能让他们受到尊敬，不能亲近他们。’”

墨子接着说，“如果治理国家都这样的话，那些已经富贵的人听到这样的话就会退下来考虑：‘以前我所倚仗的，正是富贵。现在君王任用义人时不回避贫贱的人，所以我也不能不做一个义人。’那些受到君王亲近的人也退下来思考：‘以前我所凭借的，是我和君王的关系比较亲近，现在君王任用义人时不管以前关系是否亲疏，所以我也要做一个义人。’那些距离君王比较近的人也会退下来思考：‘以前我所依赖的是我离君王比较近，现在君王任用义人时不管距离远近，所以我也要做一个义人。’距离君王比较远的人听到这样的话也会思考：‘以前因为我与君王的距离比较远，所以无所凭借，现在君王说任用人才时不管距离的远近，所以我也要做个义人。’这样一来的话，即使是那些边远地方的臣子，宫室门外充当卫士的庶子，城中的百姓，边疆的人民，都会竞相做义人，行义举。”

螭食人纹佩（战国）

“他们这样做的原因是什么呢？”墨子自问道。随后他又自答道：“这是因为国君用来驱使下属的，仅仅‘尚贤’而已，而下属侍奉国君的，也仅仅是做个义人而已。这就是使贤人众多的要领啊！”

让贤能的人治理国家，这是再普通不过的道理，但做起来却不容易。古代的墨子在当时最高权力掌握在国君手中的情况下，提出国君应该“尚贤”，主动任用贤能的人，并由此影响社会，形成全社会“尚贤”的氛围。今天的我们应该思考的是，是否有一种制度，使贤能的人能够被选拔并受到重用呢？

对待饥荒的办法

墨子对人说，“有一个背着儿子去井边打水的母亲，如果她的儿子掉进井里，这个母亲一定会想方设法把他从井里救出来。现在遇到了灾年，人民饥饿，道路上有很多饿死的人，这种惨痛难道不比掉到井里更惨痛吗？作为君主怎么可以无所察觉呢！因此如果这一年收成好，则人民仁慈善良；如果这一年遇到饥荒，则人民吝啬且凶恶。人民的品性哪有一定的呢！劳动的人口少而需要养活的人口多，则不论什么时候都不会有好收成。要知道，五谷，是人民生活所依赖的东西，也是君子被人民养活所依赖的东西。因此如果人民失去了他们所

依赖的，也就没有东西可以养活君子。人民没有吃的，就不能从事生产。因此粮食不能不加紧生产，田地不能不努力耕种，财物不能不节制使用。五谷丰登的话，五味都能被进奉给君主；但如果五谷歉收的话，君主也不能尽情享用。一谷不收叫作馑，二谷不收叫作旱，三谷不收叫作凶，四谷不收叫作馈（通匮，即缺乏的意思），五谷不收叫作饥。遇到馑年，做官的自大夫以下都减去俸禄的五分之一；旱年，减去俸禄的五分之二；凶年，减去俸禄的五分之三；匮年，减去俸禄的五分之四；饥年，免去全部俸禄，只供给饭吃。国家遇到凶饥，应该是国君撤掉鼎食的五分之三，大夫不听音乐，读书人不上学而去种地，国君不制新的朝服；诸侯的客人、邻国的使者，来时饮食都不丰盛，驷马撤掉左右两匹，道路不加修理，马不吃粮食，婢妾不穿丝绸，因为国家已十分困乏了。”

墨子对待饥荒的主张，主要针对统治阶层的奢侈生活，集中反映了他的节俭观，对后人影响很大。为历代所承袭的勤俭思想就可以追溯到墨子，它是调节生产与消费的矛盾及富国和民生的指导思想。勤指生产，俭指消费。节用是我国古代消费思想的主导方面，主要包括两方面：首先是节约，第二是储蓄。节约用以应对灾变，储蓄用以正常。勤俭是中国历史上长期培育出来的一项优秀传统，它构成了中西文化的一大差异，爱存钱与爱花钱就是这种差异的表现。

未来可知

彭轻生子是墨子的学生。有一天，他对墨子说：“过去的事情可以知道，可是未来的事情就不能知道了。”

墨子听了他的话便问他说：“假设你的父母亲在百里之外遭遇了困难，如果你在一天之内赶到的话，他们就能得救，如果超过一天的话，他们就会死去。现在有坚固的车子和良马在此，同时又有驽马和四方形轮子的车供你选择，你会选择什么呢?”

彭轻生子回答说：“我一定会选择乘良马和坚固的车，这样可以让我迅速地到达。”

墨子于是反问他说：“对啊！这说明未来是我们能够掌握的。你凭什么说未来的事情不可知呢?”

墨子的假设与回答看起来有点强词夺理，然而仔细想想，他的回答很有道理，因为他强调的是人的主观能动性。未来确实具有一种不可预测性，但人却能够选择面对未来的态度和方式。如果我们积极面对未来，并用合理的方式——不懈的努力和正确的规划，对未来的认识与把握将会日趋合理。

危险源于擅长

墨子正在给学生上课，他把手举起来，手里拿了五个锥子，他说：“你们看，现在有五个锥子，其中一个最为锋利，这个最锋利的一定会先折断。”他指了指墙角，说：“有五块石头在此，其中一块是磨刀石，这块磨刀石必然最先被磨完。”他顿了顿，对学生们说：“所以啊！我们从这五个锥子和五块石头出发，还可以知道，离村庄最近的甘泉最早枯竭，美好的树木最容易被砍伐，灵龟的壳最容易被烧灼后用来占卜，传说中会兴云作雨的神蛇最容易被曝晒来求雨。你们想想看，自然界中是这样，我们人类社会又何尝不是如此呢？比干被挖心，是因为他刚直不屈；孟贲被杀，是因为他的勇敢；西施被沉于河里，是因为她的美貌；吴起被行车裂之刑，是因为他的功业。以上这些人，没有不死在他们所擅长的方面的！”学生们听得连连点头。“所以啊！”墨子总结道，“有特长的人最容易受挫折。因此，君主对于贤士，更应该格外亲近任用。”

中国哲学中诸如此类的观点很多，我们在日常生活中经常听说的有：“木秀于林，风必摧之”，“枪打出头鸟”等等。这些熟语或谚语无不告诫人们，在中国这样的社会中，不要太过表现自己的才能，不要锋芒毕露，否则招来的可能是灭顶之灾。所以，道家讲的是消极避世，追求一种无用之用，儒家说的是“中庸”，执其两端取其中。相比之下，墨子的态度是积极多了。

君子知小不知大

墨子对鲁阳文君说："世俗中的君子们哪，他们只知道小的东西，而不知道大的东西。现在如果有人在这里偷鸡摸狗，他们就会说他不仁；而那些偷窃别人的国家的行为，他们却认为是义举。这就好像小处看见白认为是白的，大处看见白却认为是黑的。所以啊！世俗的君子们哪，他们只知道小的东西而不知道大的东西！"

鲁阳文君说："就凭您刚才说的，怎么知道君子只知小处而不知大处呢？"

墨子说："你只要看他们在家里如何与父母相处就知道了。如果一个人在家里得罪了自己的父母，他就会躲到自己的邻居家。然后他的亲戚、兄弟，所有认识的人就会相互告诫，'不能不提高警惕啊！不能不慎重啊！在家里如果得罪了家长，这怎么行呢？'其实不仅仅在家里的情况是这样的，身处一国之中，也是如此。如果一个人得罪了国君，他就会逃到邻国去避难。于是所有的亲戚、兄弟，所有认识的人就会相互告诫：'不能不提高警惕啊！不能不慎重啊！在一个国家里生活，如果得罪了国君，怎么可以呢？'对这些可以逃避的人来说，相互的告诫还如此郑重，那么对于那些无法逃避的人来说，这种告诫不是要更加地郑重才可以吗？古语说得好：'如果在光天化日之下行得罪之事，他将逃到哪里去呢？'回答是，没有地方可以逃。人不可以以为在幽静、偏僻无人的地方，就可以为非作歹，因为对于上天明晰的目光来说，一定能看见这个犯罪的人。然而，遗憾的是，天下的士人、君子面对天时，却不知道应该互相郑重地告诫对方。这就是为什么我说君子只知道小处而不知大处的原因。"

墨子对君子知小不知大的分析很有特点。他把利作为观察人的主线，用家人与家长、国人与国君之间存在利害关系来考察人的行为，认为利是判断事物价值的根本，这是很有见地的，因为人与人的关系本质上是利害关系。中国传统思想的主流并不接纳这一思想，认为这是品德不完美的表现。所以现代人就做了纠正，强调动机与效果的统一性。

墨子食言

有一个人来到墨子门下，墨子看到他身体强壮，思维敏捷，就想让他跟随自己学习。墨子对他说："你姑且跟随我学习吧！我会让你到各个诸侯国里去做官。"之后，墨子又说了很多好话鼓励他，于是这个人便跟随着墨子开始学习了。

光阴荏苒，整整一年时间过去了，墨子再也没有跟这个人提起把他送去做官的承诺。有一天，他终于忍不住向墨子提出做官的要求，希望墨子能实现他曾经说过的话。让他没有想到的是，墨子居然拒绝了他，对他说："真的实在对不起，我不能这样做。"

紧接着，墨子问他："你也听说过一个鲁国的故事吧？鲁国有一个人家，这个人家有兄弟五个人，他们的父亲不幸去世了，但这个家庭的长子整天只管喝酒，而不着急给自己的父亲下葬。他的四弟就对大哥说：'只要你和我们一起把父亲埋葬了，我们就给你买酒喝。'四个兄弟还说了很多好话劝说自己的亲哥哥，于是这个长兄就随其他兄弟四个一起，把自己的父亲埋葬了。葬礼过后，这个哥哥向他的四弟要酒。四弟说：'我不会给你酒的。你埋葬你的父亲，我也埋葬我的父亲，难道是我一个人的父亲吗？你不埋葬自己的父亲，别人就会嘲笑你，我是为你好，所以我才劝你啊！'"

墨子最后训斥这个人说："现在你为义，我也在为义，难道是我一个人的'义'吗？你如果不学习，别人就会笑话你，所以我劝你学习啊！"

这个故事看起来是墨子食言了，他没有能够做到他曾经许诺别人的事情。但是墨子这个小小的谎言，使他这个学生开始学习，走上了正途。这就提出了一系列很有价值的问题，人是否可以说谎？说谎一定是不道德的吗？答案的最终依据在哪里？

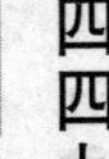

墨子赞孔

有一次，墨子与程子就儒家的观点进行了一番激烈的辩论，在辩论的过程中，墨子称赞了孔子几句。程子惊奇地问："先生！您一向攻击非难儒家的学说，为什么现在又称颂孔子呢？"

墨子回答道："孔子也有合理且不应该改变的地方。我们都知道，鸟感到天气太热就往高处飞，鱼感到水温太热则向水深的地方游，处在这样的情况下，即使禹、汤这样的圣君在为它们谋划，也不一定能改变它们本能选择的去向。鸟、鱼这样的小动物可以说是够无知的了，禹、汤还有时必须沿袭旧的习俗，现在难道我却不能有称颂孔子的时候吗？"

墨子一向反对孔子的主张，但对孔子的优点，墨子也毫不避讳。这个故事体现了墨子伟大的人格，他没有因为自己站在孔子的对立面，就不分青红皂白地完全否定孔子。这个故事告诉我们一个简单的做人的道理。看待人和事要客观，我们既要看到别人的缺点，也要看到别人的优点，不能因为自己的情感因素，而一味地否定他人。

鬼神能赏善罚暴

墨子让曹公子到宋国做官，曹公子三年以后返回来，见了墨子说："我刚开始在您门下学习的时候，穿粗布短衣，吃野菜一类的粗劣食物，早晨吃了，晚上就没有了，不能够祭祀鬼神。现在因为您的教育，家里比以前富有多了。家富有了以后，我就开始谨慎地祭祀鬼神。但是家里的人白白地多病或死亡，六畜也不繁盛众多，我自己也沉困于病患之中。我不知道老师您的学说是不是还有用。"

墨子说："不对。鬼神希望人的东西很多，希望人处高官厚禄时可以让贤，财物多了可以分给穷人。鬼神难道仅仅是想取食祭品吗？现在你处在高官厚禄的位置上却不让贤，这是第一种不祥；财物有多余的却不分给穷人，这是第二种不祥。现在你侍奉鬼神，只有祭祀罢了，却说：'病从哪里来？'这就像有一百道门的屋子你只关了一道门，却问'盗贼从哪里来？'一样。像这样向你责怪的鬼神求福，难道是可以的吗？"

又有一次，墨子生病了，墨子的学生跌鼻听到这个消息后，就幸灾乐祸地到墨子家里看望他，并问他说："先生认为鬼神是明智的，能造成祸福，做好事的奖赏他，做坏事的就惩罚他。现在先生作为圣人，为什么还得病呢？想来大概是先生的言论有不好的地方？或者因为鬼神也是不明智的？"墨子听了回答道："即使我有病，那为什么鬼神就不明智了呢？人得病的原因很多，有从寒冷酷热中得来的，有从劳累困苦中得来的。这就好像有一间屋子有一百扇门，所有的门都关了，但有一个门开着，那么盗贼能从这个门进来偷东西又有什么好奇怪的呢？"

墨子总在说服别人相信鬼神能惩恶扬善的主张。不能把墨子的这种观点与宗教等同起来，因为他的这种鬼神观念是世俗的，是想在现实世界中贯彻惩恶扬善的原则，达到兴天下之大利，除天下之大害。实际上，墨子在实际活动中常常是反对迷信的，并且鬼神的存在也不是绝对的，前面墨子对占卜先生关于黄帝杀龙不能渡河的反驳就是一例。

反对三年之丧

墨子一向反对儒家厚葬久丧、弦歌鼓舞、习为声乐的主张，他对公孟子说："你们儒家主张在办丧礼时，国君与父母、妻子、嫡长子去世。要服三年的丧；伯父、叔父、兄弟去世要服一年的丧；族人去世要服五个月的丧。你们又主张，不办丧事的时候，要唱诵《诗经》，要用琴瑟等弦乐器为《诗经》配乐，歌唱

《诗经》时还要有舞蹈为它配合。若根据这样的说法，那么君子什么时候才有空来治理国家？一般老百姓又什么时候才有空能做事呢？”

公孟子回答他说：“国家混乱的时候君子就治理它，国家治理好了就可以兴礼乐。国家不富裕的时候大家就做事，国家富裕了就兴礼乐。”

墨子听了以后说：“国家需要治理的时候就治理，等国家治理好了，就不治理了，那么治理好的国家也会随着时间的推移而变坏；同样的，国家没有富裕的时候就做事，国家富裕了就不做事了，那么原来富强的国家也最终会变弱。所以啊！治理国家必须勤勉不止，这样才可以把国家治理好。今天你说，‘国家治理好了就兴礼乐，混乱的时候就治理国家’，这就好像口渴的时候才打井，人死了才求医一样，已经太晚，来不及了。古代三代暴君桀、纣、幽、厉都是因为大兴声乐，不顾自己的百姓，因此才被戮杀，所以凡是国家危急、虚弱的，都是你这样的主张造成的。”

墨子继续问公孟子说：“那么我再问你，为什么儒家认为，父母去世子女应该服三年的丧？”

公孟子回答墨子说：“父母生养孩子时，刚出生的婴儿对父母最依恋，因而儒家提倡三年的丧期，是想仿效孩子依恋父母的情意。”

墨子回答说：“以婴儿的智力来说，他们仅仅知道依恋父母而已，一旦父母不见了，他们就不停地哭号。这是因为什么呢？就是因为他们智力还没有得到发展，他们还很笨。但是你们儒者所知道的，难道不比婴儿更胜一筹吗？”

公孟子对墨子说：“某人所知道的东西，有胜过别人的地方，那么，我们可以说他是一个智慧聪明的人吗？”

墨子说：“笨人他所知道的，也有胜过别人的地方，难道你能说他也聪明智慧过人吗？”

儒家认为，对父母尽丧三年，是因为在人之初父母哺育了自己三年，因此孩子也应该在父母去世后，用三年时间来体现自己对父母的孝顺。而墨子则正好从根本上否定了这一观点。他认为如果仅仅用服丧的时间长短来衡量子女对父母的孝顺，是非常愚蠢的。墨子是民本主义者，他考虑问题的出发点都是百姓的生活疾苦。对他来说，只有切切实实给人民带来好处，使人民生活有很大改观的统治者才是英明的统治者，大兴礼乐只不过是浪费时间而又毫无益处的事情。

“三年之丧”的逻辑错误

墨子与公孟子的辩论并没有结束，信奉儒家的人说：“爱亲属当因亲属间有远近亲疏而有差别；尊重贤者当因贤者有差异而有不同的级别。”儒家的《仪礼·丧服经》说：“服丧之期，父母三年；妻子和嫡长子三年；伯父、叔父、弟兄、庶子一年；族人五个月。”对此，墨子不以为然，他说，“如果以亲疏来决定服丧时间的长短，就该是亲者长而疏者短。儒家不是认为没有比父母更为亲近的人吗，可现在妻子和嫡长子的服丧期不是与父母一样了吗？如果以尊卑来决定服丧期的长短，则应该是尊者长而卑者短，可现在妻与子的服丧期不是与父母一样了吗，而伯父的服丧期却与弟兄、庶子的相同，真没有违背人伦比这更大的了！事实上，儒家的丧期太长，如果有人去世了，人们只需服三天的丧期就应该重新投入工作。”公孟子不同意墨子的观点，他对墨子说：“您认为三年的丧期是错误的，同样的道理，您认可的三天的丧期也是错误的。”墨子回答说：“你从‘三年之丧’的角度来否定‘三天之丧’，这就好像裸体的人说掀开衣服露出一部分身体的人不恭敬一样。”

墨子对儒家的这一批评主要是在逻辑的层面上展开的，他运用类比，指出了公孟子的观点的荒谬，运用形式逻辑的基本规律指出儒家在礼节上的具体规定是自相矛盾的。墨子在判断“兼”与“别”以及一切言论的是非时，提出了“三表”的标准。墨子认为，判断事物的价值标准：1）要以前人的经验作依据；2）要有百姓耳闻目睹的事实；3）要根据体现于行政法规中的国家与百姓的利益。这第三条最重要，墨子的逻辑运用与利是密切结合的。

命为暴人之道

墨子不相信世界上有命运的存在，认为“有命”的说法是暴君统治国家的方法。墨子说，“命可以作为一种借口，比如以前有穷苦的百姓，他自己在饮食上非常贪婪，又不想干活，这样一来，衣食之财就不够了，因此饥寒交迫的忧愁也就随之而来。但他不知道说：‘这是我自己做得不好，做事不够努力。’却一定会说：‘唉！这些都是命中注定的。看来我的命生来就穷啊！’又比如以前有这样的暴君，不能克制耳目的奢欲，心计的邪僻，不听从亲近的人的劝告，所以亡国了。他不知道说：‘这是我自己做得不好，治理国家没有好的方略。’却一定会说：‘我命里就注定会失去这一切的。’《仲虺之诰》（《尚书》篇名，是汤命仲虺所作，现亡佚不传）说：‘我听说夏朝的统治者假托天命，并将这种有命的思想传播给百姓，汤帝很憎恨这样的做法，于是起兵灭了夏朝的军队。’这样的话正好说明了汤帝是如何反对夏桀的有命说的。今天我们如果听从‘有命’论者的话，则做官员的不用听从上级的领导，做百姓的不用努力做事。做官员的不服从领导就会导致统治混乱，做百姓的不努力做事，就会导致财政匮乏。因此，强词夺理认为这世界上有命运存在的人，实在是对人实行暴政的办法呀！”

与“有命”说相反，墨子不相信人的命运是被预先设定的，因为一旦人们都这样认为的话，他们便立刻失去了努力的动力。墨子提出要依靠人自身的强力从事，而不能指望所谓的命运。应该相信，只要我们加倍努力，就能获得完满的生活。

君子若钟

公孟子对墨子说：“君子应该总是自己抱着双手恭敬地等待着，君主问到他时他就说，不问时他就不说。这就好像钟一样，敲它的时候它就响，不敲它就不响。”

墨子说：“你说的这话有三种情况，一种是一敲就响，第二种是不敲就不响，第三种是不敲它也响。根据你说的话，看得出来你现在只知道其中两种情况罢了，并且还不知道这两种情况真正表达什么意思。我很明白你的想法，你以为，如果王公大人们在自己的国家内荒淫暴虐，君子冒险进谏，就会被看作不恭顺；如果君子不直接进谏，而是依靠与君主亲近的大臣转达自己的意见，则又会被看作背后议论，这正是君子所感到疑惑、感到两难的事情。然而，作为君子，就是应该在对王公大人有利的时候大胆地进谏，而如果君子这样做的话，就好像钟没有被敲却自己响一样。如果大人们要行不义之举，为了得到广袤的土地、丰厚的赋税和充足的资源而进攻没有过错的国家，在这样的情况下，即便大人们使用的兵法很巧妙，但动用军队去进攻别的国家本身就是一种耻辱，对于被攻的国家不利，对于进攻的国家也不利，这就是双重的不利。在这样的情况下，君子就应该不敲而发出自己的声音。况且你说：‘君子自己恭敬地等待，问到他就说，大人不问他就不说。好像钟一样：敲击它就响，不敲它就不响。’现在没有人敲击，你却说话了，这是你说的不敲而鸣吧？这就是你说的非君子的行为吧？”

公孟子的说法是可以理解的，中国古人大多明白“人怕出名猪怕壮”的道理，美女不能自己炫耀，它带来的是嫉妒与危害。但是这种说法不应该被接受，因为墨子认为，这种对权威或权力的顺从，虽然能够保全自己，但体现的是奴性，是君子独立性的丧失，失去了存在的必要。墨子讲得很有道理，不过还不够完全，人与钟的关系除了墨子说的有敲而鸣、不敲不鸣、不敲而鸣之外，还有敲而不鸣的，如果说不敲不鸣多的是奴性，那么敲而不鸣多的则是奸性，这是需要引以为戒的。

劝人求善

公孟子对墨子说："一个人如果诚实行善，别人怎么会不知道呢？这好比一块美玉藏在家里，尽管不暴露在众人的眼光下，但美玉毕竟是美玉，它仍然有夺目的光彩。这又好比一个美女终日在家深居简出，但美女的名声在外，人们还是会争相追求她。但反过来想想，如果她兀自炫耀，人们就不一定会喜欢她、欣赏她了。只要是好的东西，不用费多少口舌，人们就能够注意到，现在你到处逢人就劝说他们要行善，你为什么要这么劳苦费事呢?!"

墨子回答他说："你说的没错，追求美女的人很多，美女们即使隐藏着不出来，也会有很多人主动追求她们；但当今社会混乱不堪，追求善的人太少了，如果我还不竭力劝说人们求善的话，人们就根本不知道他们还应该做善事了。比方说，假如这里有两个人，他们都擅长占卜，一个人总是主动走到外边给人占卜，而另一个人只在自己的家中被动地等着客人来才给他占卜，我姑且问你，出行到外边给人占卜的和处在家中给人占卜的，哪一个得到别人馈赠的粮食多呢?"

公孟子回答道："当然是出门给人占卜的得到的馈粮多。"

墨子说："既然你这样说，那么就更好理解了，同样是主张仁义也竭力劝人行善的两个人，那个走出家门说服别人的人，也要比待在家中不出来的人功绩大，得到的好处也多，所以我们为什么不到外面劝说别人呢?"

公孟子以为，善就像美女或者美玉一样，人们应该主动去追求他们，但他却没有注意到，人们能主动追求美女或者美玉，却不会主动追求善，这也许是人的劣根性吧！墨子对这一点很清楚，所以，他要求人们都能尽己所能地走出去劝说别人行善。

这个故事也告诉我们：越是没有人做的事情，越要去做；越是乱世，越要引导人们寻求正义，这就是墨子的责任感。

志不强者智不达，言不信者行不果

墨子总是强调，“志不强者智不达，言不信者行不果”，意思是，意志不坚强的人智慧不会变得通达，言而无信的人行为也不会有结果。拥有财产却不能分给别人的人，不足以和他交朋友；坚守信仰不能专一不变的人，辨别事物不能从大处着眼的人，不足以与他一起周游。基础不稳定的人结局会很危险；不先注重修养品行的人，结果一定会失败。本来浑浊的河流不会在流动的过程中变清了；说话做事不讲信用的人，一定会丧失自己的名声。名声不会平白地产生，荣誉也不会无故地生长。一个人如果有了显赫的功劳自然也会成就他的名声，名誉不可能是虚假的。如果一个人专会说好听的话而迟迟不采取行动，虽然他说话很巧妙，人们也不会听他的。同样的，如果一个人出了很多力，但时时向别人夸耀自己的功绩的话，虽然他付出了很多但人们还是认为他不可取。有智慧的人心里默默分辨是非，却不会夸夸其谈，付出了很多努力但从不夸耀自己，这就是以自己的好的名声而扬名天下。说话不在多而在于是否有智慧，说话也不在文采是否讲究而在于是否明白。名声不会简单地形成，荣誉也不能轻巧地建立，君子之身，必具有君子的品行。

墨子的这段话是对君子“修身”的要求，认为真正的君子应该表里如一，言行一致。这些话也对现代人的行为方式提出了准则。诚信缺失是当代社会的一大病症，话语成了游戏的对象，并常常与权力结合在一起，确定性大大降低，不少人为了眼前的利益而牺牲了自己的声誉，因为短期的好处远离了长远的目标，造成的损失实在难以估量。

墨子渡河

墨子出发到北方的齐国去，在路上遇到一位路边摆摊的占卦先生。这个占卦先生把墨子从上到下打量了一番，捻着胡须摇着头对墨子说："历史上的今天，黄帝在北方杀死了一条凶狠的黑色巨龙，我看你的脸色漆黑，一定不能向北去，去了会遭遇不测。"墨子听了哈哈大笑，不顾占卜先生的连连阻挠，竟继续一直向北走去。他走到淄水边，正好遇到淄水发大水。泛滥的洪水汹涌澎湃，河面上波涛滚滚，没有一个船工敢把墨子摆渡到对岸去。墨子没能顺利地渡过河去，他于是就转身返回来了。在路边，他又遇到了那个占卜先生，占卦先生对他说："看吧年轻人，我跟你说不能北去，你偏要去，白跑一趟！"

墨子说："淄水之南的人不能渡过淄水北去，淄水之北的人也不能渡过淄水南行，他们中有的人脸色黑，有的人脸色白，是什么原因让他们都不能顺利渡河呢？难道真的是因为这一天黄帝杀死了一条黑龙吗？即便如此，那么我们还可以说，黄帝甲乙日在东方杀死了青龙，丙丁日在南方杀死了赤龙，庚辛日在西方杀死了白龙，壬癸日在北方杀死了黑龙。假如按照你的说法，凡是黄帝杀死龙的这一天都不能随便走动，那么干脆就应该禁止全天下的人来往算了。"

在先秦思想家中，墨子的逻辑思维是相当突出的。他对占卦先生的反驳是逻辑智慧的充分体现。占卜先生把墨子不能渡河归结为脸黑，墨子的反驳是不能渡河的人群中还有白脸；占卜先生说因为有人说某天黄帝杀了龙，所以不能随便走动，墨子的反驳是还有人说黄帝在其他日子杀了无数的龙，那天下的人都不要来往了。墨子不用实验、不用实践，利用逻辑的力量就证明了占卜先生的荒谬，可以说，逻辑是迷信的一大克星。

养士与亲士

有一次，墨子率弟子去卫国游说。到了卫国，墨子对卫国大夫公良桓子说："卫国是一个小国家，处在齐国、晋国之间，就像穷的家庭与富的家庭做邻居一样。穷家如果学富家的穿衣、吃饭，学着富家花费巨大的开销，那么穷家就会很快破败。现在看看您的家族，文彩装饰的车子有数百辆，食菽、粟的马匹有数百匹，穿文绣的妇人有数百人。如果把装饰车辆、养马的费用和做绣花衣服的钱财都用来养士，一定能养千人有余。如果遇到危难，就命令几百人在前，几百人在后，与几百个妇人站在前后，哪一个安全呢？所以啊！我认为不如把这些钱用来养士更安全。好钢用在刀刃上。对于有限的资源，要用在最有效的地方。”

养士首先要亲士。针对君王虽有足够的财产，却无法安心的现象，墨子分析说，所以如此，是因为“君子与普通人不同，君子想亲近和任用贤能的人，即士。君子总是自己承担困难的事情，让别人做容易的事情，用这样的方式来显示他们想亲近士的诚意；而普通人则正好相反，他们对自己很宽厚，而待他人却很苛刻。真正胸怀宽大、志存高远的君子，当士子们努力上进之时，他会鼓励他们，不挫败他们的志向；而当士遇到困难有所退缩之时，他也会认真审察他们的实际情况，不会随意地苛责他们。即使在君子所亲近和任用的士人中夹杂一些平庸的人，君子也不会有怨悔之心。墨子说，君子对于这种亲近士人的政策，是自信它是很正确的，因此君子能去做那些让人感觉丢面子，或者非常困难的事情，因为做完这些事情后，他最终就一定能达到自己的愿望。”

养士与亲士突出了人才对于一个国家的重要性。几千年前，中国就出现了“士农工商”的四大分工，“士”这个称呼在中国起源很早，在先秦典籍中有多种含义。男子可以称士；春秋战国时期，出现了新的士，他们是在学术上有独立见解的人，根据《说文解字》的解释指的是处事有才能的人。墨子所强调的礼贤下士、宽容进取，对当今社会也是很有现实意义的。

述而不作是君子吗？

公孟子是一个儒家弟子，他知道墨子对儒家学说多有贬抑，所以在墨子面前处处维护儒家学说，常常为儒家辩解。有一次，他对墨子说：“我们儒家学说认为，君子没有必要自己创作新的东西，只要能够阐述先贤的话就足够啦，这

就是所谓的——君子述而不作！”

墨子听了以后认真地回答他说：“我认为，真正的君子不应该是这样的！我们都知道，不具有君子品格的人分两种，最没有君子品格的人对于古代优秀的东西不阐述，对于当今优秀的东西也不把它记录下来。第二等没有君子品格的人，对于古时优秀的东西不阐述，但却把当今对自己有好处的东西写下来，他们希望人们认可的东西是出自自己的手笔。你看看，现在这些只阐述先贤的话而不创作的人，与不喜欢阐述古代好的东西却喜欢自己创作的人，从根本上说是没有什么区别的啊！我认为，真正的君子应该面对古代优秀的遗产时就阐述它，面对当今优秀的事物时就把它们用自己的话记录下来，这是因为，我们都希望好的东西更加地多啊！”

墨子对儒家学说中的很多观点都有自己不同的看法，对孔子的君子“述而不作”的反对就是其一。在墨子看来，真正的君子不仅要能够阐述古代的观点，同时也要能够对当代生活有自己的看法与评价，通过自己的力量去推动社会进步，所谓“述而不作”，实际上是对现实生活和自身社会责任的逃避。值得一提的是墨子对此的逻辑证明：“古代后羿制造了弓箭，杼发明盔甲，奚仲造车，巧垂做舟。按照述而不作的道理，今天的皮匠、做铠甲的工匠、车工都是君子；而后羿、杼、奚仲、巧垂都是小人吗？人们所遵循的，必然先有人去创作它。如果谁创作谁就是小人，那么人们所遵循的都是小人的行径了？”墨子的证明是很有力的，可惜的是，墨子以后，中国的逻辑就没有什么大的发展了。

想入非非的孔子

公孟子对墨子说：“以前的圣王们安排座次时，是以道德和智能为标准的。道德智能最高的，就立为天子，其次的立为三公，再次的就立为卿大夫。现在，孔子通晓《诗经》《尚书》等典籍，明察礼乐之制，知道天下的万物。假使孔子的道德智能符合于‘上圣’的要求，那么，为什么不可以把孔子立为天子呢？”

墨子回答他说：“真正的智者，必定尊崇天，侍奉鬼，爱人民，节约用度，只有符合这些条件的人，才算得上是智者。现在孔子的确对《诗经》《尚书》很精通，也能够明察礼乐，知道天下万物，可凭这些就认为他可以做天子，这好比是看着别人账本上的数字，就以为自己富裕了，真是想入非非啊！”

墨子曾经也是一个虔诚的儒家弟子，但他在学习儒家学说的过程中，发现了儒家学说的弊病，在墨子眼里，“在沉默之时能思索，说话时能教导别人，采取行动时能从事于义。能使以上三种情形交替进行的人，必定是圣人。”“能够去除背离仁义的喜、恶、怒、乐、悲、爱这些情绪，而用仁义来指导自己的行为，使自己的手、脚、口、鼻、耳都从事于义，这样的人必定是圣人。”对墨子的话如果赋予现代的含义那就是人应该不为外部世界的诱惑所左右，不为内心不良的情绪所阻碍，坚定执着地去实现自己人生的理想和目标。

救鲁之策

鲁国地小，齐国强大，鲁国的国君非常害怕齐国来攻打鲁国。有一天，他向墨子寻求解救鲁国的策略，他对墨子说：“我很害怕齐国来攻打我的国家，先生您有什么解救的办法吗？”

墨子说：“您完全有办法可以化解。从前，三代的圣王禹、汤、文、武，开始只不过是百里见方的首领，但因为他们喜欢忠诚的臣子，实行仁义，最后终于取得了天下；再看三代暴君，桀、纣、幽、厉，他们把对自己有怨气的人都当作自己的仇人，实行暴政，最终失去了天下。我希望君主您对上尊重上天，敬事鬼神，对下爱护民众，施利于百姓，并且准备好丰厚的皮毛、钱币，辞令要谦恭，赶快去与四面相邻的诸侯国相交往，动员全国的人民，让他们行动起来抵御齐国的侵略，只要坚持这样做下去的话，祸患就可以解救。如果不这样做的话，在我看来也是毫无办法了。”

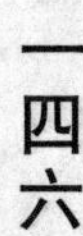

在我们看来，对待他国进攻的最好方式就是武力防御，然而鲁国又不足以防御齐国的进攻，实在为难。墨子提出了一套综合的、多角度的防御措施，包括政治、经济、外交、军事、文化……让我们不得不佩服墨子思考问题的深广。同时，墨子考虑的不完全是以暴制暴，而是通过改善国计民生来提高综合实力，他还特别重视行仁义等道德教化，这对我们今天社会的完善也有一定的借鉴作用。

止齐伐鲁

齐国已经磨刀霍霍，准备要去攻打鲁国，墨子试图阻止这场战争，于是对齐国的大臣项子牛说："你们要攻伐鲁国，简直是齐国的大错。从前，吴王夫差向东攻打越国，越王勾践困居在会稽；向西攻打楚国，楚国人在随地保卫楚昭王；向北攻打齐国，俘虏齐将押回吴国。后来诸侯们都来报这个仇，百姓苦于战争的疲惫，不肯为吴王效力，从此吴国灭亡了，吴王自己也成为刑戮之人。从前智伯攻打范氏、中行氏的封地，又兼并了三晋卿的封地。后来诸侯们来报这个仇，百姓苦于战争的疲惫而不肯为智伯出力，他的国家灭亡了，他自己也成为刑戮之人。所以大国攻打小国等于是互相残害，最终这个灾祸也必定会返及于本国。"

齐国在攻打鲁国之前，一定没有考虑到自己进攻他国的后果，这种后果不见得完全有利于自己，也很有可能有害于自己。墨子正是用战争对于进攻方的害处来说服齐王的。对我们今天的人来说，当我们太期望得到一件东西和一个结果的时候，就可能对周遭的危险视而不见，墨子告诉我们，不能盲目冒进，而应该冷静、客观地分析，随后再采取行动。

所谓忠臣

鲁阳文君深知要治理国家必须有贤能的人辅佐自己，但对什么是贤才，鲁阳文君却感到很糊涂，他常常因为信任了不该信任的人而感到懊悔，这或许就是因为“身在山中”的缘故吧！为了让自己对贤才的标准更加清楚一些，他特地到墨子的住处，向墨子请教人才的问题。

鲁阳文君对墨子说：“我身边的大臣告诉我，忠臣应该是这样子的：国王命令他俯身他就俯身，命令他仰身他就仰身；日常起居非常安静，不会打扰到别人，可当国王呼唤他时，他却能够迅速地回应。先生，您认为这样的人可以算作忠臣吗？”

墨子听了以后大笑说：“命令他俯身就俯身，命令他仰身就仰身，这就好像影子一样；平时很安静，呼唤他的时候就答应，这就好像回声一样。大王，您仔细考虑一下，您能从这种像影子和回声一样的臣子那里得到什么呢？”

鲁阳文君听了连连点头，他急忙问道：“那么先生，您认为的忠臣应该是什么样的呢？”

墨子回答说：“在我看来，所谓的忠臣应该是这样的：君王一旦出现过错，他就会找适当的机会劝谏国王；当自己有了有利于国家发展的见解的时候，他就会主动告诉自己的国君，而不是轻易地告诉其他人，或者与他人议论；他还应该，并且能够匡正君主的偏邪和错误，引导自己的君主进入正道，将是非善恶的标准都统一于上级，而不在下面结党营私。如果一个人能做到这些的话，他就会使美好和善良归于君主，而将仇怨归于自身，使安乐归于君主，而将忧愁悲伤归于自身。能做到所有以上这些的，就是我所认为的忠臣。”

鲁阳文君认为忠臣就是要对自己俯首帖耳，而墨子认为忠臣就是应该能直言善谏，能够给国君带来帮助。由此看来，自上而下的制度需要的是奴才，而自下而上的监督，才需要真正的忠臣。

得不偿失

墨子南游到楚。楚国边境有个叫鲁阳的地方（在今天的河南省境内），其国君鲁阳文君早就听说过墨子的大名，知道他是“北方的贤人”，便将他请到鲁阳居住了一阵。两人一见如故，相处甚欢。鲁阳文君也算是一方之主，但在墨子面前表现得很谦虚，把他在内政、外交中的困惑和盘托出。墨子也没客气，给他做了详细的咨询，让鲁阳文君茅塞顿开。

鲁阳文君看到别的大国从进攻、吞并别的小国中得到了土地、人口、金钱等很大的好处，自己也摩拳擦掌、跃跃欲试。墨子看出了鲁阳文君的心思，他决心劝阻他。他对鲁阳文君说：“大国进攻小国，就好像小孩子趴在地上学马走路一样。”鲁阳文君一听就哈哈大笑了：“先生真是会开玩笑，战争那么大的事情，怎么能跟小孩学骑马比呢？”

墨子也跟着笑了，他说：“您看，打仗不正和小孩学骑马一模一样吗？小孩子趴在地上学马爬，又累又辛苦，简直是自己给自己找罪受，可孩子们照样乐此不疲，以为自己得到了很多的乐趣。现在大国进攻小国，大国看起来很厉害，但实际上大国的农民们不能继续耕作，妇女们不能进行纺织，大国上至国王下到平民百姓都把进攻别的国家当作了眼下应该做的最重要的事情，这不是自己给自己找罪受吗？可他们还以为自己得到了很多的好处，这不是跟小孩趴在地上学骑马一样愚蠢吗？”鲁阳文君听完，低首沉吟不语，他明白了原来墨子是想用小孩学骑马的比方来说服自己不要轻易地攻打别的国家，这听起来似乎有道理，但他并不打算接受，于是他客气地打断了墨子，结束了这次谈话。

墨子知道他并没有说服鲁阳文君不要攻打别的国家，这件事成了墨子的心病，他时时惦记着，准备再找机会劝导他。有一次，墨子看到鲁阳文君对刻在铁鼎木器上的先辈的历史非常感兴趣，墨子认为机会来了，便对鲁阳文君说：“陛下，如果此时一个国家进攻自己的邻国，屠杀邻国的人民，掠取当地的牲畜、粮食和财物，然后在竹帛上写上这段历史，在金石上刻上这段历史，把它写成铭文刻在器物上歌功颂德，传给后代子孙，说：‘没有比我更多的了！’现在的普通老百姓，他们也进攻自己的邻居，杀了邻居的家人，夺取他们的狗猪、粮食和衣裘，也在竹帛上书写，在食器上刻上这些事情，传给子孙，说：‘没有比我更多了的！’您看这样可以吗？”

鲁阳文君一听，马上拍着桌子说：“先生，您一向深明大义，这还用说吗，肯定不可以啊！”墨子听到他的话，微笑颔首，不说一句话。鲁阳文君愣了愣，又想了想说：“确实是这样啊！这怎么可以呢？依您的话来看，天下认为合理可行的事情，不一定就是对的啊！”

墨子接着对鲁阳文君说：“如今此地有一个人，养了很多牛羊，厨人每天袒露着手膀为他宰割整理，他吃也吃不完。但他看见他人做面饼，居然去偷吃，还说道：‘这个给我吧！’陛下，您认为这个人是因为好的东西不够吃呢？还是有一种偷窃的毛病呢？”鲁阳文君说：“这应该是有偷窃的毛病了。”墨子接着说：“楚国四境的田地，多到没有人耕种，已经开始荒芜，而楚国国君见到宋郑两国的空地，也居然去偷窃它、霸占它。陛下，您看这和上面提到的那人有分别吗？”鲁阳文君回答道：“听您这么说，我觉得这和前面提到的那个人一样，实在是有偷窃的毛病了。”

与墨子的对话结束后，鲁阳文君暗暗感到很羞愧：“墨子先生说的偷盗病，不正是在说我吗？”

这个故事充分体现了墨子的“非攻”思想，在墨子看来，战争无论对哪一方都是有害的，是“双输”。墨子在这个故事里还告诉我们一个道理，看待事物时，不要只注意它的利处，更要注意它的弊处。人们认为理所当然、天经地义的东西，不一定是正确的。

守义志坚

墨子派遣自己的学生公尚过前往越国任职。公尚过到了越国以后，不断地劝说越王，越王非常高兴，对公尚过说："先生假如能让你的老师墨子到越国来教导我，我愿意分出过去吴国的五百里地封给他。"公尚过听了以后非常高兴，他答应了越王的要求。于是越王给公尚过套了五十辆车，到鲁国去迎接墨子。公尚过对墨子说："先生，我用您的学说劝说越王，越王非常高兴，对我说：'假如你让墨子来教导我，我愿意分出过去吴国的五百里地封给墨子。'"

墨子对公尚过说："你观察越王的心志怎么样？假如越王能够听取我的言论，采用我的学说，那么我就会到越国去。我自己会过得非常节俭，估量着自己的饭量吃饭，量好自己的身体做衣赏，决不浪费越国的钱财。我如果真的处于群臣之列，怎能光想着封地呢？但是，如果越国不听我的言论，不采纳我的学说，那么我去了，就等于把'义'出卖了。同样是出卖'义'，在中原国家好了，又何必要跑到遥远的越国呢？"

墨子是个令人钦佩的理想主义者。在他看来，普通人所要求的功名利禄都不能吸引他，而为了他一生所追求和奉行的"义"，他却可以奉献自己的全部。为了理想如此执着，怎能不让人钦佩？

舍生取义，苦而为义

墨子常常语重心长地对自己的学生和民众说："世界上的万事没有比义更加宝贵的了。"

他举了个例子说："假设今天跟人说：'给你帽冠和鞋子，而断你的手足，你会答应吗？'这个人一定不会答应。为什么呢？因为帽与鞋不像手足那么宝贵。如果再跟他人说：‘给你天下，而杀了你，你答应吗？’这个人也一定不会答应。为什么呢？因为天下不像自己的生命那样宝贵。然而人们却常常因一言不合而导致互相拼杀，这是为什么呢？这就是因为心中坚持的道义比自己的生命更加宝贵的缘故。所以啊，万事没有比义更宝贵的了。”

墨子不仅口头强调义的重要性，而且用自己的行动来实践和证明自己的观点。有一次，墨子从鲁国到齐国去探望自己的一个老朋友。这个老朋友早就听说墨子为了坚持行义吃了很多的苦头，所以见到墨子以后，他很想劝告一下墨子，便对他说：“现在天下没有人行仁义，你何必自己一个人苦苦地坚持行义呢，你不如就此停止吧！”

墨子回答他说：“现在假设有一个人，他有十个儿子，但只有一个儿子下地耕种，其他九个都闲着不干活，那么这个下地耕种的人不能不更加紧张啊！这是为什么呢？因为张口等着吃饭的人太多而耕种的人太少。现在天下没有人行义，作为朋友，你应当劝勉鼓励我更加努力地行义，为什么还制止我呢？”

舍生取义体现了人的精神境界，生命对于每个人来说只有一次，所以必须爱惜。而墨子的看法是，人应该牺牲小我而成全众人、拯救社会，为了“义”，人可以献出一切。古往今来，敢于献身并不是墨家独有的操守，有人为真理献身，也有人为魔鬼献身，这样墨子的献身不仅仅是“能不能死”的问题，更是一个“为什么而死”的问题，墨子的身体力行为我们提供了值得思考的答案。

背禄向义与背义向禄

墨子想把自己的学生高石子派到卫国辅佐卫国的国君，可是卫国国君并不了解高石子，不一定会起用他。于是，墨子先派自己的学生管黔到卫国，在国君面前把高石子大大地称赞了一番。卫国国君听了管黔对高石子的赞美之辞后，便让高石子在卫国做了官，给了高石子优厚的俸禄，并且还赐给了他卿的爵位。

高石子在卫国做官后，先后三次入朝晋见卫国国君，每次他都竭尽所能，把他从墨子那里学习到的主张讲给卫君听。卫君每次听了都连连点头赞叹不绝，实际上却一丁点儿都不采纳实行。于是，高石子最终放弃了优厚的俸禄和爵位，离开卫国回到了齐国。在齐国，他见到了墨子，他对自己的老师说："卫国国君因为老师您的缘故，给我的俸禄很优厚，安排我在卿的爵位上。我为了回报他的恩德，三次朝见卫君，三次我都把自己治理国家的意见详细地向他讲解了，但卫君却不采纳实行，因此我离开了卫国。卫君恐怕一定会认为我发疯了吧？"

墨子说："假如你离开卫国的决定是正确的，那么为了一个正确的决定，承受别人认为你发疯的责难有什么不好?！古时候周公旦驳斥关叔，关叔于是辞去三公的职位，到东方的商盖生活，当时的人们都说他发狂了，但后世的人直到现在还在称赞他的德行，颂扬他的美名。何况我听说过：'行义时，我们不能回避诋毁而追求称誉。'离开卫国的决定假如符合道的原则，承受发疯的指责有什么不好！"

高石子回答说："老师，您说得对！我离开卫国，何尝不是遵循道的原则！以前老师说过：'如果天下无道，仁义之士就不应该处在厚禄的位置上。'现在卫国国君无道，而我如果贪图他的俸禄和爵位，那么，就等于我只图吃人家的粮食了。"

墨子听了他的话后，就把禽滑厘等学生都召来，对他们说道："你们姑且听听高石子的这些话吧！违背义而向往俸禄的人我常听到也常看到，拒绝俸禄而向往义的人，我只在高石子这里见到了。"

同样是墨子派出去做官的学生，有一次却发生了完全相反的情形。

墨子又派了一个学生到卫国去做官，但不久以后，这个到卫国去做官的人却回来了。墨子感到很奇怪，就问他："你为什么这么快就回来了呢?"这个学生愤愤地回答说："因为卫国国君没有说到做到。卫国国君说：'如果你来做官的话，我们给你千盆的俸禄。'但实际上，等我到那里以后，他却只给了五百盆，因为他们失信于我，所以我离开了卫国。"

墨子又问："如果卫国给你的俸禄超过千盆，你还会离开卫国吗?"那人答

道："当然不离开啦。"墨子说："既然这样，那么你不是因为卫国失信于你才离开卫国的，而是因为你嫌卫国给你的俸禄太少！"

生活中会有很多人为了欲望或利益背信弃义或者见利忘义，却很少有人会像墨子这样，放弃身边众多的、丰厚的物质诱惑，始终坚持自己的理想。他不仅自己坚持理想，还用自己的实际行动尽量去影响别人，这就非常难能可贵了。

义为治国之宝

有一天，墨子给他的学生们上课，他觉得有必要再向他们形象地说明一下义的重要性，于是问他们说："和氏璧、隋侯的月明珠（古代传说中的明珠）、九鼎之尊……这些都是帝王将相们认为最好的宝物。但是，你们考虑一下，它们可以使国家富强、人口增加、政治管理得当、江山社稷稳固吗？"

学生们都在认真地思考，争先恐后想要回答老师的问题。可还没等学生回答，墨子又自己说道："毫无疑问，这当然是不可以的！所谓国家最宝贵的宝贝，应该是，也只能是对百姓真正有用的东西！但你们看看，什么和氏之璧、隋侯之明珠、九鼎之尊，这些东西对人民来说根本没有什么实际的好处，它们怎么说得上是天下最宝贵的宝物呢？现在如果我们用'义'来治理国家，那么国家的人口一定会增多，国家一定会管理得当，江山社稷也会稳定。最珍贵的宝贝，是真正对人民有益处的东西，而'义'恰恰对人民有益，也对每个人有利处，所以啊，你们应该记住，只有'义'才是天下最好的宝物。"

有人问墨子："那么，天希望什么又厌恶什么呢？"墨子说："天希望的是'义'而厌恶的是'不义'。"对此，墨子做了解释："如果我率领天下的百姓做义事，那么我就是天所希望的。我是天所希望的，天也是我所希望的。然而具体说来我有什么希望的又有什么厌恶的呢？我希望福禄而厌恶灾祸。如果我率领天下的百姓做天厌恶的事情，那么我就等于是率领天下的百姓做陷身于灾祸之中的事情。天所以希望义是因为天下的人有义则生，无义则死，有义则富，

无义则贫，有义则治，无义则乱。天希望人们生存而不希望他们死亡，希望人们富裕而不希望他们贫穷，希望社会治理得安定富强而不希望社会动乱。”

根据上面的分析，墨子得出结论，“因此说，我知道天希望的是‘义’而厌恶‘不义’了。”

“义”是墨子思想学说体系的一个重要组成部分。照墨子的说法是“没有比义更宝贵的事情了”。它有两方面的含义：一是“义行”，二是“义政”。所谓“义行”，首先便是尊重和爱护他人劳动果实，杜绝任何不劳而获、非法攫取的企图；同时，作为个体，还应积极履行自身所承担的社会责任与义务，“有力者疾以助人，有财者勉以分人，有道者劝以教人”。所谓“义政”，就是要“爱民”“利民”，想百姓之所想，急百姓之所急。我们总是把价值连城的，或者世所罕见的东西当作宝贝，而墨子告诉我们，真正值得我们看重的，是无法用金钱衡量、真正对我们生活有益的精神价值。

誉而不誉，非仁也

墨子在自己的学说里，把古代的君王分为圣王和暴君两类。我们今天可以简单地理解为，圣王就是行义政的君主，而暴君就是行暴政的君主。墨子认为，在他生活的时代之前，夏禹、商汤、周文王、周武王是三代圣王，这三代圣王去世以后，天下就把最根本的“义”抛弃了，君王和诸侯们开始用暴力统治世界，大国进攻小国，恶人欺负善人。因此，墨子常常用古代英明的圣王做例子，不仅教导当代的王公大人们要行义政，爱利人民，也告诉普通老百姓应该行义举，尽自己的力量使自己生活的环境更美好，不要偷懒，更不能成为贼寇，贪图不劳而获。

由于墨子总是赞美过去的圣王，用他们作为参照，对当代的君王提出很多“整改”意见，也对当时百姓身上不仁不义的“匪气”多有不满，巫马子便认为他又找到了墨子学说的漏洞，这次他又向墨子“开火”啦。

巫马子对墨子说："先生，你总是对今天活着的人不愿意多说一句赞美的话，对古代死去的圣王，你却极尽美誉之辞。墨子啊墨子，你不觉得这很好笑吗？你这样做，就好比一个大活人却对着一堆干枯的骨头大加赞美一样。你不会跟那些普通的木匠似的，眼睛里只有干枯的木头，却看不到那些郁郁葱葱、正在茁壮成长的树木吧？"

墨子听了以后非但不生气，反而和善地对他说："巫马子，你想想看，我们今天的社会为什么会如此兴盛？这难道不是因为我们用前代圣王的圣明主张来教育当今百姓的结果吗？我们现在赞美前代的圣王，不仅仅只是为了赞美已经过世的君主，而是为了赞美他们那些使天下得以存在和发展的圣明主张。如果我们该赞美的不去赞美，这就是对人不亲善、不仁爱的做法了。"

我们现在所拥有的一切，都是在先人的基础上建立起来的，所以，首先，我们应该学会感恩。其次，我们要看到传统是有生命的，而不是僵死的，现有的一切都是在传统的基础上形成的，割裂现代与过去的关联，现在也就不存在了。

巫马子杀人以利己

巫马子与墨子辩论屡战屡败，但他一点儿也不气馁，反而越战越勇。有一次，他又向墨子的"兼爱"主张发起攻击。他对墨子说："墨子，你还是不能说服我！我跟你是完全不一样的，我可不能做到你说的'兼爱'。我们儒家认为，人有远近亲疏的区别，我们可不会也做不到平等去爱每一个人。比如吧！我爱邹国人胜过爱越国人，爱鲁国人又胜过爱邹国人，爱我乡里的人胜过爱鲁国人，爱我的家人又胜过爱乡里人，爱我的父母亲胜过我的家人，爱我自己又胜过我的父母，愈近愈亲，愈近愈爱。别人打我我一定会感觉到痛，但打别人我自然不会痛，为什么我不去解救自己的痛苦，反而要去解救那些不关自己痛痒的人的痛苦呢？所以啊，必要的时候，为了使自己处于有利的地位，或者为了得到更多的好处，我可以杀人，但我决不会杀了我自己而使别人得到好处。”

墨子听完以后，马上反问他道：“像你这样的主张，你是准备把它悄悄隐藏在心里呢，还是准备公之于众，让天下人都知道？”

“凭什么我要把我自己的主张藏在心里？我巫马子敢作敢为，我定要把这个想法告诉全天下的人。”巫马子仰着头骄傲地回答墨子。

巫马子

墨子又反问他：“可是，你不觉得你这样的主张是自作聪明、自取灭亡吗？”

巫马子听了一愣，不解地问道：“墨子你何出此言，愿闻其详。”

墨子于是解释道：“按照你的说法，如果有一个人赞成你的主张，他就要实行你‘杀人以利我’的想法，这个人就应该无论如何要杀掉你，因为这样才能对他自己有利。有十个人赞成你的主张，这十个人就要杀掉你；天下人都赞成你的主张，那么天下人都要杀你。反过来说，如果有一个人反感你的主张，他也必须杀掉你，因为他认为你是散布不吉祥言论的人；十个人不喜欢你的主张，这十个人就要杀掉你；天下人都不喜欢你的主张，天下人都要杀掉你。赞成你主张的人要杀你，不赞成你主张的人也要杀你，这是因为，你口出狂言，这就如同用刀伤人一样，因此人们也要杀掉你，这样才能对他们自己有利。”巫马子听完这段话，眼睛瞪得大大的，他这样说的后果，他自己可是从来没有考虑到啊！

墨子看他有所领悟的样子，就继续点拨他道：“你的话，只贪图个人的好处而导致杀身之祸，说明你不是真正明白什么是互爱互利。假如你不是因为人与人之间的互爱互利而发表这样的言论，那就是荡口了。”

墨子说的“荡口”简单的解释就是“不应该被推崇的却被推崇了”。墨子常常说，说到做到的人，应该受到推崇；说到做不到的人，不应该受到推崇。兼相爱、交相利明明是合理的，却要人们奉行亲疏有别，这就是荡口——胡言乱语。人如果做事只考虑自己的感受和得失，实际上是对自己的不负责任，必然会遭受他人和社会的谴责。

墨子悲丝

有一天，墨子在街上行走，突然在一家染坊门口停住了。他看着工匠漂染各种颜色的布出神。一会儿，他长叹一声，对周围的人说：“一块白布，放到了黑色的染料中，就变成了黑色；放到黄色的染料中也就变成黄色了。颜色不一样，染成的布也就不一样。把几种颜色放在一起来染布，是染不出好颜色的布的。这是多么简单的道理呀！”

说完墨子停顿了一下，想想后继续说：“治理一个国家和这染布是同一个道理啊！以先人为例，舜帝和许由、伯阳这样的贤臣在一起，就受到了他们的熏陶；禹帝和皋陶、伯益在一起，就被他们的德行所感染；汤和伊尹、仲虺这样的能臣处政论道，朝夕相处，便被他们所感化；武王被太公、周公这样的贤人所影响。这四个君王都是历史有名的圣王，他们从自己身边的人那里获得了良好、恰当的教益，因此他们能够统率天下。”

说到这儿，墨子不由想到了那些不得人心的暴虐的君主：“可是，我们再看看夏桀这样的暴君，他被干辛那样只会讨好君王的谗臣所熏染，我们唾弃的殷纣、厉王、幽王又何尝不是如此。这四个王就是因为他们身边的人不是贤臣，最终他们自己也被带坏了，落得国家败落自己惨死的下场，被天下所耻笑啊！”

“唉！可是，就像染丝这么简单的道理，人们往往却不能按理而行。”墨子从自己的思考中回过神来，看看周围，也没有几个人在听他说话，路过的百姓脸上毫无表情，心中不由得悲哀起来。

尧、舜、禹、汤是中国古代历史上著名的明君，而夏桀、殷纣、周幽王、周厉王则是出了名的昏君，在《墨子》这部书中，墨子常常用他们作为例子，来说明治国理政的道理。墨子想从染丝的常识，来说明君王在治理国家时应该充分注意到身边的大臣对自己的影响，应该任用贤臣而远离谀臣，这样国家才会强大，百姓才能过上平安、幸福的日子。

然而染丝的道理仅仅是对古代君王来说有借鉴的意义吗？对我们平常人来说，何尝不是如此？好的朋友带给我们知识与快乐，让我们在相互的交往中提升自己；坏的朋友则在潜移默化中给我们很多坏的影响。因此，我们应该时时对周围的人和环境有客观而冷静的认识，尽量使自己置身在有利于自己发展的环境中，尽量去结交好的朋友，同时自己也应该做一个对别人来说是“好”朋友的人。

巧拙之分

有一段时间，公输般每天起早贪黑，精雕细凿，经过了很多次失败的尝试，终于用竹片和木头切削后做成了一只鸟。这只雀鸟亭亭玉立，栩栩如生，就好像活的小鸟一样生动灵巧，惹人喜爱。最令人称绝的是，他还能让这只雀鸟飞起来，这只鸟悠悠地扇着小翅膀，在天空中翱翔了三天才落下来，周围的邻人都伸长脖子仰着头看了又看，啧啧赞叹，连连称奇。这个小小的发明又让公输般感到万分得意，别人的赞誉更是让他心花怒放。他感到自己的技艺已经到了非常精湛、无与匹敌的地步。

公输般沾沾自喜的样子让墨子实在看不下去了，墨子觉得自己应该点拨他一下，便对公输般说：“看看你做的雀鸟，还不如最普通的木匠做的车轴上的档木呢！”公输般一听这话，马上不高兴了，他撇着头瞟了墨子一眼，轻蔑地说：“普通的木匠怎么可能跟我比！”

墨子看他一副不领悟的样子，便指着他的小鸟说道：“你看，同样是一块削成三寸的木头，小小的档木可以担负五十石重的东西，而你的这只鸟，除了能在天上飞，还能用它来做什么呢?”看到墨子在众人面前无情地贬低自己，公输般霎时气得脸都白了，真想抓住墨子就打架。

看到他气势汹汹的样子，墨子顿了顿，说：“其实，作为一个工匠，我们每天做的事情，只要是有利于百姓的，哪怕是一块档木，都可以称作精巧；但若是不利于百姓的，哪怕它再高明，都只能叫作笨拙了。”

从上面第二、三个关于公输般的故事我们可以知道，除了希望工匠们不要把自己掌握的技术用于战争之外，墨子还希望工匠们在发明创新的时候能真正考虑百姓生活的需要，而不是创造一些“中看不中用”的东西。这个观点固然还可以商量，太注重实用就容易忽视生活中的美感，而太注重美感又容易使人忘记实际的生活，最理想莫过于在两者之间能够寻找到平衡。

这两个关于公输般的事迹出自《墨子·鲁问》。在《墨子》一书中很多篇名都由文章开头两个字而来，比如“贵义”篇的篇名“贵义”。

公输善巧

楚国和越国为了争夺领土和人民，一度在长江上展开激烈的水战。楚国的军队处在战场的上游，他们能够借着激流进攻越国，但却要在越国进攻的时候逆流防守。因此，他们进攻的时候轻舟而下很顺利，但防守的时候想尽快逆流而上摆脱敌人却十分困难。而越国的军队与楚国正好相反，他们逆流进攻，顺流防守，所以每当遇到不利情况的时候，他们总是能迅速地躲开敌人全身而退。正因为这样，在越国与楚国的多次水战中，越国人吃亏不大，他们总是能够轻松地打败楚国人。但尽管如此，双方在战争中都死了很多战士和无辜的百姓，伤亡很大。

楚国人并没有因为百姓的伤亡而停下战争的脚步，相反，他们一直在苦苦算计如何才能打败越国人。正当楚国人为能够教训一下越国人而急得焦头烂额的时候，著名的工匠公输般从鲁国南游到了楚国。当得知楚国战败的情况和原因以后，他寻思这可是一个千载难逢地讨好楚王的好机会，于是便开始考虑为楚国研制有利于水战的兵器。他设计了钩和镶两种武器：当敌人撤退的时候，士兵们可以用钩钩住他们的船，继续攻击他们；而当敌人进攻的时候，士兵们就可以用镶把他们的船推开，使敌人不能靠近他们。楚王看到公输般演示这两件兵器后大喜过望，他命令工匠丈量钩与镶在战争中应该有的合理长度，制成了进攻越国的兵器。使用这两种新式武器的楚军，在后来的水战中，屡屡让越军惨败。

公输般看到自己发明的武器不仅使楚国人在水战中无往不利，更让楚王龙颜大悦，心里非常得意，他自豪地在墨子面前夸耀他设计制造的钩、镶的灵巧，说："我的船战有自己设计制造的钩、镶，不知道您的义是否也有钩、镶？"

墨子看到他一点儿不为百姓的伤亡感到难过，反而为自己发明的杀人工具感到得意时，便郑重地回答他说："我的义所拥有的钩镶，比你战船上的钩镶强多了。我的钩镶是用爱和恭敬制成的。不用仁爱作钩镶，人们不会和你亲近，不用恭敬作钩镶，人们就会傲慢无礼。互相亲爱、互相恭敬，才可以达到相互受益。现在，你用钩镶去钩住别人，别人也能用钩镶来对付你；互相钩，互相镶，就是互相残害。所以我的义的钩与镶，胜过你战船的钩与镶不知道多少倍！"公输般听了这番话后，无言以对，脸上露出惭愧的神色。

看来公输般确实是一个不可多得的能工巧匠，但他却把自己掌握的技术用来炫耀，用来迎合统治者的需要，甚至不顾百姓生死用它来助长战争的蔓延，这与墨子"非攻"的思想完全背道而驰。而墨子不仅不希望看到战争的发生，更乐于看到人与人之间能够互相爱护、对彼此有利，国与国互利互惠，整个社会和谐圆满。

止楚攻宋

公元前5世纪，位于长江中游一带的诸侯国楚国，是一个地广人众的大国，在它北部的宋国是个地少人寡的小国。楚国国君请巧匠公输般（即我们熟悉的鲁班）设计制造了攻城用的新式工具——云梯，磨刀霍霍准备去攻打宋国。墨子得知这个消息以后，急忙从鲁国赶往楚国，想要制止这场战争的爆发。一路上，他不顾疲劳，忘记了休息。鞋破脚烂，他就把自己的粗布衣服撕下一块来，裹在脚上，继续赶路。终于，他用了十日十夜的时间，不畏风霜劳苦，从北方黄河流域的下游千里迢迢来到南方的楚国，见到了公输般。

公输般看到墨子，就问他："先生这么远来有何见教？"

墨子说："在北方有人对我不敬，侮辱了我，我想请你去杀掉他！"

公输般一听很不高兴。

"我送你十两黄金！"墨子又说。

好像自己受到了侮辱一样，公输般生气地说："你把我看成小人了，我奉行义，决不杀人！"

墨子很感动地站起身来，对着公输般拜了两拜，然后说："我有几句话要说。我在北方听说你造了云梯，要帮助楚国进攻宋国。宋国有什么过错呢？楚国最不发愁的是地方大，而最缺少的是百姓。而现在你要用楚国最缺少的百姓去争夺楚国最不缺少的土地，这不能说是有智慧；宋国没有什么罪过，你却要攻打它，这不能说是仁；你明明知道，这样做不好，却不阻止楚王，这不能说是忠；即使你向楚王争辩过，争了没有达到目的，这不能说是强；您自己说讲道义而不肯杀死一个人，现在却要去杀很多的人，这不能说是明白事理。"

公输般一时语塞，不知道该如何回答他。

"那么，不是可以停止进攻的准备了吗？"墨子问公输般。

"那可不行，"公输般坚决地说，"我已经对楚王说过了，我不能失信于人。”

墨子说：“好吧！那你可以带我去见楚王吗？”

公输般说：“可以。”

见到楚王后，他问楚王：“现在有这样一个人，舍弃自己华丽的车子不坐，想去窃取邻人的破车子；舍弃自己的锦绣衣服不穿，想去窃取邻人的粗布衣服；舍弃自己的米、肉不吃，想去窃取邻人的糟糠恶食，你认为这是怎样的一个人呢？”

楚王回答：“这必然是盗窃成性的人。”

“楚国有方圆 5000 里，”墨子说，“宋国却只有 500 里，这就像华丽的车子和破车；楚国有云梦，满是犀兕、麋鹿，长江、汉水的鱼鳖、龟鼋之多，哪里都赛不过，宋国却是连野鸡、兔、鲤鱼也没有的，这就像米、肉和糠屑饭；楚国有长松、文梓、楠木、豫章，宋国却没有大树，这就像锦绣和短毡袄。所以据臣看来，大王派兵攻打宋国，和这是同类的问题。我看大王如果发动战争，既在道理上说不过去，事实上也达不到目的。”

“你说得的确不错，”楚王说，“不过公输般已经在帮我制造云梯，总得去攻了。”

墨子为了打消楚王进攻宋国的念头，便和公输般在楚王面前试演云梯攻城和防御的方法。墨子解下身上的革带当作城池，用一些小板当守城的器械，当着楚王的面与公输般模拟了一场攻守械斗。公输般用云梯、撞车、飞石等九次展示攻城的办法，墨子进行了九次成功的抵抗。公输般器械用尽，而墨子防守有余。最后，公输般“战败”。

公输般失败了，他却说：“我知道用什么法子赢你，但是我不说。”

墨子说：“我知道你想怎样对付我，但是我也不说。”

楚王听得莫名其妙，便问道：“你们这是什么意思？”墨子说：“公输般的意思不过是想杀掉我。他以为杀掉我，宋国就没法守城了。其实，我的弟子 300 多人已经到宋国做好守城的准备了。您即使杀了我，楚国也打不了胜仗。”

楚王听后，终于放弃了对宋国的战争。

墨子回去的时候，正好经过本来要被楚国攻打的宋国，正巧这时候天上下起了大雨，墨子只好在闾门外避雨，看守闾门的人看墨子穿得破破烂烂，说什么也不让他进去。

于是人们常感叹说："将灾祸在酝酿阶段就解决掉的人，人们往往不知道他的功绩；灾祸发生了，在明处争辩的人，大家却都知道他。"

墨子止楚攻宋的故事出自《墨子·公输》。墨子救宋的事迹，是墨子及其弟子以勇敢与智慧成功地制止大国进犯小国的最著名的一次，是墨家学派"兼爱、非攻"思想主张的具体实践，这也充分体现了墨子"不战而屈人之兵"的军事思想。

《公输》篇是《墨子》一书中的最后一章，主要讲的是墨子与公输般之间发生的故事，流传至今，只保留下了"止楚攻宋"这一个。公输般即我们都耳熟能详的鲁班，从"班门弄斧"这个成语里，我们知道鲁班是一个能工巧匠，技艺超群，为历代工匠所崇拜，但在《墨子》里，我们看到的却是一个狡黠、自负、不负责任的鲁班。

尚同之道

墨子认为，天下之所以混乱，是因为没有统一的行政长官，因此，人们应该选举天下贤能又可以当政的人，立他为天子。但天子一个人的力量怎么能够治理国家呢？于是人们又要选举贤能的人作为三公。但天下博大，三公不可能对每一个地方都了如指掌，因此把天下划分为若干国家，再立诸侯国君。诸侯国君确立以后，他们的力量也不足以治理诸侯国，因此还要任用贤能的人作为正长。

正长确立以后，天子就可以向天下的百姓发布政令，说："听说要为善但没有做善事的，都要告诉他的上级。上级认为对的，下级也要认为对；上级认为错的，下级也要统统认为是错的。上级有过错的话要规谏他，下级有善举则要广泛地推荐给上级。与上级保持一致而不与坏人勾结的人，正是上级应该奖赏而下级应该学习的人。如果听说为善但没有为善，没有告诉上级；对上级认为对的也不认为是对的，上级认为是错的也不认为是错，上级有过错不能规谏，下级有善举也不能学习，与坏人勾结不与上级同心的人，就是上级所要惩罚而百姓所要诋毁的了。”上级要按这样的标准来进行赏罚，就必然明察而且审慎、可靠。

但是墨子认为，如果百姓都与天子行为一致，而不尊崇天的话，灾祸还是不能免掉，天正是用频频的自然灾祸来惩罚那些不与天所要求的相一致的人。墨子最后形象地比喻说：“这样的‘尚同’之道，就好像总的束住纷乱的线头的那根线，渔网上的那根总的绳，连同天下那些不愿意与上级协调一致的百姓都一起收了进去。”

墨子希望用“尚同”的办法统一社会的舆论，这样就可以推行他的贤人政治，进而实现兼爱、非攻的社会理想。但墨子的“尚同”有明显的缺陷，既然下级要服从上级，又怎么可能向上级指出他的错误呢？即使下级大胆向上级指出他的错误，但上级坚持那是正确的，下级是不是应该无条件服从呢？此外，谁又来监督上级呢？尤其是天子，“天”的约束真的那么有力吗？因此，下级对上级负责的制度实际上是不可取的。

兼相爱，交相利

春秋时代，战乱连年不断，人民生活困苦。当时的思想家们都在苦苦思索，为什么人类社会中人与人、国与国之间会互相敌视甚至残杀呢？用什么样的方法才能使人与人的关系变得亲近，社会变得和谐呢？他们对现实社会有各自不同的解答，墨子是这样回答这些问题的。

他首先认为，圣人以治理天下为自己的事业，一定要知道天下的纷争从何而起，这样才能对症下药，这跟医生给病人看病是一个道理。

墨子说，“我们观察一下，社会的混乱从何而起呢？它起自人们都不能相亲相爱。大臣不对君王忠诚，做儿子的不孝敬自己的父亲，这个世界能不混乱吗？做儿子的只爱自己，而不爱自己的父亲，就一定会为了自己的利益而损害自己父亲的利益；做弟弟的只爱自己，而不爱自己的兄长，就一定会为了自己而做伤害自己的兄长的事情；大臣们只爱自己，而不忠于自己的国君，就一定会为了自己的好处而做对不起国君的事情，这就是所谓的社会混乱。反过来说，父亲不爱自己的儿子，兄长不爱自己的弟弟，国君不爱自己的大臣，这也是天下混乱的表现。所有这些为什么会发生呢？就是因为他们不能相爱。”

“那么，”墨子接着说，“对大夫来说也是如此。做大夫的只爱自己的封邑，而不爱别人的封邑，因此为了使自己的封邑变得更大，而侵夺别人的封邑。诸侯国之间互相进攻不也是这样的吗？他们互相进攻，不就是为了自己的国家吗？这是为什么呢？也是因为他们不能相爱。”

墨子说，“如果让天下的人都能够相亲相爱，每个人都爱别人就好像爱自己一样，还会有不孝顺的儿子和不慈爱的父亲吗？这就好比如果盗贼都把别人的家当作自己的家的话，那么谁还会偷窃呢？大夫们、诸侯们又怎么会侵略别人的封邑和国家呢？这样一来，如果天下都相亲相爱的话，国与国之间就不会有进攻，封邑之间就不会有矛盾，盗贼也没有了，君臣父子都能孝敬和慈爱，天下就安定太平了。”

“所以啊，”墨子说，“不可以不鼓励爱别人，道理就在这个地方啊！”

“兼爱”是墨子思想的核心。这好比是一个圆点，墨子其他的思想，都在这一点上发散开去。但爱不是墨子独有的主张。孔子就讲爱，他把仁的本质归结为爱人。但与墨子不同的是，孔子认为爱是有等级的，爱以亲近关系为基础。而墨子讲的是爱一切人，爱以利为基础，爱是一种互爱互利。孔墨以后的孟子，虽然对墨子大加批判，但在这个问题上却十分相近。墨子说，凡是爱别人的人，别人一定会爱他，有利于别人的人别人一定会为他谋利。孟子则说，爱护他人的人，人们常常爱护他；尊敬他人的人，人们常常尊敬他。两者多么相似。

国有七患

“七患”指造成国家危亡的七种祸患。墨子说，一个国家有七种祸患：第一种是轻视国防，城墙、护城河等不修不维护，反而去修造宫殿；第二种是，与邻国的关系不和睦，当别的国家来进攻时，周围的邻居都不发起救援；第三种是，滥用民力，耗尽人民的劳力只为了去做一些无用的事情；第四种是，臣下不忠，拿俸禄的人只顾保住自己的官职与俸禄，周游四方没有做官的人，只顾到处结交对自己有利的朋友，君主制订法律来讨伐臣下，臣子怕触犯刑法也不敢直言进谏；第五种是，君主专断，君主自以为神圣而聪明，凡事不询问自己的下属，自以为安定强盛而不做好防御工作，周围的邻国已经开始谋划进攻他的国家，君主也不知道防范；第六种是，君主信任的人不忠于君主，而忠于君主的人又得不到君主的信任；第七种是，赏罚不明，重要的大臣倚仗自己的权势，占有过多的财物，即使一个国家的粮食也不足以供他们食用，一个国家的玉帛等器物，也不足以供他们使用。君主赏赐不当，不能令人欢欣鼓舞，刑罚不当，不能形成威力，使人畏惧。因此，墨子告诫君主们，如果用这七种祸患治理国家，那么国家一定会灭亡；用这七种祸患守卫城池，那么敌人到来之时国家将会沦陷；哪个国家存在这七种祸患，哪个国家就一定会遭受祸殃。

墨子对国家七种祸患的总结，无一不是针对当时的君主的。“尚同”是墨子的政治主张，以天子为天下之长，一同天下之义。但“尚同”要以“尚贤”为前提，“尚贤”可以使天下得利。贤人是能做事的人，是道德上的君子，他不依靠世袭，而是选出来的，《墨子》一书中就有“选天子”的主张，有一套选拔各级政府官员的思想。这是对宗法制度的背离，以后墨子成了绝学，历代的统治者不喜欢墨子，这是一大原因。

天要人相爱相利

墨子认为，天子和诸侯治理天下和国家，一定要有一定的准则。那么以什么为准则呢？墨子认为要“以天为法”，即以“天意”为准则。他说，“天行道义时广阔而无私，它给予人们的恩惠非常深厚但从不自以为有公德，它昭昭明明长久不衰，因此圣王应该以天为行为的准则。以天为法则就是，圣王只做天希望他做的事情，而不做天不希望他做的事情。”那么什么是天所希望的事情呢？墨子说，“天一定希望人与人之间相爱相利，而不希望人与人之间互相交恶。”那么我们如何知道天希望人与人之间相爱相利而不是互相交恶呢？墨子解释说，“这是因为天对于人们全都是爱，对于人们全都是利，而所有的人都是天所拥有的，且天供给人们吃的。”

他说，“现在天下的国家不论大小，都是天的国家。人不论长幼贵贱，都是天的臣民。爱人利人的人，天一定会给他福分；而与人交恶的人天也会惩罚他。”

一种标准，或者说道德规范的确立，总要有它自己的依据，否则无法使人信服。所以，美国总统在宣誓就职时，要对《圣经》发誓，而《圣经》所代表的，就是他身后这个国家行为方式的依据。墨子为人人相爱所寻找到的依据是天，天的意志决定了人们的思想和行为。天作为有意志的、能赏罚人的神，是孔子与墨子的共同看法，孔子常说“得罪了天，连祈祷的地方也没有”。孔子的得意弟子颜回死了，孔子连声说，“是上天惩罚我，是上天惩罚我”。不过，孔子讲的是天命，墨子则是非命。

墨子劝学

有一个人游历到墨子门下，墨子看到他健康聪明，却不学习，于是问他：

“你为什么不学习呢?”

那个人回答说:“那是因为我的族人当中没有一个学习的人。”

墨子听了笑笑说:“你这样说真是没有道理啊!那些爱美的人,岂会因为自己的族人中没有人喜爱美,自己就不爱啦?那些想达到荣华富贵的人,岂会因为自己的族人中没有人想获得荣华富贵,他自己就不想达到啦?喜爱美和喜爱富贵的人,他们不会看他人的意见行事,而是自己努力地去实现它们。而‘义’,天下最宝贵的东西,难道你学习它还应该在乎别人的意见吗?难道不应该更加努力地去实现它吗?”

又有一次,有几个学生告诉墨子,他们既想跟随墨子学好自己的学业,又想学习射技。墨子说:“这不可以。有智慧的人他们总是先衡量自己的能力,然后学习自己力所能及的事情。现在国内那些杰出的人物,打仗的时候尚且不能一边作战一边扶人,你们不过是普通的学生,又怎么能做到学业和射技两不误呢?”

人的天性喜欢轻松,喜欢享受,不愿意吃苦,更不愿意忍受折磨。学习却是要我们努力、吃苦的事情;人一生中要学习的东西很多,但不能同时并进,必须学会放弃,必须执着,因为人的时间和精力都是有限的。

“命”是骗人的

墨子说,“儒家的人坚持‘有命’的主张并且还辩解说:‘长寿夭折富贵贫贱,安定危险盛世乱世,都有天命,不可增减。穷困显达,幸与不幸,都有一定的定数。人不能凭借自己的智慧和力量改变自身的命运。’官员们听信了这样的观点,都对自己分内的工作消极怠工;农人听信了,都不好好做事。分内的工作不做就会导致政治的混乱,农事延缓就会导致贫穷。又穷又乱,就会动摇政治的根本,而儒者还以为这是他们在教导别人,他们真是欺骗天下人的人啊!”

公孟子是个坚定的儒家信徒，他总是说："这世界上哪里有什么鬼神。"但同时他又说："君子必须学习如何祭祀。"于是墨子回敬他说："坚持'没有鬼神'的主张，却又学习祭祀的礼仪，这就好像没有客人却学习待客之道，没有鱼却结渔网一样荒谬。"

有一次，公孟子又对墨子说："人的一生中，贫穷富贵，寿命长短，这些都是由天注定的，地上的人们根本不能对它有所增减。"接着，他又说："君子一定要努力学习。"墨子回答道："一边教导人应该学习，一边又说命运由天注定，这就好像把人的头发包裹起来，准备带上头冠，而这时候又把头冠拿走了，这不是自相矛盾吗?"

墨子的矛头直接指向孔子的"天命论"，他是第一个对"天命论"提出怀疑与批评的思想家。孔子把"天命、大人、圣人言"并列为君子的三畏，使天命具有一种制约人的外在必然性的含义。墨子尊天但却非命，他不像孔子"畏天命"，而以力抗命，这使他具有一种强烈的救世使命感，强调自力与自强，显然是积极的。

仁主要远离音乐

在《墨子》这本书中，专门有一篇叫作《非乐》，意思是"对音乐的非难"。墨子认为，仁义的君主是为天下百姓考虑的，并非只顾及自己的眼睛是否为美丽的事物所充实，自己的耳朵是否听到好听的音乐，自己是否品尝到了美味的东西，自己的身体是否安康。因为自己感官上的享受，就损害强取百姓的衣食之财，这是仁义的君主不会做的事情。墨子说："我反对从事音乐，并不是因为听到大钟响鼓琴瑟竽笙的声音感到不快乐，也不是因为吃到烤得香喷喷的肉而不觉得味道鲜美，更不是因为居住在亭台楼阁里而感到不安。虽然我墨子的身体知道什么是舒适，口里也知道什么是甘味，眼睛也知道什么是美丽的东西，耳朵也知道什么是好听的音乐，但这样对上来说不符合圣王应该做的事情，对下来说也不利于芸芸百姓，所以，我认为从事音乐是不对的！”

“普通百姓有三件担忧的事情：饥饿的人没有吃的，受冻的人没有穿的，辛劳的人没有休息的时候。这三件事情是人民巨大的负担，然而，当老百姓为统治者们撞钟、击鼓、弹琴瑟、吹竽笙、举着盾牌和斧钺起舞的时候，人民的衣食之财就会因此而具备了吗？在我看来，这是不可能的。即使撇开这一点不说，现在大的国家进攻小的国家，大的封邑讨伐小的封邑，强者劫持弱者，多数人对少数人实施暴力，奸诈的人欺负老实的人，地位高的人看不起地位低的人，草寇盗贼到处作乱，这些对百姓百害无利的事情都还没有能被消除，然而统治者却让老百姓撞巨钟、击鸣鼓、弹琴瑟、吹竽笙、举着盾牌和斧钺起舞。天下的混乱，因为作乐就可以得到治理了吗？这是不可能的。”“所以啊，”墨子感叹说，“用大钟、鸣鼓、琴瑟、竽笙的声音来谋求兴天下之利，除天下之害，这真是于事无补的办法。这就是我为什么反对从事音乐的原因啊！”

对儒家来说，音乐是治理国家的重要手段，乐与礼是不可分的。后来的荀子就讲，“音乐，是人情化的调和性艺术，是协调人情不可变的手段，主要涉及人的情感方式；礼制，是一种规范性文化，是治理社会不可更换的原则，主要涉及人的情感方式。音乐使人们同心同德，礼制使人们区别出等级的差异；音乐使人的志向清明，遵循礼义使人的品行高雅。所以礼制音乐可以总管人们的思想。”而墨子是务实的，以他看来，在基本的温饱问题没有解决之前，谈音乐是非常奢侈的。尤其对统治者来说，他们更应该克制自己享乐的欲望。

从事音乐是不对的

墨子多次结合实际分析音乐带来的弊端。他说，“王公大人们站在修筑得华丽精美的高台楼榭上往下看，悬挂着的钟就好像是倒覆的鼎一般，如果不撞击它的话，会得到什么乐子呢？所以一定要敲钟。但敲钟的人必定不是年老的或行动迟缓的人，因为年老或行动迟缓的人，他们耳不聪，目不明，肌肉不强健，敲击出的声音合不上音乐的节拍，他们眼力衰钝，目光呆滞；所以敲钟的人一定是强壮的年轻人，因为他们耳聪目明，肌肉强健，敲击的声音正好合上节拍，目光随着音乐的高低而流转。如果让男子去敲钟的话，就会耽误他们耕作；如果让女子去敲钟的话，就会耽误她们纺织。今天的王公大臣们为了享受音乐，以牺牲人民衣食之财为代价，因此从事音乐是不对的！现在，大钟、鸣鼓、琴瑟、竽笙的声音都有了，王公大人独自一个人听它们演奏出的乐声，会得到什么乐子呢？所以一定会不是与平民、就是与君子分享。如果与君子分享的话，就会耽误他们处理政务；如果与平民分享的话，就会耽误他们做事。因此从事音乐是不对的！以前齐康公作《万舞》的乐曲，跳《万舞》的人不能穿短的粗布衣服，不能吃粗糙的粮食。为什么呢？因为他认为，吃得不好，脸上的神采表情就会不好看；穿得不美，身体表现出来的姿态就不具观赏性。因此，这些跳《万舞》的人一定要吃精美的饭菜，穿刺绣华丽的衣裳。这些从事舞乐的人，常常不进行衣食之财的生产，却依赖别人供给衣食。今天的王公大臣们为了享受音乐，损害夺取人民衣食之财，而大肆奏乐，对国家、百姓实在是不利的，所以说，从事音乐是不对的！”

墨子最后说：“现在天下的士人与君子们啊！请你们一定要兴天下之利，除天下之害，像音乐这样的东西，实在是应该禁止的啊！”

“非乐”对今天的人来说或许有点不可理喻，但墨子反对的不是音乐本身，而是随作乐而来的享乐思想，是不从事实际生产去追求虚无感官享受的作为，把满足人民生活的基本需要作为出发点。墨子的这一立场与他的生活经历有关。墨家，可以说是思想上的一个学派，又可以说是一个以生活刻苦、组织纪律严密而闻名的政治团体。加入墨家的人，要穿粗衣草鞋，整天劳作不休，不能吃太饱，还得自觉地与下层社会的“贱者”为伍，离开了这一背景，理解墨子的这一思想是比较困难的。

圣王不为乐

程繁（当时一位兼治儒墨的学者）问墨子说："您说'圣王不作乐'。以前诸侯们处理政务感到疲惫的时候，就听敲击钟鼓的音乐来获得休息；士大夫们工作累了的时候，通过听竽瑟演奏的音乐来获得休息；普通的农民春天耕地，夏天耘作，秋天收获，冬天收藏，一年到头非常辛苦，他们通过听瓦盆土缶演奏的音乐来放松自己。现在您说'圣王不作乐'，这就好像让马拉着很重的车走很远的路却不让马休息，弓拉开了却不让它收回去，只怕是有生命的人都不能达到呢！"

墨子回答他说："以前尧舜居住茅草屋，礼也简约，乐也简约。后来商汤把夏桀放逐到大水，统一天下，自立为王，事成功立，没有大的后患，于是继承前代的音乐，又自作新的音乐，取名叫《护》，又重新把舜时代的音乐《九招》修饰得更完善。周武王战胜殷商，杀死纣王，统一天下，自立为王，没有了大的后患，于是继承前代的音乐，又自作新的音乐，名为《象》。周成王也继承先王的音乐，又自作新的音乐，取名叫《驺虞》。但是，周成王治理天下不如武王；武王治理天下又不如成汤；成汤治理天下又不如尧舜。所以啊，一个国君，他的音乐越繁杂，他治理国家的能力越差。从这一点上看，乐不是治理天下的手段啊！"

程繁想了想又说，"您说，'圣王不为乐'，那么上面您提到的汤、武、成王作乐的事例，不正好说明圣王有音乐，为什么说圣王没有音乐呢？"

墨子回答他说："圣王执政的准则是：凡是太盛、太多的东西就要减损它。就好像吃饭对我们的好处一样，如果已经饱了还要拼命地吃，这怎么能算有智慧呢？现在乐已经繁盛了，不使它减损反而还要增加，这也是没有智慧的表现啊！现在圣王虽然有乐，但却很少，这也等于没有音乐。"

看起来，墨子反对音乐也不是绝对的，这多少与孔子的中庸有点接近。音乐是可以有的，但不能舍本取末，这在今天也有合理性：不要玩物丧志，太沉迷于一种东西就会丧失自我；做任何事情都要有节制，过犹不及。

墨子谈鬼

有一次墨子对公孟子说："到了夏禹、商汤、周文王和周武王三代圣王去世以后，天下就把'义'抛弃了，诸侯都实行以力制人的政治。因此君臣上下没有忠诚可言；父子兄弟之间没有慈爱和孝顺可言；官长们不强于服从上级，百姓也不强于做事；人民也成了贼寇和江洋大盗，专门在路上用武器、毒药和水火等抢劫无辜的人，夺取他人的车马裘衣，从这个时候起，天下开始大乱。为什么会这样呢？那是因为大家在辨别鬼神之有无的问题上迷惑不清，不知道鬼神能赏赐贤明的人，也会处罚行暴政、用暴力的人。现在如果让天下的人都相信鬼神能够赏贤罚暴，那么天下还会乱吗？"

夏禹

公孟子听了很不服气，他对墨子说："人确实有做义事的人，也有不做义事的人，但是人不会因为行不行义而得到吉祥的福分或不祥的灾祸。"

墨子听了以后说："古代的圣王们都把鬼神当作神明，因此他们能够知晓福祸，他们相信人会因为他的义或不义而有吉祥或不吉祥的结果的主张。所以在他们治理的时期，政治稳定，国家安定。从桀和纣以后的君王都不把鬼神当作神明，不能知道福祸，因此政治混乱，国家处于危险之中。所以先王的《周书》中的《亓子》篇（今佚失）中说：'如果一个人的言行举止傲慢的话，对这个人来说是不吉祥的。'这句话就是说，不做善事就会受到惩罚，而做善事就会受到奖赏。”

墨子“明鬼”的真实意图是扬善弃恶，强调鬼神能赏贤罚暴，使人努力行“义”，处事谨慎，不敢为非作歹；行为不良的人也能因为惧怕鬼神的力量而改恶从善。然而天与鬼神的存在与否，本身就是可疑的，依靠天与鬼神来惩恶扬善，又怎么能靠得住呢？

匿善有罪

有一天，一个墨子的学生忧心忡忡地对墨子说：“先生，您认为鬼神能够明察秋毫，能够惩罚作恶的人，赐福给扬善的人；鬼神能让做好事的人富裕起来，也会给做坏事的人惩罚和祸害。可是现在我在您门下侍奉您也很长时间了，我期待的福分却还没有来到。难道说先生的话不是善言吗？鬼神不能明察到吗？我为什么还不能得到福分呢？”

墨子听了以后回答他说：“你虽然没有得到福分，可我的话为什么就不是善言了呢？鬼神为什么就不明智了呢？你也听说过藏匿犯人是有罪的吧？”

这个学生回答他：“对，我听说过。”

墨子于是问他：“现在有一个人在这里，这个人的贤能程度超过你十倍，你能十倍地称誉他而一点不称誉你自己吗？”

这个学生想了想，回答他：“我不能。”

墨子又问他：“现在有一个人，他的贤能程度超过你百倍，你能百倍地称誉他而一点也不称誉你自己吗？”

这个学生想了想，又说：“不能。”

墨子于是说：“那么好，正像你所知道的，藏匿一个作奸犯科的犯人尚且有罪，而现在你藏匿的好的东西如此之多，更是应该获重罪，你还求什么福呢？”

说鬼神能够惩恶扬善，多少有点强词夺理，但他想说明人应该自我扬善还是有价值的。对当代中国人来说，以此为耻已不多见，很多人把它看成张扬自我、加强人际沟通的重要手段，自我推荐、应聘书就是实例。酒好不怕巷子深已经成了陈年老话了。

作为不在服饰

有一天，公孟子戴着礼帽，腰间插着笏，穿着儒者的衣服，来会见墨子，说："君子是先穿戴一定的服饰，然后有一定的作为呢？还是有一定的作为，再穿戴一定的服饰？"

墨子回答他说："有没有作为并不在于服饰。"

公孟子又问："那你凭什么知道是这样的呢？"

墨子回答说："从前齐桓公戴着高帽子，系着大带子，配着金剑木盾，他穿着这样的衣服治理国家，他的国家得到了治理；从前晋文公穿着粗布衣服，披着母羊皮的大衣，皮带上配着剑，他身穿这样的衣着治理国家，国家得到了治理；从前楚庄王戴着鲜艳的头冠，系着丝带，治理他的国家，国家得到了治理；从前越王勾践剪断头发，用针在身上文了花纹，治理他的国家，国家也得到了治理。这四位国君，他们的服饰不同，但最后的作为是一样的，我由此知道有没有作为并不在于服饰。"

公孟子说："说得好！我常常听人们说：'使好事废止不行的人是不吉利的'。你的意思是：让我舍弃笏，换了礼帽再来见你可以吗？"

墨子说："我希望就这样见到你，如果一定要舍弃笏，换了礼帽然后再见面，那么就真的是有没有作为取决于服饰了。"

公孟子说："君子一定要说古代的话、穿古代的衣服，只有这样做了以后，才能称得上具有仁义修养的人。"

墨子对公孟子说："儒家的人说，君子必须说古言，穿古服，这样才能称得上具有仁德修养的人。如果这样的话，那么我们可以回应他：所谓古言和古服，在它们产生的时代都是新的。古人说古言、穿古服，难道就不是君子了吗？他

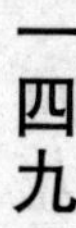

们没有说君子应该说的古言、穿君子应该穿的古服，就没有仁德了吗？”

墨子说：“从前商纣王、卿士费仲，是天下有名的暴虐之人，箕子、微子是天下有名的圣人，他们都是一个朝代的人，穿的都是一样的衣服，但他们的作为正好相反。周公旦是天下有名的圣人，关叔是天下有名的暴虐之人，这又是同穿古服、行为却正好相反的例子。所以啊，是否具有仁德修养，不在于一定要说古代的语言和穿古代的衣服！况且你效法周代而没有效法更古老的夏代，你所谓的‘古’，其实并不是真正的古。”

儒家讲究“礼”，衣着考究也是礼的一部分。而墨家注重“行”，他们不看重外在的东西。所以墨子说，人要有所作为并不在于穿得怎么样。现代人衣着越来越考究，大有重外表而轻内涵之势。每个人都渴望让自己变得更美丽，这无可厚非，但人们却常常忘记了一个真理：华丽的外表无法掩饰内心的贫乏，只有内心有修养，气质才会在外表下显现出来。

与程子辩论

程子是儒家弟子。在墨子生活的时代，儒家和墨家是两个最大的学派，两派之间经常展开激烈的辩论，其中墨子的一个对手就是程子。有一次墨子对程子说：“儒家的学说中，有四种教义足以使他们亡天下。第一种是，儒家认为天不明是非道理，鬼神不灵验。天和鬼神都不会高兴，这就足以亡天下。第二种是，厚葬久丧。举行葬礼时重视棺椁的层数，死者穿的衣服的件数；送葬的人那么多，随葬物那么丰盛，就好像搬家一样；随后是三年的哭哭啼啼，三年后需要人扶着才能站立，要借助拐杖才能行走。由于长期服丧，耳朵听不见，眼睛也看不见了，这还不足以亡天下么。第三种是，用琴瑟等弦乐器配乐唱歌，击鼓舞蹈，以声乐之事为常习，这足以亡天下。第四种是，相信命运的存在，认为贫穷、富贵、长寿、短命，太平、混乱、安定、危亡都是命定的，不会有任何的增加变化。如果上级管理国家的人相信这样的主张，就不会好好地管理国家，如果普通的百姓相信这样的主张，他们也不会认真做事，这也足以亡天下。”

程子愤怒地说：“先生！您这样诋毁儒家，实在太过分了！”

墨子回答他说：“如果儒家本来没有这四种教义，那么我确实在诋毁它。现在儒家明明有这四种害人的教义，我说出来，不是诋毁它，只不过是告诉你我所看见的而已。”程子听完墨子的话，无言以对，没有告辞就出了房间。

墨子大声说：“你回来。”

程子回来后，又坐了下来，进而告诉墨子说：“刚才先生您说的话有可取的地方，但如果像先生刚才说的那样，那么我们就不需要赞颂禹汤，也不需要批评桀纣了。先生您这样说话不是‘毁儒’，而是不再存在什么可以赞誉或者诋毁的事情了。”

墨子说：“不是这样的。我刚才告诉你的，不过是平常应酬的话。如果能用常习应酬之词作答，又能切合事理，这不能不说是敏捷通达了。但是，如果在辩难的场合，对方严词相诘，则我也必须严词抵敌；对方缓言相让，则我也必须缓言以对。如果平时应酬的话，要求必须切合事理，那这就好像背着车辕去敲击蚊子，是小题大做了。”

墨子对儒家思想的四个最大的不满，确实是儒家思想中不足或自相矛盾的地方，当然，墨子并没有一棍子把儒家打死，后面墨子还赞扬了孔子，说孔子的学说还有一些合理的地方，这使程子大为惊讶。墨子的看法对我们今天社会的国学热、儒家热或许会有一些警醒作用吧！

江河之水，非一源之水

墨子说，好的弓很难拉开，但它能把箭射到很高很深的地方；良马很难驾驭，但它既能够负重，又能够走到很远的地方；贤才很难让他们唯命是从，但却可以使国君处于受人尊重的地位。江河是不会对小溪、小渠的满溢感到厌恶

甚至嫉妒的，因此它们能成为大江大河。所谓的圣人，就是勇于作为又不怠慢别人的人，因此他们能成为天下的英才。因此，江河的水，都不是来源于一个地方的；贵重的皮衣，也不是一只狐狸腋下的裘皮就能做成的。墨子于是问道："这么看来，哪有与自己意见相同才采取，与自己意见不同就不采取的道理呢？"

这段话告诉我们两个关键词：胸怀和尊重。要做大材成大器，就应该有广阔的胸怀，能容纳四面八方的意见，甚至是自己不喜欢的意见，所谓海纳百川，有容乃大。而宽大胸怀的另外一面就是，我们应该尊重别人，即便是他的观点、话语、行为与我们完全相反。如果人们做到了这两点，不仅能成就大器，人生之路也会豁达很多。

墨子好书

墨子准备南游到卫国去，他在打包行李时，在车中装载了很多各种各样的书。弦唐子看见自己的老师不辞辛劳带了那么多、那么重的书出行，感到非常奇怪，他便问墨子说："老师，您曾经教导您的学生公尚过：'书不过是用来衡量是非曲直的东西罢了，'可见您并不喜欢从书本里得到解决问题的办法。但现在老师您却在车里装这么多的书，又占地方，又耗费力气，您带它们是准备派什么用处呢？"

墨子听完以后，拍了拍整车的书，笑着说："过去周公旦身负辅佐天子的重任，享受的俸禄和地位都非常高，但他仍然非常重视提高自身的修养，坚持每天早晨诵读一百篇书，陶冶自己的情操，晚上会见七十个学者，开阔自己的视野，提高自己的学识。我现在对上没有承担国君授予的职事，对下没有农夫耕种的艰难，我怎么敢荒废抛弃这些书呢？"

弦唐子认为老师的话很有道理，可他仍然感到很疑惑，便问墨子："老师，您说得很对，可是您为什么要教导公尚过不要太依赖、太相信书本呢？"

墨子解释道："我也曾经听说过，同时传述同一件事情，在传述的过程中也确实会发生错误。作家在写作时，对于大家的见闻和看法很难统一起来，因此各自讲述其见闻的书也就多了。现在公尚过对于事理的洞察已经很深刻了，对叙述不同却本质相同的事情，他能够理解到它的精髓，这就是为什么我不用简单的书本来教导他的缘故。你又有什么好奇怪的呢?"

弟子魏越又问他："先生，如果您见了各地的诸侯，您将首先对他们说什么呢?"

墨子说："但凡治理国家，一定要选择最重要的事情进行劝导。如果这个国家混乱不堪，就告诉君主要尚贤尚同；这个国家贫弱，就指导他们要节用节葬；这个国家沉迷于声乐，就告诉他们要非乐非命；这个国家沉湎于酒色，则警告他们要尊重上天侍奉鬼神；这个国家以欺负、掠夺、侵略、凌辱别的国家为要务，则告诉他们要兼爱非攻。所以说啊，面对不同的对象，要选择对他们来说最重要的事情来进行劝导。"

墨子好书，但并不是要求每个人都要好书，因为人的认识的发展受制于各种不同的因素。人在提升自己的时候，需要学习，需要在学习中不断进步。但学习的对象可以是书本知识，也可以是生活实践，因为每个人的知识结构不同，学习的侧重点也应该是不一样的，这就是事物的特殊性，要把普遍性与特殊性结合起来。以不变应万变，绝不是学习处事的好办法。

沽名钓誉

鲁阳文君的年纪越来越大了，他想从自己的两个儿子中挑选一个继承自己的王位。但他也很清楚，他的两个儿子各有自己的个性与品格，也都有自己的优势与缺点，很难说孰好孰坏。鲁阳文君实在很烦恼，到底自己应该选哪个呢?他的大臣们也基本分成了两派，有的支持大儿子，有的支持小儿子，莫衷一是。鲁阳文君决定向外来的墨子请教继承人的问题。他想，或许墨子能站在客观、公正的立场，给他一个圆满的解答。

鲁阳文君找到墨子，一脸愁苦地对墨子说："先生，我今天想向您请教一个问题，这个问题关系到我的国家的未来。您知道，我有两个儿子，但我却不确定应该挑选哪一个来做我的继承人，您给我出出主意吧！"鲁阳文君想了想接着说："我的这两个儿子，一个很好学，常常废寝忘食地读书学习；另一个为人很大方，喜欢把自己的财物分给大家，与众人一起分享自己的快乐。凭他们这样的表现，您认为他们谁更适合做太子呢？"

墨子听完以后说："大王，仅仅凭您刚才提到的这些表现，是无法确定两位王子谁更适合做太子的。因为他们也许是为了赏赐和名誉才这样做的，而并不是出于自己的真心实意。您看，钓鱼的人总是对鱼恭着身子，但这并不表示他对鱼很尊敬；人们逮老鼠时，总是用虫子作为引诱老鼠的诱饵，但这样也不是因为逮老鼠的人喜爱老鼠，故意把老鼠喜欢吃的东西给它。所以啊，我希望您能够把两位王子做这些事情的动机和效果结合起来观察他们，而不要仅仅看到他们做了什么。"

墨子早就看出人们做事不一定出于本性，所以他告诉我们，不仅要观其行，更要体察一个人做事背后的真心。

草根哲学

有一次，墨子南游到了楚国，他准备去见楚惠王，惠王却借口自己年老推辞了，让穆贺会见墨子。墨子用自己的兼爱、非攻等学说劝说穆贺，穆贺听后非常高兴，对墨子说："您的主张确实好啊！但是君主是天下的大王，恐怕会认为这是一个普通百姓的主张而不加采用吧！"墨子说："只要它能行之有效就行了。比如药，不过是一把草根，但天子吃了它，能治愈他的病，难道会说这是'一把草'而不吃吗？现在农民缴纳租税给王公大人，王公大人用这租税酿成美酒，制作成很多祭品，用来祭祀上帝鬼神，难道上帝鬼神会说这是'普通老百姓做的’而不享用吗？所以啊，虽然是普通百姓，从上把他比于农民，从下把他比于药，难道还不如一把草根吗？”

墨子接着说，“以前汤帝要去见伊尹，令彭氏的儿子驾车。彭氏的儿子在半道上问他：‘您这是要去哪里呢？’汤帝说：‘我要去见伊尹。’彭氏的儿子说：‘伊尹，天下的贱人啊！如果您要见他，只要下令召见他，这在他就已经是蒙受您的恩遇了！’汤帝说：‘你有所不知啊！如果有一种药在这里，吃了能够让人耳聪目明，那么我一定会努力把它吃下去。现在伊尹对于我们的国家来说，就好像良医好药一样，而你不想我去见伊尹，是不想让我从善啊！’”

我们总是以貌取人，以衣着取人，以财富取人，以社会地位取人……我们总是不能免俗地有“势利眼”，而势利的结果就是难免上当受骗，即便不这样，也是对自己人格极大地贬低。墨子告诉我们，我们应该平等地看待每个人身上的优点与美德；对领导人来说，礼贤下士是一个基本要求。

止鲁攻郑

尽管墨子经常劝说鲁阳文君不要进攻别的国家，但机会出现的时候，鲁阳文君还是决定要攻打郑国。墨子得知这个消息后，不顾礼节，马上闯进皇宫面见鲁阳文君，试图要阻止他。

墨子见到鲁阳文君后，并没有直接劝阻他，而是对他说道：“陛下，让我们假设一下，如果现在让您的国境内大的城市进攻小的城市，大的封邑进攻小的封邑，大城市的居民杀小城市的居民，大封邑的百姓抢小封邑百姓的牲畜、粮食、布帛和财物，您看会出现什么情况呢？”

鲁阳文君说：“在我的国境内发生这样的事情，我决不容忍，我一定会重重地惩罚他们！”

墨子听了以后起身鞠了躬说：“那么天所拥有的天下，就好像您拥有的鲁国一样。现在您要举兵攻打郑国，难道天不会惩罚您吗？”

鲁阳文君听了很诧异地说："先生！您怎么会阻止我进攻郑国呢？我进攻郑国，恰恰是顺应了天的意志啊！郑国的几代国君都是杀了自己的父亲才继承王位的，上天为了惩罚他们，使郑国遭遇了三年的饥荒，我不过是帮助上天惩罚他们罢了。"

墨子说："大王，我的话可能会冒犯您。既然上天已经惩罚了他们，这就够了。现在您又要举兵攻打郑国，并且说：'我进攻郑国，是顺应上天的意志。'这就好像有一户人家，他的儿子不成器，他父亲用藤条教训他，而邻居的父亲，却也举起木棍来打他，并且口口声声说：'我打你，是顺应你父亲的意志。'您不认为这很荒谬吗？"

墨子从兼爱、非攻的思想出发，总是试图阻止一场场屠戮的战争，解除人民的痛苦。不管他的劝说是否奏效，但他总是能够找出对方逻辑上的缺陷，用简单的比喻或道理击破对方的防线，从而使对方发动战争的理由不成立。

孔子答非所问

叶是个不太大的地方，这个地方有个叫高的大夫，是个很有责任心的大臣，他为了帮助自己的国君治理好国家，呕心沥血，每日为了工作甚至顾不上吃饭睡觉。但他治理国家很不得法，虽然付出了很多的努力，却事倍功半，国家并不富强，人民也并不富裕，社会更不太平，还时时受到邻国的骚扰。高感到非常沮丧，也很苦恼，他绞尽脑汁想找到更好的治国的办法。正在这个时候，孔子远道而来来到叶，他暗自想："孔子何其伟大，孔子先生一定能点拨我，帮助我！"他像遇到了救星一样，马上去见孔子，向孔子行了个大礼，非常诚恳地向孔子请教应该如何治理国家。他问孔子："先生，请问善于治理国家的人应该怎么做？"

孔子正襟危坐，清了清嗓子，回答他说："善于治理国家的人，就是对处在远方的人，要亲近他们；对于以前的朋友，要如同新交一样，不厌弃他们。"高听了孔子的回答，似乎得到了很大的启发，连连向孔子称谢，欢天喜地地回去了。高回到家里，在心里反复仔细琢磨孔子的话，他认为孔子说得非常有道理，可是，当他想按照孔子的指点去做的时候，却又感到很迷惑。

孔子与高的对话很快就在叶传开了，又迅速传到了其他国家。没过多久，墨子就从路人口里听到了孔子给高的回答，还没等那个人说完，墨子就忍不住骂孔子糊涂，不负责任，用似是而非的答案糊弄高。他生气地说："孔子真是个不合格的参谋！高没有得到他想要的回答，仲尼也没有能够提供正确的回答。难道高不知道善于治理国家的人应该亲近远方的人，不厌弃自己的故交吗？他想知道的是究竟应该如何才能做到这些！孔子不把别人不知道的东西告诉他，而告诉对方他已经知道的东西，这样的回答怎么能让人满意呢？"

世界上有伪科学、伪知识的说法。伪科学是打着科学的旗号，讲的是违背科学的学说；伪知识说起来给人的是学问，其实是虚假的。有的人说起话来滔滔不绝，引经据典，颇有吸引力，但真正细究的话，却是一大堆无用的废话。当然不能绝对地说废话没用，否则传统官场废话就不会流行。这就给人以启示：一个爱学习的人应该把批判、辨别作为学习的基本功；一个名副其实的帮助应该是他人真正需要的东西。

劝说吴虑

鲁国南郊有个叫吴虑的人，冬天制陶，夏天耕地，把自己比作舜。墨子听说以后，就去见这个吴虑。吴虑对墨子说："义啊义啊，贵在切实之行，何必空言。"墨子听了问他说："你所谓的义，也包括用自己的力量帮助别人，把自己的财物分给别人吗？"吴虑回答说："当然包括。"

墨子说："我也曾经考虑过，我一个人耕种来养活天下人。可是即便我付出了最大的努力，获得了最好的收成，把这些粮食分给全天下，天下的每个人也不可能得到一升粟米。就算每个人能得到一升粟米，我也知道这完全不能使所有的人不用再忍饥挨饿。我也考虑过一个人织布，但一个人织的布分给全天下不过一尺而已，完全不够御寒。我也考虑过身披坚固的铠甲，手执锐利的武器，救诸侯于患难中，可即便我个人发挥了自己最大的能量，无论如何一个人的战斗，也敌不过对方强大的军队。所以，我认为不如诵读与研究先王的学说，通晓与考察圣人的言辞，并把这些道理用于对上说服王公大人，对下教育农夫战士。王公大人们采纳了我的意见，国家就会得到治理；农夫战士们学习了我的道理，他们的品行就会得到休养。所以我认为尽管我没有亲自耕种给受饿的人吃，没有织布给受冻的人穿，但我的功劳比那些耕田织布的人大。”

固执的吴虑并没有改变自己的想法。有一次，他又对墨子说：“义啊义啊，贵在切实之行，何必空言。”墨子知道自己先前并没有说服他，于是说：“假设天下的人不知道耕种，那么教人耕种的人和不教人耕种却独自耕种的人，他们谁的功劳多？”

吴虑回答道：“教人耕种的人功劳多。”

墨子接着又问：“假设进攻不义的国家，击鼓鼓励大家作战的人与不击鼓鼓励大家作战而自己独自作战的人，他们的功劳谁多？”

吴虑回答道：“击鼓鼓励大家作战的人功劳多。”

墨子说：“天下的平民百姓很少有人知道义，而用义教导天下的人他们功劳也很多，为什么不让他们去表达自己的主张呢？假若我能鼓动教育大家都达到义的要求，那么，我的义不是更加发扬光大了吗？”这次，吴虑终于被说服了。

墨子的道理很简单，授人鱼，不如授之以渔。对我们来说也是，我们学习的不仅仅是知识，更应该是学习的方法、思考问题的方式。

免去胜绰的官职

胜绰是墨子的学生。墨子习惯把自己精心培养的学生送到各个诸侯国去做官，目的是希望他们能够运用自己学到的东西，辅佐各国的国君，使墨子的主

张能够在各个诸侯国得到实现，改变当时社会混乱的局面。但有时候往往事与愿违，在丰厚的俸禄和高贵的待遇面前，不是每个学生都能像高石子那样坚持行义，不改变自己的理想。而当学生为了金钱、地位放弃行义的时候，墨子就会对他们进行严厉的处罚。

有一次，墨子派自己的学生胜绰去项子牛那里做官。项子牛三次发动战争入侵鲁国的领土，掠夺鲁国的财物，杀死了很多无辜的平民百姓，在项子牛身边做官的胜绰不但没有阻止项子牛，反而三次都跟随他出兵作战，做了很多坏事。墨子听说这件事后，非常生气，对胜绰很失望，便派高孙子去项子牛那里，请求项子牛免去胜绰的官职。

高孙子见到项子牛以后，向项子牛提出免去胜绰官职的请求。项子牛十分诧异，他对高孙子说："胜绰干得不错，我给他的待遇也很好，他在这里很开心，您的老师为什么会突然提出这样的请求呢?"

高孙子说："我的先生让我转告您：'我派胜绰去您那里，是要用他来阻止您的骄气，纠正邪僻。现在胜绰得了厚禄，却欺骗了您，您三次入侵鲁国领土，胜绰三次跟随，这就好像在马腹上击打马鞭一样，助长了您的骄气。我听说：口称仁义却不实行，这是明知故犯。胜绰不是不知道，是他把俸禄看得超过仁义了，所以他才做了不应该做的事情。"

高孙子接着说："我的老师不是不知道您对胜绰很赏识，也不是不知道他在您这里做得很不错。但胜绰为了俸禄抛弃了最重要的义，这是我的老师，也是我们墨家学派所不允许的，请您一定答应先生的请求吧!"

项子牛听了以后被墨子坚持信念的精神所感动了，最终辞去了胜绰的官职。

仁义是儒家学说的中心概念。对儒家的中心观念仁义，墨子并没有批评，但他用"利"对此做了新的解释。对于仁，墨子说，所谓仁必须求天下之利，除天下之害；义，可以利民，故为天下珍宝。孔子说，君子喻于义，小人喻于利，利与义是对立的。但墨子把它们结合起来了，认为没有离开利的义。由于中国古代社会以儒家思想为正统思想，墨子的这一思想遭到了排斥。

怎样施政

什么是“义”呢？墨子说，“义”就是正道、正义的意思。墨子说，不是由下级使上级合于正道，必须是由上级使下级合于正道，换句话说，不是由下级领导上级，必须由上级领导下级。因此庶人必须尽力做自己应该做的事情，不能放任自己而自以为是，有士去领导他们。而士必须尽力做自己应该做的事情，不能放任自己而自以为是，因为有将军大夫领导他们。将军大夫也不能随便放任自己，因为有三公诸侯领导他们。三公诸侯也不能放纵自己，因为有天子领导他们。天子更不能恣意妄为，因为有天在领导他。然而，天子领导三公诸侯士人与庶人，天下的士人君子都知道，但天领导天子，却是天下百姓所不知道的。

顺应天意的，就是义政，违反天意的，就是暴政。行义政的人会怎么样呢？墨子说：“义人居于大国的地位不进攻小国，拥有大的封邑而不占领小的封邑，强大的不劫持弱小的，地位高的不会看不起地位低的，狡猾的不欺负老实的。如果这样的话，上对天来说有利，中对鬼来说有利，下对人来说也有利。一旦有了这三种利处，则无所不利。因此天下把美名送给他，称他为圣王。然而行暴政的人则与上面提到的圣王的言行完全背道而驰，对天、对鬼、对人来说都不利，因此，天下的人也送给他一个恶名，叫作暴君。”

圣王与暴君是天下百姓对统治者的评价，其中寄托着百姓对统治者的期许，也带着很多无奈。与政权掌握者相比，民众总是弱势群体。然而有多少统治者真正在意民众的评价而行仁政、义政呢？道德约束的力量，民众对仁政的期待，它们都如同风中的火苗一样脆弱。因此，更重要的是建立完善的制度，用制度来制约统治者的行为。

义或不义？

墨子说，“现在有一个人，进到别人的果园里，偷了别人的桃子和李子，人们知道后一定会责备他，执政的长官知道了，也会处罚他。为什么呢？因为他为了自己而损害了别人的利益。而那偷别人的狗、鸡和小猪的人，他的不义比偷桃李的人更甚，为什么呢？因为他损害了别人更大的利益，所以他的不义也就更厉害，罪过也就更大。因此，盗别人马、牛的人，他的不义大于偷人狗啊鸡啊猪的，而那些杀害无辜的人，他的不义就比盗别人牛马的人更重。因此，我们都说，损害别人的利益越多，他的不义就越多。现在最大的不义，就是进攻别的国家，但人们却不知道是非，称赞这是义举，真不明白，这是知道义与不义的区别吗？”

“杀一个人是不义，一定是死罪。如此推理下去的话，杀十个人就是十倍的死罪，杀一百个人，就是百倍的死罪，天下的君子都知道这个道理，认为这是不义的。但是为什么做最大的不义的事情，去进攻别的国家，却被认为是‘义’呢？如果人们知道这是不义的事情，又怎么解释那些遗留给后代、却记载着不义的事情的史书呢？”

“所以啊，天下的君子，你们应该要正确地区分到底什么是义，什么是不义啊！”

“非攻”的故事，充分地显示了墨子周密的逻辑思维。中国有一个取自《庄子》的成语叫“窃钩者诛，窃国者侯”，意思是那些小偷小摸的人被逮到了一定会按律治罪，但是那些偷窃整个国家的人则成为诸侯称霸一方，受世人景仰。这与墨子是同样的思路。反对战争，呼吁和平，是全人类的共同愿望，但却总是有人、有国家去行这样的“不义”之事，人类长久不息的灾难也就不能避免。

君子无争斗

墨子常常对别人宣传自己对“君子”的看法，他说，君子的胸怀应该比一般人宽广，常人做不到的事情，君子应该要做到；常人不能忍受的事情，君子也要能忍受。真正的君子应该对待别人很宽厚，对待自己却很严苛。

子夏是孔子的得意门生。有一天，一个子夏的学生听到墨子关于君子的主张后很不服气，他就跑去问墨子说：“先生，您总是认为君子和普通人是不一样的，君子应该有一颗包容的心，对待普通人时应该总是心胸宽广的，可以原谅他们的胡作非为。可是请问先生，如果君子不是与普通人在一起，而是与君子在一起的时候，他们会怎么做呢？这个时候的君子们胸怀还会那么宽广吗？君子与君子间发生了矛盾，他们会互相争斗吗？”

墨子回答他说：“君子与君子当然是不会互相争斗的。”

子夏的弟子又问道：“先生您是怎么知道的呢？我给您举个例子吧！您看，在我们平常的生活中，狗和狗、猪和猪总是成群结队地在一起玩耍嬉戏。它们在一起玩乐的时候自由自在，可是只要它们为了争食吃、争地方睡觉而产生矛盾的时候，他们就会互相追逐，互相撕咬，打得不可开交，看那可怕的样子，简直非得置对方于死地不可。像猪啊、狗啊这样的小动物只要产生冲突都会打斗，您凭什么说君子就不会争斗呢？”

这个学生自以为自己的话很有道理。谁知墨子听完他的话，捶胸顿足地说：“你的话真是让人痛心啊！你们儒家弟子不是说话时一定要称商汤周文王这些圣王先贤的吗？你们不是特别重视礼教风俗、言谈举止的吗？怎么你们却把自己的行为与猪狗这样的动物相类比，难道你的话不让人痛心吗？”

“君子无争”谈的是墨子的君子观。古人对君子的认识有一个过程。孔墨以前，人们主要从地位的角度认识君子，孔墨以后，君子有了一种新的含义，它不是身居高位的人的专利，还有了道德意义上的君子，现在我们常常区分君子与小人，这一传统至少可以追溯到先秦的孔子与墨子。

爱上一个有“疯病”的人

尽管每次与墨子辩难，巫马子总是处于下风，但他一点都不服气。有一天，巫马子看到墨子又在向人们宣传他行义的主张，他便在人群中大声地对墨子说：“你教导别人行义，自己也坚持行义，但我并没有看见有人因为接受了你的主张而主动帮助别人，也没看见你尊崇的鬼神赐福给你。但你还在坚持做这些无聊又无用的事情，难道你真的得了疯病吗？我实在不能理解你奇怪的行为！”听了巫马子的话，周围的人都哄笑起来。而巫马子抱着胸，站在人群前面，微微斜着眼准备看墨子这次怎么在众人面前出丑。

墨子向着人群压了压手，示意他们安静下来，然后从容地回答道：“巫马子，我问你：假若你们家有两个家臣，一个在你看见他的时候他才装作很认真的样子努力做事，你不在的时候他就偷懒，什么也不做；而另一个不管你看没看见他，他都勤勤恳恳，屋里屋外，到处用心地做事。你的这两个家臣，你自己会看重哪个呢？”

巫马子马上回答道：“我当然会看重那个看不看见我都用心做事的人。”众人也连连点头表示同意。

听了他的回答，墨子微笑着对他和众人说：“既然这样，我相信你也会看重一个你认为有疯病的人。”巫马子马上意识到他又落入墨子的“圈套”了，红着脸低着头走开了。

德国古典哲学家康德讲过一句话，“有两样东西，愈是经常和持久地思考它们，对它们历久弥新和不断增长之魅力以及崇敬之情就愈加充实着心灵——我头顶的星空和我心中的道德准则”。墨子为什么要爱上一个“疯子”，因为这个有“疯病”的人不计较外在的利益得失，不在意别人看待他的眼光和态度，他所遵循的是内心的道德准则，是心里强大的向善的信念。他告诉人们，人的行为应该表里如一，对待他人、对待生活应该真诚，更要真实。

捧水的心意

年轻气盛的巫马子又来找墨子辩论了。巫马子机灵古怪，每次与墨子辩论他都想从墨子的学说里挑点刺儿。这次，他决心从墨子的核心思想兼爱入手，一举驳倒墨子。巫马子扬着头，撇着嘴角对墨子说："你教导别人要兼爱天下，自己也辛辛苦苦想做到兼爱天下。为了兼爱的主张，到处奔波，头发都白了，脸也被太阳晒得漆黑。可是我看你努力一辈子也不见得得到什么好处。再看看我呢，我不爱天下，我只爱我的父母、邻人、和我关系亲近的人，也不见得得到什么坏处。我们俩做的事情正好相反，但结果却没什么区别。你为什么总是以为自己是对的，而认为我是错的呢？你这样做一点也没有道理啊！"

墨子说："你的话就好比——，我给你举个例子，你就明白了！有一天晚上夜黑风高，有一个人趁大家都睡着了，故意在你家院子里放了一把火。眼看火势熊熊，就要把整个屋子烧垮，你和家人一边泼水一边大声呼救。邻居们听到了声音都纷纷跑来帮助你扑火。救火用的盆和桶都用完了，人们眼看着火势蔓延而发愁。这时候你看到有个邻居用手捧着水想去灭火，而另一个人手里拿着火苗，想要让火烧得更旺。他们俩最后都没能实现他们的愿望，但在这两个人中，你会看重哪一个呢？"

鎏金嵌玉镶琉璃银带钩（战国）

巫马子想都没想就回答说："我当然认为那个手里捧水的人心意是正确的，而那个拿着火苗的人心意是错误的。”

墨子听了他的回答后满意地说：“嗯，同样的道理，我也认为我‘兼爱天下’的心意是正确的，而你‘不爱天下’的心意是错误的。”

为了造福社会，明知杯水车薪，仍要竭尽己力，这是墨子兼爱精神之所在。它牵涉到人们对动机与效果的认识。判断一个行为的价值，要从动机与效果的结合上加以把握。只考虑动机，不考虑结果，肯定不能说是善的。但好的心意常常是善的开始，它在一定程度上决定了品质的高尚。当然应该继续前进，使善的心意成为现实。

行义什么最重要?

治徒娱和县子硕是墨子的学生，他们常常听墨子教导他们：人的一生中最重要的一件事就是行义。义不仅是个人行事的标准，更是国家、社会最宝贵的东西。为了义，人们甚至可以舍弃他们的生命。久而久之，他们被老师的谆谆教诲所感化，他们更看到老师行义身体力行，为人处世大义凛然而受到人们的推崇，心生向往，跃跃欲试，迫不及待想做义事、行义举，做一个像自己的老师一样品格高尚、受人尊敬的人。但是每每当他们准备把自己的想法付诸行动的时候，却又开始犹豫踌躇了。行义的愿望十分迫切，可这行义的第一步应该怎么做？做什么呢？行义最重要的是什么呢？为了这些看似简单的问题，他们常常在一起互相争辩。有一天，他们又在一起讨论这个问题，谁也不能说服对方，便气气嚷嚷地跑去向墨子请教：“先生，您总是对我们说，义是我们生活中最重要的东西，我们不论做什么事情，都应该首先想到它。可是，我们想要行义，却不知道什么是最重要的，我们首先应该做的是什么呢?”

墨子看到他们为了行义而争辩得通红的年轻的脸，样子非常纯真，心里对这两个可爱的学生生出很多爱怜，便邀请他们坐下，给他们每人沏上一杯茶，先让他们心平气和起来，然后才开始启发他们说：“你们看，我们现在坐在这间屋子里，四周都是墙壁，因为有了墙壁的支撑，我们才有了这间可以挡风避雨的屋子。义就好像是这间屋子，我们为它做的一切事情就好像支撑这屋子的墙。你们想想看，如果现在让你们筑一堵墙，你们会从哪里着手，又怎么给所有的人分配任务呢？"

两个学生听得入神，若有所思，却想不出该如何回答老师的问题。墨子看着他们似懂非懂的样子，笑了笑接着说，"我想你们一定会这样分工，让擅长捣土的人去捣土，擅长夯土的人去夯土，擅长挖土的人去挖土，如果我们让每个人都在他们最具有优势的位置上发挥他们的能力，我想不用很长时间，一堵墙就筑好了。"两个学生拍拍脑袋，感叹道："是啊！这么简单的道理，我们怎么不懂呢？"

墨子继续启发他们："你们再想想看，为义是不是同样的道理呢？能言善辩的人就发挥他们能言善辩的优势，能研究阐述古代典籍的人就去研究和阐述古代典籍，能干粗活的人就继续干粗活，只要我们每个人都在不同的岗位上发挥着自己的长处，义事不就成了吗？"

听到这，治徒娱和县子硕恍然大悟，原来行义并没有他们想象的那么高深复杂，只要能够发挥他们自己的特长与优势就可以了，他们想到这里，就高兴地回去了。

墨子告诉我们，做善事行义举最要紧的不是跟随别人，而是找到自己；最要紧的不是模仿别人，而是真正发挥自己的特长。如果我们每个人都能这样，真实地面对自己，找到自己，发挥自己的特长，借用胡适先生的观点，即，如果每个人都把自己铸就成才，那么社会也就安定太平了。

鬼神与圣人哪个更明智？

巫马子是一个儒家弟子，崇尚孔子学说，年轻热情，说话口无遮拦。他总是爱跟墨子热烈地讨论问题，常常琢磨着如何难倒墨子。有一天，他从别人那里听说了墨子关于鬼神能够赏贤罚暴的观点，突然灵机一动，便跑来问墨子："先生，既然您认为鬼神能够赏贤罚暴，那么鬼神和您常提到的贤能的圣人，哪个更明智呢？"话音刚落，巫马子便脸露怪笑，他暗暗寻思：墨子啊墨子，鬼神你认为是明智的，圣人你也认为是明智的，每次辩论都是你赢，这次你总该会自相矛盾，被我问住了吧！

让他没料到的是，墨子想都没想就回答他说："当然是鬼神比圣人更明智了，他们之间有着天渊之别，就好像一个耳聪目明的人和另一个又聋又瞎的人之间的区别一样。"听了墨子的回答，巫马子一愣，他没想到墨子那么快就给出了答案，而这个答案又对他很有吸引力，他忍不住问道："你为什么这样说呢？"

墨子说："我给你举个例子吧！当年夏禹的儿子夏启，派蜚蠊去到处开掘金属，等他找到金属以后，他们便在昆吾这个地方，用土坯把采集来的金属铸成了大鼎，他们用这个铸好的鼎来祭奠鬼神，又用百灵之龟的龟甲来占卜。结果你猜发生了什么，龟甲烧开以后出现了裂纹，解释卦兆的卜辞说，从今以后'天下将建立三个朝代'。后来的历史证明卜辞完全正确，夏以后建立了商，商以后又建立了周，夏、商、周三个朝代绵延了几百年。但是，你想想啊！如果当时夏启不是先祭祀鬼神，后请鬼神来预测未来，而是让圣人召集良臣，让他们来预期未来，他们怎么可能聪明到知道数百年以后发生的事情呢？所以我认为，鬼神一定比圣人更明智，这就好像耳聪目明的人与又聋又瞎的人之间的区别一样。"

墨子始终坚持"明鬼"的观点，认为鬼神能够赏善罚恶：如果人们做善事的话，就会得到鬼神的赐福；相反，如果人们做坏事的话，就会遭到鬼神的惩罚。墨子知道不论是君王还是大臣都是靠不住的，他们自己也经常做出错误的决定，因此他期望通过证明鬼神的存在，让鬼神作为公正无私的法官，使人们能得到他们期望的公平和正义。但我们都知道，鬼神实际上是不存在的，因此，墨子常常从古代历史传说、从民间的道听途说中来证明鬼神的确存在。从证据的虚假性这一点上说，这是墨子“明鬼”思想的显著缺陷。但是，墨子的“明鬼”思想为人民向虚无的鬼神讨公道，对孔子所提倡的周朝制度也是一种有益的批评。

快马加鞭

墨子有一个学生叫作耕柱子，机智敏捷、聪颖过人。每次学习新知识，总是他最先掌握；每次墨子提问，总是他第一个回答。但他却不知道发奋努力，经常耍小聪明，也常常偷懒。因此墨子总是责备他，有时候甚至当着其他学生的面批评他，很不给他面子，耕柱子感到很委屈。

被批评教育的次数多了，耕柱子就感到不自在了，他渐渐地变得不像以前那么快乐。有一天，当他和老师单独在一起的时候，耕柱子忍不住问道：“先生，难道我真的没有什么比别人强的地方吗？为什么您总是批评我，而从不像表扬其他师兄弟那样表扬我呢？”

墨子看他低着头、神情郁郁的样子，便对他说：“我现在马上要上万丈高的太行山，我准备在快马和慢牛之间选择一个作为我的坐骑，如果你是我，你打算选择哪一个，又鞭策哪一个呢？”耕柱子想都没想就回答道：“如果我是您的话，我当然要鞭策快马！”

墨子看他来了精神，就追问他道：“那能告诉我你为什么要鞭策快马吗？”

耕柱子洋洋自得地说：“因为快马值得鞭策！它感觉灵敏，鞭打它可以使它跑得更快！”

墨子的用意是启发耕柱子，让他努力求学，奋发上进，现已水到渠成，他就对耕柱子说：“我也认为你是值得鞭策的！你应该像快马一样力求上进啊！”听了老师的话，耕柱子恍然大悟，原来老师批评他正是为了鞭策他！从那以后耕柱子发奋读书，力求上进，再也不用老师整日督促了。

墨子的这番话后来逐渐演变成中国的成语“快马加鞭”，意思是给快跑的马再抽几鞭，使它跑得更快。现实生活中常常出现这样的情况，聪明的人常常不够勤奋，勤奋的人又常常不够聪明，如果聪明人都知道快马更应该加鞭的道理，就会比常人更快地取得成功。即使是普通人也是如此。只要我们每天比别人多努力哪怕一点点，日积月累，我们的成绩也会不俗。当然，鞭子抽在身上总不是那么舒服的，但良药虽苦却有利于病情，忠言逆耳却有利于我们不断地发展和完善自己。我们应该把别人对我们的批评看作是对我们的鞭策，不断地警醒自己力求更大的进步。

人言不足信

墨子经常把自己的学生派到各个诸侯国去做官，希望他们能够代表自己，把兼爱、非攻等学说转达给各个诸侯国的国君，更希望国君们能听从他的想法，爱护人民，停止战争，为全社会带来和平安定。有一次，墨子把自己欣赏的学生耕柱子派到了南方的楚国去。临行前，老师对学生做了一番嘱托，希望他在楚国能够帮助国君好好治理国家。

耕柱子到楚国去了一段时间后，墨子的几个学生便商量，他们要一起到楚国去看望师兄，与师兄重叙师门情谊，也顺便看看耕柱子做官做得怎么样。让他们没料到的是，他们千辛万苦到了楚国以后，耕柱子只以每顿饭三升米的量招待他们，让他们住在破败漏雨的旅馆里，更不用提他们原先设想的耕柱子派马车带他们出去游山玩水了。这几个学生感到非常委屈，心里愤愤不平，于是很快就离开楚国，回到了墨子身边，他们异口同声地告诉墨子："先生，我们想一定是耕柱子做得让楚王很不满意，没有从楚王那里得到什么好处。不然我们几个去拜访他，他怎么只给我们每顿饭三升的量呢？实在不是厚待客人之道啊！"墨子听了，没有做任何的评论，只轻轻地说了一句："这难以判断。"

没过多久，耕柱子千里迢迢给墨子送来了200两黄金，并对墨子说："先生！弟子我不会贪图财利去做违法送死的事情，这200两黄金是我自己辛苦赚来的俸禄，愿您能享用它。”墨子收到这沉甸甸的黄金后，不禁感叹道：“果然是难以判断啊！”

这个不长的小故事里，墨子和耕柱子的形象栩栩如生。墨子对他的学生何其了解，所以尽管有人从楚国回来“告以实情”，他还是坚定地相信自己的学生。墨子告诉我们，对待他人要信任，不能随便地猜疑，更不要听信他们的流言，轻易改变自己的看法。而耕柱子公私分明，不拿楚国的粮食财物去招待自己的师兄弟，来显示自己的慷慨阔气，却用自己的俸禄表达对老师的敬爱与孝顺，这对现代人来说还是很有指导意义的。

第七章 《墨子》励志名言

一、名言鉴赏

今有五锥，此其铦，铦者必先挫。有五刀，此其错，错者必先靡。是以甘井近竭，招木近伐，灵龟近灼，神蛇近暴。是故比干之殪，其抗也。孟贲之杀，其勇也。西施之沈，其美也。吴起之裂，其事也。故彼人者，寡不死其所长。故曰，太盛难守也。

——《亲士》

【鉴赏】

“太盛难守”，是中华辩证智慧的至理名言。这里，“铦”，指锋利。“错”，也指锋利。“靡”通“磨”，即消磨，损坏。整段话意即，现在有五把锥子，其中一把最锐利，那这一把必定先折损。有五把刀子，其中一把最锋利，那这一把必定先损坏。甘甜的水井先被汲干，高大的树木先被砍伐，灵验的乌龟先被烧灼占卜，神奇的大蛇先被暴晒求雨。比干被殷纣王剖心而死，因为他敢于直言劝谏。孟贲被杀，因为他逞勇。西施遭沉溺，因为她美丽过人。吴起遭车裂，因为他辅佐楚悼王变法。这些人，都死于自己的长处。可见，过于兴盛，难于久守。

“太盛难守”，也可以说“过盛难守”“最盛难守”和“极盛难守”。“太”，即过于、过分的意思。“太盛难守”，就是“物极必反”，是事物发展的普遍规律，辩证法的核心和精髓。

这段话，从“今有五锥”，到“吴起之裂”，共列举十个典型事例，从中概括“太盛难守”的普遍结论。这里所运用的论证方式，是典型分析式的科学归纳推理。

青玉龙形饰（战国）

墨子运用“太盛难守”的辩证哲学理论，论证其“非攻”主张，劝说强者放弃恃强凌弱的不义之举，跟弱者平等相处，不然将使强者自身受害，自取毁损。《鲁问》载，齐国将要攻打鲁国。墨子对齐国的将领项子牛说：“攻打鲁国，是齐国的大错。从前吴王夫差向东讨伐越国，迫使越王勾践退守会稽山。向西讨伐楚国，迫使楚昭王退守随国。向北讨伐齐国，俘虏齐将国书回到吴国。结果诸侯来报仇，老百姓感到劳苦，不肯为他效力，所以国家灭亡，自己也被杀死。从前智伯瑶攻伐范氏和中行氏，兼并了晋国三家的领土。结果诸侯来报仇，老百姓感到劳苦，不肯为他效力，所以国家灭亡，自己也被杀死。由此可见，大国攻打小国，是互相残害，大国的过失必定反过来使本国受害。”

墨子所谓“大国攻小国，过必反于国”的论述，渗透“太盛难守”的辩证哲理。墨子试图说服齐国将领项子牛，放弃攻伐鲁国的不义之举，指出齐国若坚持“以大攻小”的不义行为，将会使自身受害，无异于搬起石头砸自己的脚。墨子这种辩证的观点，是他服务弱者侠义伦理的哲学基础，今日仍有积极的启发意义。

墨子对“太盛难守”至理名言的论述，酷似《老子》五千言的思维话语系统。《老子》9章说：“揣而锐之，不可常保。”即尖利锋芒，难保久长，跟《亲士》“今有五锥，此其铦，铦者必先挫”意思一样。

《老子》76章说：“坚强者死之徒。”“兵强则灭，木强则折。”即坚强者属于死亡之列。兵力强大，会被攻灭。树木强大，会被摧折。《老子》76 章说的“木强则折”，类似墨子说的“招木近伐”。

《老子》30 章说：“物壮则老。”即事物壮大，必然衰老。《老子》44 章说：“多藏必厚亡。”即储藏丰厚，必然损失严重。《老子》40 章说：“反者道之动。”即道的运动，是向相反的方向转化。这都跟《亲士》“太盛难守”的意义相同。

《庄子·天下》说老子“以柔弱谦下为表”，“曰坚则毁矣，锐则挫矣”。元吴海《闻过斋集·读墨》说：“‘锥’、‘刀’、‘井’、‘木’之喻，‘其所长’，‘大盛难守’，则老氏之意。”墨子对“太盛难守”的概括，与老子的辩证哲学互相渗透，体现了当时朴素的辩证观，并对后世产生了深远的影响。

《管子·重令》说：“天道之数，至则反，盛则衰。”《战国策·秦策三》说：“日中则移，月满则亏，物盛则衰，天之常数也。”《吕氏春秋·博志》说：“全则必缺，极则必反，盈则必亏。”《吕氏春秋·大乐》：“极则复反。”《鹖冠子·环流》：“物极必反。”《史记·田叔列传》：“月满则亏，物盛则衰，天地之常也。”《滑稽列传》：“乐极悲来，物盛则衰。”《平准书》：“物盛则衰。”《淮南子·泰族训》：“天地之道，至则反，盛则衰。”《淮南子·道应训》：“物盛则衰，乐极则悲。”

《左传·襄公二十四年》载子产说：“象有齿以焚其身。”汉王符《潜夫论·遏利》说：“象以齿焚身，蚌以珠剖体。”大象因有名贵的象牙，而被捕杀。蚌蛤因有名贵的珍珠，而被剖体。《淮南子·原道训》说：“善游者溺，善骑者堕：各以其所好，反自为祸。”

《红楼梦》第十三回写凤姐听秦氏引俗语说：“月满则亏，水满则溢”，“登高必跌重”，“乐极生悲”，“否极泰来”，“盛宴必散”等。这些可谓是从《亲士》“太盛难守”的思想相承而来。

但在百家争鸣的时代，相似的观点仍然存在着细微的差别，体现了各家侧重点的不同，如《庄子·山木》说：“直木先伐，甘泉先竭。”即直挺的树木先遭砍伐，甘甜的水井先被汲干。墨子说“甘井近竭，招木近伐”中的“近”，即接近，也是“先”的意思。但《庄子·山木》说“直木先伐，甘泉先竭”，更明确强调最先的次序。《逸周书·周祝解》说“甘泉必竭，直木必伐”，则更明确强调其必然性和规律性。

“太盛难守”，是运用自然界物极必反的规律，类比说明有才者必最先早衰的悲剧，警示人们定要爱惜才德之士，给才德之士创造有利的环境条件，让他们最大限度地发挥聪明才智，避免有才者早衰的悲剧重演。

当若繁为攻伐，此实天下之巨害也。

——《非攻下》

【鉴赏】

“春秋无义战”，颇为形象地概括了墨子时代诸侯国之间频繁兼并攻夺的非正义性。“兼爱”一说，实际上就是针对攻战现象而提出的。《鲁问》篇称：“国家务夺侵凌，则语之兼爱、非攻。”墨子以兼爱与非攻并列，作为对“国家务夺侵凌”之乱的否定和救治，很大程度上是基于对攻战侵夺的社会危害的深刻认识和切身体验，也反映了民众的反战、厌战情绪和愿望。

墨家所讲的“攻”，即“攻战”，相对于“备御”而言，专指大国对小国、强国对弱国的攻占侵夺。故“非攻”一说有明确的针对性和既定内涵，和他的兼爱学说相一致，体现着战争观上的人道精神。

墨子揭露了人们在攻战问题上的一个偏见：知一人入园偷盗为不义，而不知攻人之国为大不义，尖锐地提出了攻战问题上的义与不义之别。《非攻上》篇说：今有贼“入人园圃，窃其桃李，众闻则非之”，为政者还加以处罚，原因就在窃贼行为“以亏人自利”。至于盗窃别人鸡犬、猪羊，其不义甚于窃桃李者，原因也在“亏人愈多”。而妄杀无辜之人，夺人皮衣戈剑，其不义更甚于偷盗，则“亏人愈多，其不仁兹甚”。现在，天下士君子似乎都知道“杀一

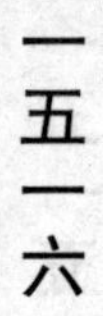

人谓之不义”，“杀百人，百重不义”，但对于大规模的攻伐别国，却“弗知非，从而誉之，谓之义”。对此，墨子疾呼：这难道是明白义与不义的区别吗？进而断言“当若繁为攻伐，此实天下之巨害也”，直斥攻伐为大不义，乃天下巨大的灾难和祸害。

故当攻战，不可不非。

——《非攻中》

【鉴赏】

在墨家思想体系中，非攻和兼爱密不可分；这构成了墨家备御军事学说的理论前提。

攻战之为大不义，原因还在于攻战给国、家及民众都带来极大的祸害。故欲“兴天下之利，除天下之害”，欲行兼爱，就不可不非攻。

墨子曾以悲愤、犀利的笔锋，揭露了攻战造成的巨大灾难和祸害，很大程度上代表了民众对战争祸乱的批判和控诉。他这样描述：春秋二季行军打仗，不仅“废民耕稼树艺”，“废民获敛”，而且荒废了季节，耽误了农时，以至百姓饥寒冻馁而死者，不可胜数。以物质损失上计算，竹箭、铠甲、盾牌等大量损坏腐烂，戈矛、剑戟、兵车等损失无数，牛马大批死亡。因为路途遥远，粮食接济不上，造成百姓、士卒死亡者，“又不可胜数”。战乱期间，人们不断逃难搬迁，饱经饥寒苦难，致使民众生病而死者，亦“不可胜数”。至于丧师兵败之事不断出现，士卒因而列尸疆场的更多得数都数不清，以致鬼神也难以得到后代的祭祀。

此外，攻战双方不管是攻夺他人的大国，还是被他国侵凌的小国，都有亡国危险，最终招致灭顶之灾。例如东方小国莒，处于齐、越两大国之间，因不敬大国，唯利是好，结果被齐、越所灭。这也是由于攻战的缘故。

所以，墨子强调，王公大人如真想获取利益而避免损失，想安定而远离危险，就要反对攻战，“故当攻战，不可不非”。

法，所若而然也。

——《经上》

【鉴赏】

“法”是墨家的一个重要观念。墨子撰《法仪》一文，视“法”为法规、准则，强调制器、行事都要预立一个规矩和标准，以作为效法的依据。到了后期墨家那里，“法”又用于表示对科学真理的追求和理性机巧的探索。所说“法，所若而然也”，是指出了法制要反映事物所以然的道理。这在一定程度上标志着墨家对“传统科学”的创制。所谓“传统科学”，主要是相对于近代科学而言。从严格的意义上讲，科学（此指自然科学）是近代社会进步和工业经济发展的产物。科学的形成，当以科学观念、科学精神和科学方法的确立为支撑，并需有必要的前提和条件。首先，科学是以实验为手段并经实验检测和证明的。其次，科学是以理性思维为特征，借助逻辑上的归纳和演绎来建构起系统的学说，从而和种种宗教、迷信、臆测、幻想划清界限。这些前提和条件，对于处在经验观察、直观体验水平的古代人来讲，确是难以实现的。事实上，墨家虽以工艺实践和经验观察为依据，形成和发展出关于宇宙、物理、机械、工程建筑、力、光、声等方面的知识系统，但终究算不上真正意义的科学。

不过，后期墨家提出“法，所若而然也”的命题，内在地包含着通过逻辑推理探求事物之所以然的思想，这不仅仅停留于“知其然”的经验层面和表象领域，而是深入考察到事物的本质和规律，具有科学思想的因素了。难怪李约瑟要说：“只有在我们考察《经》和《经说》时，我们才认识到，后期墨家在努力建立一种可作为实验科学基础的思想体系时达到了何等地步。”（《中国科学技术史》第2卷第11章）

故百工从事，皆有所法度。

——《法仪》

【鉴赏】

“百工”，中国古代手工业者的俗称。墨家学派的许多成员都是能工巧匠，为百工中的杰出代表，具有精湛的技艺和丰富的手工业生产经验。相传墨家创始人墨子能削竹木做成木鹰，在空中飞行三天，被弟子称赞为“先生之巧，至能使木鸢飞”。

但墨家学派又不是一般的能工巧匠的组合，而是一个精于思考，注意对生产经验、工艺实践做总结提升的学术思想流派。墨子就主张“百工从事，皆有所法度”。此处“法”，指法规（包括根据），“度”，则是测度、衡量之意。有一定的规矩作为衡量标准，这需要在工艺实践的基础上，进行概括、提炼，找出一般法则，这样，制器、做事才能有“效法”的依据。而关于事物的一般法则，光靠手工工匠的自发实践是无法得到的，必须对丰富的手丁技艺经验做理性思考和概括提炼。所以，“法度”的发现和制定，不是工匠的职责，而是技师和学者的任务。墨家学派正是以技师和学者的双重身份，提出并致力于事物一般法则的探讨，表明其开始涉足科学思维的层次了。

古希腊哲人亚里士多德曾提出过学科分类的概念。他把科学定义为探求事物本原和原因的一种智慧，和墨家主张在工艺经验基础上，由“求故”“明理”达到对事物一般法则（法度）的把握在思维倾向上是一致的。

赖其力者生，不赖其力者不生。

——《非乐上》

【鉴赏】

“力”者，墨家指的是强力从事。在古代农业文明的条件下，社会的产业

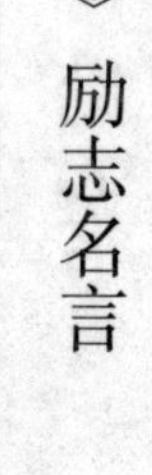

主要是农业及纺织业为主的家庭手工业，以解决吃饭和穿衣问题，满足人类生存、发展的基本需要。故墨家所讲的“从事”主要是指农业和家庭纺织业。这是和平民阶层的切身利益相连的，由此确立的生产观念，构成了墨家“平民经济学”的基点。

在先秦诸子中，墨子可说是最重视生产、最注意探讨社会经济发展的一个学派。当儒家宣扬“君子不器”，“忧道不忧贫”，“朝闻道夕死可也”，视稼穑树艺为低贱之事时，墨家则理直气壮地强调“赖其力者生”，肯定了从事生产是人的本质特征。

《非乐上》篇指出：“今人固与禽兽、麋鹿、飞鸟、贞虫异者也。”禽兽、贞虫等动物只是依恃其天然器官，如蹄爪、羽毛作为获取生存的手段，只会从现成的自然资源中采集生活必需品，是“因其羽毛，以为衣裘；因其蹄爪，以为裤屦；因其水草，以为饮食”。墨子已意识到，动物只是消极地适应环境来维持生存。人则不同，人可以依靠自身的力量，在自然界提供的自然资源的基础上，通过生产活动，获得生活所需。

可以说，人是在改变和改造物质环境的过程中维持自身的生存和发展的，这叫“赖其力者生，不赖其力者不生”，从而揭示了人和动物的一个根本区别。

力，刑之所以奋也。

——《经上》

【鉴赏】

早期墨家“强力从事”的生产观点，在后期墨家那里得到进一步的提升。这首先表现为《经上》篇对“力”作了理论的概括，强调了人的身体活动的勤勉从事和奋发用力，才是社会生产的基本要求。

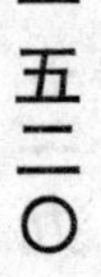

“刑”，古字通“形”，指人的形体活动。“奋”，有勤奋和奋发的双重意思。《经说上》篇解释：“力，重之谓，下举重，奋也。”这虽是用力学的观点对

“力”作定义或说明，但就其生产劳作活动的意义而言，是说用“力”犹如人自下而上举起重物，需要有个奋发向上的形体活动才能完成。墨家成员多为贱人、役夫、工匠、小生产者，一生都离不开那些需要奋发用力的形体活动和生产劳作，所以能从切身的体验中，认识到用力从事的生产意义，也十分注意强调生产劳作的艰苦性，提倡勤奋。

在《墨子》一书中，我们常常可以看到墨家劝人要“辟草木，实仓廪”；鼓励农夫们“蚤（早）出夜入，耕稼树艺”；强调妇人应“夙兴夜寐，纺绩织纴”。他们还身体力行，积极倡导一种吃苦耐劳的农耕精神。这既是当时农业生产状况的写照，也概括表述了平民阶层的艰苦奋斗品质。如果联系《经上》篇关于“生，形与知处”的命题一并考察，则可以发现，后期墨家视人之生命为形体与知识能力的结合，而形体活动是需奋发用力和勤奋从事的，那实际上已认识到人的生命价值在于改造周围环境、创造物质财富。这表明墨家站在平民阶层的立场上，提出了社会经济发展须依恃努力生产的基本观念，为其“平民经济学”奠定了理论基础。

摹略万物之然，论求群言之比。

——《小取》

【鉴赏】

温公颐先生著《先秦逻辑史》，称这两句话表达了墨家“论辩”的两大原则，这是很有道理的。同时也反映了墨家论辩逻辑的两大观念和两个基本方法。

“摹略”两字，根据《说文》《广雅》的解释，有“探讨”“搜求”之意。“万物之然”，指自然界中实际事物的本来面目。《墨辩》主张“摹略万物之然”，描述概括万事万物的真实情况，这和认识论上的反映论原则相适应，是从逻辑学角度强调概念对自然对象之物作模拟概括，需由现象深入到本质，不断探索事物之“所然”，以掌握事物的内在本质。这表明，后期墨家已意识到逻辑活动也可以由已知到未知，获得关于事物的“真知”，从而为论辩奠定可靠的基础。从这样的意义上讲，《墨辩》的“摹略万物之然”的“然”，不仅指事物对象之“所然”，即它的一定表现形式，而且涉及事物之“所以然”，即其内在本质和规律。所以，《墨辩》又注重论辩中的“明故”“求因”“察类”，都和“摹略万物之然”的原则密切相关。

“论求群言之比”，对各种言论进行综合分析和比较，这是对逻辑论辩所讨论的对象——各家名辞言说加以比较鉴别，以探求如何用准确的言辞做出表述。和“摹略万物之然”相比，它更多地注意把模拟概括的“万物之然”者，表之于语言文字，这就需要对不同的表达方式做比较考察，以弃粗取精，由表及里，达到逻辑言辞的准确和可靠，这又反映了朴素辩证思维对逻辑论辩过程的渗透。

以名举实。

——《小取》

【鉴赏】

“以名举实”是《墨辩》对名实关系的基本概括。这个概括，从认识论意义上讲，强调了名称是对实际事物及其属性的反映和模拟；其逻辑学意义，则指明了正确制定名称概念的基础和条件。

《墨辩》对“名”与“实”这两个概念分别有具体的解释。名与实首先是认知过程的两个基本环节，涉及主观与客观、概念与对象之间的关系。

其次，“名”与“实”作为概念也有其确定的逻辑内涵。《经上》篇就揭示了名与实的对应关系，《经说上》篇进一步指出：“所以谓，名也；所谓，实也。”是说所谓“名”者，乃人之所以谓，即人给予实际事物的称呼。而“实”者，是人有“所谓”的对象，即名称所指称的实际事物。

事实上，《墨辩》已经意识到名称的制定要以“拟实”“举实”为依据，又确立起“名实耦，合也”的命题，规定了名实关系的对应格局。这就阐明了正确制定名称的基础和条件："名"须符合"实"，"实"亦须符合"名"。所谓"名"之正，是指定"名"要深刻地表述事物的实际内容。

可以说，"以名举实"的命题，是概括了《墨辩》的制"名"理论。后来对荀子朴素唯物论的"正名"说产生了积极影响。荀子讲"制名以指实"，提出"制名之枢要"在名实一一对应，就包含着《墨辩》"以名举实"的思想因素，涉及了对名实关系的辩证思考。

辩乎言谈，博乎道术。

——《尚贤上》

【鉴赏】

这是墨子对"贤良之士"应具素质的基本要求。他认为，"贤良之士"不仅要"厚乎德行"（德行宽厚），而且要"辩乎言谈，博乎道术"（能言善辩，有广博的学问道术），才能成为"国家之珍而社稷之佐"。

"辩"的本义有两方面：一是兼指"辨"，意谓辨别和分析，即今人所谓认识论和方法论的内容；二是指辩论、推理，属中国古代逻辑学的用语。本章多从古代逻辑学的意义上讲"辩"。

墨家是先秦时期的著名辩者，他们的许多思想主张和学说理论，往往是通过和论敌的驳难、争辩而发生发展起来的。综观《墨子》一书，"辩说""论辩"之词随处可见。《庄子·天下》曾指出，墨家"以坚白固异之辩相訾，以觭偶不仵之辞相应，以巨子为圣人"，此巨子即"最能辩其所是以成其行"者（参见孙诒让《墨子间诂》）。庄子是以"辩无胜"的相对主义观点批评墨家的辩术和辩词的，却反衬出墨家确是一批执着而又词锋锐利的辩者。

因为墨子"辩乎言谈"，自然也会重视逻辑论证，以增强其思想学说的说服力。他又善于将辩谈"博乎道术"，自然也增强了整个思想体系结构的逻辑性。这就为墨子后学发展墨家逻辑奠定了基础。后期墨家在克服墨子思想中的局限和弊端，注重发展知识论、功利论、自然科学思想的同时，尤其加强了逻辑理论的研究，对墨家的辩学和辩术做了全面的发展，形成墨辩体系，创立了中国古代第一个有完整意义的形式逻辑体系。

能谈辩者谈辩。

——《耕柱》

【鉴赏】

相对于“说书”（义理）和“从事”（践履）而言，“谈辩”也是墨子在教育学生时专设的一门课程，这反映了辩学或辩术已成为墨家的专门学问。

在中国逻辑思想史上，辩学或辩术，又称名学，开创于春秋时期的邓析。邓析“操两可之说”，教民兴辩，是开先秦两百余年名辩思潮之先河。名辩思潮的代表还有公孙龙、惠施等所谓名家以及墨家和荀子。

公孙龙、惠施等名家，是战国时期专以论辩著称的一个学派，其中心论题是“同异、坚白之辩”。但他们的片面性也很明显。如公孙龙主张“离坚白”，强调白石之“坚”与“白”的属性可以互相分离，把事物属性间的差异绝对化了。惠施主张“合同异”，认为万物都可以说“毕同”或“毕异”，又夸大了事物的普遍性而抹煞其差异性。他们认为辩说的目的不在于是否掌握事实和真理，而在于巧言善辩以争胜。后人将其概括为“词胜”，即以词胜人。诚如司马迁在《史记》中说的：“名家苛察缴绕，使人不得反其意，专决于名。”可见，名家对先秦逻辑思想的发展虽有贡献，但存在着明显的局限，易流于诡辩。

而墨子重“谈辩”，对公孙龙、惠施等名家的缺陷和局限就有明显的克服。墨子多次强调要“辩是非”“辩其故”，把论辩作为言谈、处事、行为合理和规范的基本手段。后期墨家还对名辩思潮作了批判总结，进一步完善了墨家的逻辑思想。

子墨子见染丝者而叹曰，染于苍则苍，染于黄则黄。所入者变，其色亦变。五入必，而已则为五色矣。故染不可不慎也。非独染丝然也，国亦有染。……非独国有染也，士亦有染。其友皆好仁义，淳谨畏令，则家日益，身日安，名日荣，处官得其理矣，则段干木、禽子、傅说之徒是也。其友皆好矜奋，创作比周，则家日损，身日危，名日辱，处官失其理矣，则子西、易牙、竖刁之徒是也。《诗》曰："必择所渐，必谨所渐"者，此之谓也。

——《所染》

【鉴赏】

"染苍则苍，染黄则黄"的名言，比喻国家和士人，应谨慎地选择辅佐大臣与朋友，以便受到好的熏陶与影响。"染丝"是给丝染色，比喻"国亦有染"，"士亦有染"。

这里整段话的意思是，墨子见人染丝而感叹说，用青色染料染丝，丝就染成青色。用黄色染料染丝，丝就染成黄色。投入的染料变，丝的颜色也变。投入五种染料染丝，丝就能染出五种颜色。因此浸染不能不谨慎。不仅染丝是这样，治国和士人也是同样道理。朋友爱好仁义，淳厚谨慎，恪守法令，家会一天比一天兴旺，自身一天比一天安宁，名誉一天比一天显荣，居官治政也合于正道了。段干木、禽滑厘、傅说等人就是这样。朋友狂妄自大，不守法度，结党营私，家会一天比一天衰微，自身一天比一天危险，名声一天比一天败坏，居官治政也不得其道。子西、易牙、竖刁等人就是这样。《诗经》说："必须正确选择所受的影响，必须谨慎对待所受的影响"，就是这个意思。

"染"本义是染色，沾染，引申为熏染，影响。《诗经》所谓"必择所渐，必谨所渐"的"渐"，即影响，渗透。墨子以染丝为比喻，说明国君治国，士人做事，跟周围大臣朋友的影响密切相关。要受到良好的影响，就必须谨慎地选贤使能，任用良才。

墨子看到，创设受熏染的环境条件，对人性改造和知识素养增进具有重要

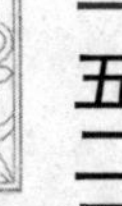

意义。有意识地选择创设良好的环境条件，能使人所受的熏染朝健康方向发展。就像染丝，人通过良好环境条件的教育熏染，改变不好的行为习惯，养成良好的思想品德，对国家人民和个人都是最佳选择。

墨子的环境教育论，以其特有的人性论哲学为基础。墨子认为人性“善少恶多”，人性中不好的因素居多。《法仪》载墨子说：“天下之为学者众，而仁者寡。”墨子重视教育的熏染感化作用，主张通过教育熏染，改变人性，劝人由恶变善，“见善必迁”（见《非儒》篇）。

墨子重视教育熏染的意义，身体力行，以身施教，用执着专一的精神、精湛的论辩说服技巧，终身从事教书育人的事业。身后百年，弟子仍代有传人，无时乏绝，誉满天下。

秦相吕不韦召集六国辩士，编辑杂家巨著《吕氏春秋》，汲取《墨子·所染》的全部内容，写成《吕氏春秋·当染》篇，在末尾补充些许新意，论述墨家从属弟子众多，无数后学显荣天下，并梳理了墨家学术的传承谱系：墨子→禽滑厘→许犯→田系，显示《墨子·所染》篇对中国文化积淀、文明传承的原创价值和巨大影响力。墨子“染苍则苍，染黄则黄”的名言，对当代治国育人，仍有积极的启发借鉴意义。

子墨子曰：天下从事者，不可以无法仪，无法仪而其事能成者，无有也。虽至士之为将相者，皆有法，虽至百工从事者，亦皆有法。百工为方以矩，为圆以规，直以绳，正以悬，平以水。无巧工不巧工，皆以此五者为法。巧者能中之，不巧者虽不能中，放依以从事，犹逾已。故百工从事，皆有法所度。今大者治天下，其次治大国，而无法所度，此不若百工辩也。

——《法仪》

【鉴赏】

墨子“天下从事，不可无法仪”的名言，体现了实事求是，尊重规律，按规律办事的科学理性精神。

这里整段话的意思是，天下做任何事情的人，都不可以没有法度。没有法度而事情能成功，是不可能的。从士人到将军宰相，都要遵照法度。各种手工业工匠做事，也要遵照法度。各种手工业工匠做方形器物，要用矩尺做标准。做圆形器物，要用圆规做标准。对加工物体取直，要用绳墨做标准。测定建筑物的偏正，要用悬锤做标准。制作平面，要用水平仪做标准。

无论是巧匠或一般工匠，都以这五种设备做标准。巧匠做事，能完全符合标准。一般工匠做事，虽然不能完全符合标准，但仿照这五种设备的标准去做，能胜过自己的主观臆测。各种手工业工匠做事，都有规律遵守。如今大如治理天下，其次如治理大国，却没有法度，这还不如工匠聪明。

这里，“法”和“仪”是同义词，都表示标准，法度，复合为“法仪”的双声词，同样表示标准，法度，但更有增强语气，加重强调的修辞效果。

法，繁体作“灋”，《说文》把“法”繁体字“灋”分为三部分解释：“灋，刑也。平之如水，从水。‘廌’，所以触不直者去之，从去。”可见《说文》把“法”定义为“刑也”，即“法”是标准，范型的意思，“刑”借为“型”。三点水偏旁，表示“平之如水”，即《墨子·法仪》说的“平以水”：制作平面就以水平仪为标准，“从水”，即归于“水”这一类。

“廌”，传说中异兽名，神羊，同“豸”，即解豸，或獬豸，能辨别曲直，见人争斗，就以角触不直者，所以说：“‘廌’，所以触不直者去之，从去。”“从去”，即归于“去”这一类。古代法官戴獬豸冠。《后汉书·舆服志》说，“法冠”，“执法者服之”，“或谓之獬豸冠。獬豸：神羊。能别曲直，楚王尝获之，故以为冠。”胡广说：“秦灭楚，以其君服，赐执法近臣御史服之。”照此解释，“法”字繁体的形状结构，就隐含标准、范型之意。

“法”在中国古籍中，是出现频率极高的词。在《四库全书》中有620763次出现。在《墨子》中共有123次出现，其中69次表示标准、法则、规律的意思。

“法”的一个含义是标准。“百工为方以矩”，即各种工匠做方形器物，都要用矩尺做标准。《经上》第60条说：“方，柱、隅四权也。”即方是四边、四角相等的平面图形。《经说上》解释说：“方，矩写交也。”即方是用矩尺画出的首尾相交的封闭图形。《经下》166条发挥“法即标准”的思想：“一法者之相与也尽类，若方之相合也，说在方。”即与一个共同标准相合的东西，都属于一类，这就像与标准的方形相合的东西，都是属于方形一样，论证的事例在于分析方形的相同和不同。

《经说下》举例解释：“方尽类，俱有法而异，或木或石，不害其方之相合也。尽类犹方也，物俱然。”即所有方形的东西，都是属于一类，它们都合乎方形的法则，而又有所不同，或者是木质的方，或者是石质的方，都不妨害其方形边角的相合。一切同类的事物，都与方形的道理一样，所有事物都是如此。

“法”的另一个含义是法则，规律。“虽至士之为将相者皆有法，虽至百工从事者亦皆有法”，即从士人到将军宰相，乃至各种工匠做事，都要遵循法则。《经上》第71、72条说：“法，所若而然也。循，所然也。”即法则，规律，是人们遵循着它，而能得到预想结果的东西。

《经说上》举例解释：“意、规、圆三也，俱可以为法。然也者，民若法也。”即人按照圆的定义，使用圆规，或模仿标准圆形，都可以作为画圆的法则。人的行动之所以能取得预想结果，是由于人们遵循规律做事。

“若”，即遵循，依照，符合。《广雅·释言》：“若，顺也。”《释名·释言语》：“顺，循也。”“然”，即结果，特指人遵循一定法则行动而取得预想的结果、效果。“意”，即意念、定义，如“圆，一中同长也”，“圆，规写交也”，是关于“圆”的定义、作图方法，是制圆的法则、规律。这是从各种工匠亿万次操作实践中总结出来的理论，至今仍是正确规范的科学哲学知识。

墨子从手工业工匠亿万次重复的实践经验中概括法则、规律的概念，首先列举“百工为方以矩，为圆以规，直以绳，正以悬，平以水”五个典型事例，从中分析归纳“故百工从事，皆有法所度”的规律性，然后扩及“虽至士之为将相者”，“天下从事者”，“大者治天下，其次治大国”，无不遵循法则、规律做事，始终渗透归纳和演绎结合的科学逻辑精神。

遵循法则，按照规律做事，胜过主观臆测。这是劳动人民亿万次实践经验证实的规律，是颠扑不破的真理。墨子对规律客观性和绝对性的论述，在《墨经》中得到发展、深化和提升，造就出《墨经》的科学知识体系，成为《墨经》科学精神和科学方法的核心与支柱。

今闻先王之遗（道）而不为，是废先王之传也。

——《贵义》

【鉴赏】

学圣人之道，教先王之书，是墨子重教的基本原则。

墨子这样说：“古之圣王，欲传其道于后世，是故书之竹帛，镂之金石，传遗后世子孙，欲后世子孙法之也。今闻先王之遗（道）而不为，是废先王之传也。”（《贵义》）墨子认为如只停留于闻听先王之道，而自己不身体力行，更不去教诲他人，那实际上是在背弃先王之道。显然，墨子把学习先王之道、继承先王之道与实践、推行先王之道结合起来，拓展了学习先王之道的内涵，这是其教育思想的特色所在。

墨子出生于鲁国，其平生游学、传道、授业的大部分时间也在鲁国。而鲁国“文武之政布在方策”，先王遗教传统深厚，礼乐文化影响悠远，墨子受此熏陶是势所必然。所以，墨子弘道教人，常称“考乎先王之事”，其著多引证《周颂》《尚书》《吕刑》等文字。又据先王之言作论证：这种道，用来治理天下不会有任何缺失，用于微小之处也会没有障碍，实际应用时百姓都能得到实利，且终生受用。（《尚贤中》）强调对先王之道要长期修习，乐于传诵，善作应用，终生践行，以至“凡言凡动，合于三代圣王尧、舜、禹、汤、文、武者为之”（《贵义》）。

从教育以先王之书为本、传圣王之道为宗来看，墨子的教育讲的是一种传统教育。墨子又强调要教人践行先王之道，旨在倡导实践教育，对丰富和发展中国古代教育的理论与方法做出了重要贡献。

法不仁不可以为法。

——《法仪》

【鉴赏】

墨家的教育是据于“仁”而行于“义”的，这内在地包含着“效法仁义以从事”的思想。墨子提出“法不仁不可以为法”，强调效法不仁的行为是不行的，表明墨家所讲的教育是以“效法仁义”为最高原则的。《法仪》篇中说：以什么作为治理政事的准则呢？都去效仿自己的父母吗？天下为人父母者很多，但仁爱者却很少。如果都去效仿自己的父母，实际上是效仿不仁。如果都去效仿自己的师长呢？天下的师长很多，但仁爱者也很少，都去效仿，那就是效仿不仁。那么，都去效仿自己的君主又怎样？天下的君主也很多，而为仁者却很少，都去效仿，仍然是效仿不仁。效仿不仁，这当然不行。所以，父母、师长、君主三者，都不可以成为治理政事的效仿准则。墨子认为，父母、师长、国君三者的言行都不可以作为治理国家的准则，准则只能是仁义。从教育的角度看，这涉及教育者能否成为被教育者效法的榜样。墨子的观点很明确：只有行仁义者才能成为被教育者效法的榜样，这实际上肯定了效法仁义的教育原则，反映了墨子对教与学双方的关系有一种新的思考。

《礼记·学记》有“师严然后道尊，道尊然后民知敬学”的说法，表述了儒家的“师道尊严”观念。墨子则不然。他主张法仁义为上，尊师次之，似乎涉及教育者与受教育者之间关系上的平等、民主问题，实在是难能可贵。所以，近代学者陈柱指出“墨子之于受教育者，对于家庭教育、学校教育、国家教育，均有仁不仁之辨，而无绝对服从之必要”，这是颇为中肯的。

夫知者，必尊天事鬼，爱人节用，合焉为知矣。

——《公孟》

【鉴赏】

“知者”，有知识之人。“为知”，意思是“有知识”。墨子认为，只有既尊重天志、敬奉鬼神，又爱人节用，两者结合的，才称得上真正有知识的人。“尊天事鬼”是墨子倡导鬼神宗教的基本观念，当然有神学色彩。“爱人节用”则是其弘扬兼爱精神而提出的政治主张。从神学与政治结合的角度来解释“知者”和“为知”问题，代表了墨子对“知识”的一种独特理解。

在墨子看来，儒家把孔子博通《诗》《书》，明察《礼》《乐》，备知天下之物称为“仁且智”或“圣知”，那实在是对知识的一种误解，犹如数别人契据上的刻数，却自以为富裕了。墨子为划清和儒家在知识问题上的界线，在强调知识的实用性的同时，主张回到人文宗教的轨道上来探索“知识”问题，这和古希腊苏格拉底的知识、智慧观念十分接近。

大凡人类的知识、智慧初起时都带有神启、神喻的色彩，视知识、智慧为神或上帝的专利，同时也渗有理性的人文的因素。人类知识、智慧的发展，常表现为人文的、理性的智慧从天启、神喻下的分化和独立形成的过程。苏格拉底早先曾声称：知识（智慧）是属于神性和圣性的，断言“只有神才是真正有智慧的”。但苏格拉底还提出过“知识即是美德”的著名命题，认为美德是可以由教育而来的。这就内在地包含着对知识（智慧）向世俗人文和科学理性转化的可能性。

事实上，墨子虽没有脱离神学的轨道，但他一开始就已经走向世俗人文的道路来理解“知识”问题，比苏格拉底更前进一步了。

生，刑（形）与知处。

——《经上》

【鉴赏】

关于知识的本质和基础问题，墨子已有提及，然语焉不详。到了后期墨家那里，这个问题的探讨就有了理论上的深入。这首先是从形知关系的考察着手的。

“刑”，借为“形”，古字通用。“生”，即人之生命。《经上》篇提出“生，刑与知处”，是讲生命就是形体与知识合并同处、互相充盈的。墨家讲生命在于知觉和形体的结合，揭示了人之“知”以生理活动为基础，以知觉能力为本质。又认为生命是人人都具有的，但往往是不可确定、不断变化的。人的知觉、知识亦随人的生命进程而发展变化。这就肯定了知觉、知识为人生命的特有现象。

生命现象以形体和生理活动为基础，以知觉为特有属性，才能保证“求知”活动的正常进行。以此为据，后期墨家进一步区分了知觉与睡觉、做梦的界限。《经上》篇说：“卧，知，无知也。”认为人睡觉时，生命活动虽在继续，但没有知觉主体和外在事物的接触，不能构成求知活动，所以说卧时之“知”实是无知。《经上》篇又说：“梦，卧而以为然也。”做梦，总是在睡觉时进行的。《说文》解释“梦”是“寐而有觉也”。后期墨家也认为“梦”与“卧”其义相似，故“寐而有觉”，是说人在睡梦中亦有所知觉。但知觉应实有其事，才可谓“有知”。而“梦”只是“卧而以为然也”，系睡梦者自以为有其事，实际上并无其事，那当然也谈不上有知觉和知识。

久：有穷、无穷。

——《经说下》

【鉴赏】

“久”，指时间。用有穷、无穷的结合来解释时间观念，反映了后期墨家对时间的有限性和无限性的关系也有了一定的思考。

犹如空间是有限与无限的统一那样，时间也是有限与无限的统一体。正是时间与空间的有限无限统一，构成了宇宙的有限与无限的统一。这就是哲学上所说宇宙的相对性和绝对性问题。

时间的无限性，首先是说时间不存在开端或起始。庄子已论述到这一点。其《齐物论》从逻辑上提出推测时间的开端是没有意义的，以此反证时间的无“始”。说：“有始也者，有未始有始也者，有未始有夫未始有始也者。”假设世界在时间上有个开端，那么就有这开端的开端，而有开端的开端，势必还要有开端的开端的开端，如此循环推究，必然至于无穷。《则阳》篇还以“吾观之本，其往无穷；吾观之末，其来无止”来说明过去时间的无穷，未来时间的无限，提出了时间的无始和无终。故《知北游》断言“无古无今，无始无终”。

其次，时间的无限性还表现为对时间客观性的承认，《庄子·秋水》说：“年不可举，时不可止，消息盈虚，终则有始。”似乎意识到时间为不以人的意志为转移的流逝。

但庄子的思想是相对主义、怀疑主义的。他强调时间的无限性，却并不懂得时间是有限和无限的统一。而后期墨家的“久：有穷、无穷”命题，在吸收庄子关于时间无限性思想的同时，涉及时间的有限与无限、相对与绝对的关系思考，对时间问题的哲学考察就深化了。

穷：或不容尺有穷，莫不容尺无穷也。

——《经说上》

【鉴赏】

在墨家用语中，“穷”与“尽”相比较，二者含义有别。据高亨在《墨经校诠》中的解释："穷者域之本体尽也。尽者物之所然尽也。""穷"表示事物空间范围上的限制。《经上》篇用"域有前不容尺"来定义"穷"，认为在一个具体的区域前已无法容下一尺，此区域已到界限，则域穷矣。

"穷"是有穷与无穷的统一，转化为自然哲学的语言，是提出了空间的有限性与无限性的统一。

空间总是有限的，人们所看到、接触到或理解到的空间总是具体的、特定的，因而也是有限度的。故曰"域：不容尺有穷"。但空间又具有广延性、伸展性的特征，很难有具体的界限，此叫"莫不容尺"，故无穷，又肯定了空间的无限性。

用有穷与无穷、有限与无限统一的观点来考察空间问题，是空间观上贯彻辩证思维的表现。这说明以墨家为代表的中国古典空间观理论的成熟。尽管古代西方人也很早发展了宇宙生成理论，旨在观察和研究宇宙系统的起源和过程。但他们并不擅长于朴素辩证法的思考，加上当时人们知识的幼稚、观察工具的落后，故往往流于幻想性的主观猜测，以致用神学的创世说做解释，或像柏拉图的理念论那样用纯思辨的先验论来构想宇宙的原创过程，显然缺乏后期墨家那种以直观观察和辩证理性相结合的宇宙学思考。

同异交得。

——《经说上》

【鉴赏】

已有学者注意到《墨辩》的"同异交得"命题包含有辩证逻辑的因素。冯契先生曾指出："同异交得的思想虽不能说是辩证法的矛盾观，不过，它确实向我们揭示了：在最普遍的逻辑思维中已经含有辩证法的因素。"问题在于，对"同异交得"命题中的辩证逻辑因素需要做进一步的探索和分析。

《墨辩》讲"同异交得"，是直接针对惠施"合同异"观念的。《庄子·天下》记有惠施“历物十事”，其中有一论题是：“大同而与小同异，此之谓小同异；万物毕同毕异，此之谓大同异。”惠施虽提出类与属的从属关系以考察同异之辨，但他强调万物都有其相似之处而为“毕同”，又都有其差别之点而为“毕异”，夸大事物同异关系的相对性，抹煞事物间质的差别，得出万物“毕同毕异”“天下一体”的相对主义结论。

《墨辩》则克服了惠施的相对主义倾向，从绝对与相对的辩证关系上考察同异之辨。首先对“同”“异”概念作逻辑界定：分“同”有“重同”“体同”“合同”“类同”四种，别“异”有“二”之异、“不体”“不合”“不类”四种，又以“异”定义“同”，称“同，异而俱于之一”，认为相异的事物在某一点上相共，即称为“同”。进而断定“同异交得，放（仿）有无”，肯定了同异关系犹如有无关系那样，既有区别又互相交织转化，存在着矛盾统一的关系，这包含着辩证法因素。

抚坚得白，必相盈。

——《经说下》

【鉴赏】

坚白之辩是先秦名辩思潮中的一个重要论题。名家论坚白，多以“坚白相离”为立论根据，易导向诡辩。公孙龙的“离坚白”论就是个典型。

公孙龙在讲“白马非马”的同时，主张“离坚白”，以为“坚”与“白”两种属性不能同时存在于白石头之中，对同一块石头而言，“白”与“坚”两者是分离的。在公孙龙看来，人的视觉与触觉是差别而分离的，故两者分别得到的石头的两种属性也是差别而分离的。当眼见石之“白”时，“坚”则离；手拊石之“坚”时，“白”亦离，此叫“藏”。强调：“离也者，天下故独而正。”这样，公孙龙就夸大了“坚”“白”两种属性的差别和分离，并加以绝对化，视之为可以离开具体事物而各自独立存在的。

对此，《墨辩》作了批判。它坚决否定了有离物自存的属性。《经上》篇说："坚白不相外也。"《经说下》篇解释："石一也，坚白二也。而在石。"从感觉上讲虽有白与坚两种属性，但同内在于一石。《经说上》篇又说："坚白之撄相尽。"此处"撄"，相得；"相尽"，即相容。是肯定了坚白相得相容。故曰："抚坚得白，必相盈。""盈"，充盈。这句话强调了坚、白二属性是充满于一石之中，坚白是相因而又相联系，二者间存在着辩证统一性。

战虽有陈（阵），而勇为本。

——《修身》

【鉴赏】

战争中的守御，当然要依靠牢固的阵地和强大合理的队列阵势，但具有英勇果敢的精神是根本的。任何战争对双方都是一种生死的较量，消灭敌人才能有效保存自己，这是战争的铁的法则。置之死地而后生，以决死之精神求胜者之生存，又是战争中常见的现象。所以，缺乏勇敢精神是无法取得战争胜利的。

有鉴于此，墨家特别重视守御者勇敢意志和勇敢精神的培养。《经上》篇曾提出"勇，志之所以敢"的命题；《经说上》篇又说明："以其敢于是也，命之；不以其不敢于彼也，害之。"强调"勇"的精神是由意志支配，敢于做某件有义的事情；同时不敢做不义的事情，也不妨称之为勇。这说明，勇敢是有原则性和选择性的，和愚勇、蛮勇、恶人之勇是不相干的。

在墨家看来，真正的勇敢是和智慧、道德相联系的，是属于有义的、守御一方的。墨家从不称攻战行为是"敢"，而斥之为暴和残；也不称恃强杀人、不杀少而杀众者为"勇"，而责之为贼和害。

墨子曾严辨"好勇"和"恶勇"的区别。《耕柱》篇说："天下莫不欲兴其所好，夺其所恶。今子闻其乡有勇士焉，必从而杀之。是非好勇也，是恶勇也。"他批评骆滑氂愚蠢蛮干，听说乡中有其他勇士，就盲目去争斗杀人，这是违背道德准则的，只能导致暴虐凶残。

安则示以危，危示以安。

——《杂守》

【鉴赏】

倡非攻，善守御，是墨家军事思想的特色。但守御一方一般都得被迫应付“以强欺弱”“以大攻小”的严峻的危机局面。因而如何使守御一方预做充分的准备，提高防御取胜的信心，就成了墨家积极考虑、认真探讨的问题。

墨家总结先秦时期大量军事守御的实践，认识到居安思危的重要性，警示小国国君如果“自以为安强而无守备，四邻谋之不知戒”（《七患》），对强邻的攻夺缺乏思想警惕和必要的戒备，则必然会导致社稷倾覆、国破身亡的悲剧。由此，墨家提出了“安则示以危”（和平时期要宣示“居安思危”的道理）的原则，提醒小国弱国要防患于未然，从各方面做好守御的准备。

另一方面，墨家又主张面对强国大国的军事进攻，也不能惊慌失措，自乱阵脚，放弃守御而拱手相让。故强调“危示以安”，善于从危难、紧急的情势中看到有利因素，树立必胜信念，争取转危为安。

据《备城门》篇记载，当禽滑厘提到有大国强邻恃人多势众、用十二种战法来进攻时，墨子则冷静地分析了守御的有利条件：“我城池修，守器具，推粟足，上下相亲，又得四邻诸侯之救，此所以持也。”墨子从物的因素和人的因素两个方面指出了守御的优势因素，因为城墙高厚，守城器械具备，粮草充足，再加上内部团结，上下一致，同仇敌忾，有胜利的信心。认为只要发挥这些有利因素，争取守御的胜利是完全有可能的。

夫岂可以为命哉？固以为其力也。

——《非命下》

【鉴赏】

这句意思是：怎么可以认为“有命”呢？人本来就是靠自己“强力从事”的。

站在兼爱理想和下层民众的立场，又针对当时以强欺弱、以大攻小的战争现状，墨家的备御军理论还研究了如何善守弱国和小城的问题，探讨如何以弱御强的战略和策略。

《墨子》一书多次提到其守城规模为“率万家而城方三里”，即人口数万、城墙三里的小城，而攻国之敌往往是“十万之师”。就数量而言，守城者无分军民、老少，平均每人都得抵御全副武装的敌军数人。这完全是一种敌强我弱、敌众我寡的危急形势。

在这种危急形势下，墨家确立守御必胜的信念，基础就在其“举全城之民皆兵”。主张充分发动民众，调动一切积极因素，合理组织人力物力，团结一致，共同御敌。如果充分发挥守城军民的整体力量，那么抵御强敌，争取守备战的胜利是完全有可能的。

首先是有效合理地组织守城军队。墨家相信“凡四千人足以应之，此守术之数也”。《备城门》篇设守城的基本队伍为4000人，其中男丁1000人，女丁2000人，老少1000人。又将其他男丁组成各种预备队、突击队、敢死队及技术兵种，以作应急机动。

其次，充分发动妇女参战，使“丁女子、老少，人一矛”。无分老少，发动全体妇女人人参战。另外，对于老人和小孩也统一安排从事协助守城的具体事务。这就真成了“全民皆兵”。

在“全民皆兵”的城防面前，任何强敌都是难以攻克和侵夺的。

使人各得其所长，天下事当。均其分职，天下事得。

——《杂守》

【鉴赏】

城市守御的胜利，须依靠“举全城之民皆兵”，结成最广泛的御敌守城的统一战线。此外，墨家还强调要充分发挥和善于利用各阶层、各行业人员的特长，提高守城军民的素质和抗敌能力。在调动一切守城军民的积极性的同时，墨家十分注意调动有技能专长者的积极性。

在守御战中，除了军队的合理组织以外，墨家还主张对各行业有一技之长者，也按战时体制加以编列，用人所长，使人各得其所；均衡区分权位与职责，这样天下事就能办得妥妥当当。《迎敌祠》篇就讲守城的一般法则，是守城官要谨守城防事务，巡查河沟城廓，阻塞敌人攻城的通路，修筑城防工事。百官共同负责筹备钱财粮饷，一切技工、匠人各谨其职、各施所长。

黄玉透雕龙纹玉饰（战国）

“第之”，即按次序等级加以编排组织。举凡大夫、方技者、工匠都用其所长，加以组织，使屠夫、卖酒者到军队的伙房做事。各级官吏负责物资保障，工匠打制器具，使各种职业之士都职责分明，合理到位。

至于守城民众中的各色人等，不管其地位如何，出身经历、行为品德如何，甚至有不端不规者，墨家主张不予以计较，而应一视同仁，使之在守城斗争中找到自己的位置，发挥各自作用。《杂守》篇这样说：“有谗人，有利人，有恶人，有善人，有长人，有谋士，有勇士，有巧士，有使士，有内人者，外人者，有善人者，有善门人者，守必察其所以然，应名乃内之。”这是彻底地实现了全民皆兵。

圆，一中同长也。

——《经上》

【鉴赏】

这是后期墨家对几何学上的“圆”所下的定义，指出圆是以一原点为中心到周边各点的距离相等。说明后期墨家是用圆心和半径来说明圆的概念，颇为在理和确切，同时也表达了几何学上的圆周及直径的原理。

《经说上》篇据此圆的定义，又具体说明几何圆的做法，称“圆，规写交也”。规，即圆规。用圆规作圆（即“规写”），是以规之一脚支点为圆心，另一脚支点旋转一周相交形成周边。因圆规两脚间距离不变，故“规写”产生的圆心到周边各点的距离亦相等，故曰“一中同长”。孙诒让解释此“一中同长”有两层含义，一谓同一圆心到周边各点连线相等，即半径相等；一谓经过圆心而相交于圆周边两点的连接直线亦相等，这叫直径相等。这是在后期墨家的原意上做了点引申。

后期墨家对圆所下的定义，已经非常接近于欧几里得几何学关于“圆”的公理。《几何原本》这样讲：“圆者，一形于平地居一界之间，外圆线为圆之界，内形为圆。”又说：“自圆之一界作一直线，过中心至他界，为圆径。”（参见谭戒甫《墨辩发微》）此处“圆之界”指圆的周边，中心指圆心。《几何原本》也是用圆心到周长各点距离相等的半径原理来定义“圆”的，和后期墨家的理解不谋而合。事实上，这种“不谋而合”倒不是偶然的，而是反映了古代东方与西方的哲人们通过各自独立的思维途径，在几何图形问题的研究上达到的真理性共识。

中，同长也。

——《经上》

【鉴赏】

“中”，《经说上》篇用“心”做比喻，指圆的中心，即圆心。《几何原本》称：“圆之中处为圆心。”后期墨家断定“中，同长”，认为自圆心至周边各点距离相等，用半径概念来解释圆心概念，和《几何原本》的圆心定义是相通的。

当然，后期墨家提出“中，同长”的命题，本意主要在反驳先秦名家在中心与周边关系问题上的相对主义观点。《庄子·天下》篇引惠施之言：“我知天下之中央，燕之北，越之南是也。”这是夸大了中心与周边关系的相对性，而抹煞其确定性。事实上，在特定的范围内，中心和周边的关系应该是确定的，而一旦确定了天下之中心，既在燕之北就不得同时在越之南。

不过，当《经说上》篇用“自是往相若也”来解释“中”时，我们就可明确看到“中，同长”命题的几何学意义了。“自是往”，从中心出发；“相若”，指距离相等。就几何学而言，是指自圆心出半径至周边必等长，这显然是阐明了圆心和半径的原理。

此外，后期墨家讲“中，同长”之“中”，也不局限于圆心。对于其他各种规则性图形如方形、矩形、梯形、菱形等，都有“中，同长”的情况，但对“同长”要做具体分析，其确定“中心”的方法也有所不同。例如球体和圆盘的“中心”就是其圆心到球面或周边各点所引半径长度处处相等。矩形、菱形、平行四边形、等腰梯形之“中心”，就是其各对角线的交点，等等。

凡此五者，圣人之所俭节也，小人之所淫逸也。俭节则昌，淫逸则亡。此五者，不可不节。夫妇节而天地和，风雨节而五谷孰，衣服节而肌肤和。

——《辞过》

【鉴赏】

墨子“俭节则昌，淫逸则亡”的名言，是从无数盛衰兴亡的事实中总结出来的历史规律，具有极其重要的警戒启示作用。

原文“五者”，指衣食住行和男女（夫妇）五个方面。“俭节”，即节俭。“淫逸”，奢侈放纵。

这里整段话的意思是，对于衣食住行和男女（夫妇）五个方面欲望的满足，圣人提倡节俭，小人奢侈放纵。提倡节俭能昌盛，奢侈放纵会衰亡。这五方面不能没有节制。夫妇生活节制，阴阳调和。风雨调节，五谷丰收。衣服节制，身体舒适。

圣人，指道德水平高尚的人。小人，指道德品质水平低下的人。墨子把节俭美德归之于圣人的主张。把淫逸丑行归之于小人的作为。而昌盛和衰亡，则是节俭和淫逸的必然结局。这个论点，有重要的理论和应用价值。

从哲学理论说，“俭节则昌，淫逸则亡”的名言，贯彻了辩证法的适度观点。度是质和量的关节点。适度，就是适中，有分寸。“俭节则昌，淫逸则亡”的名言，出于《辞过》篇。“辞过”二字的意思，是排除过分，反对过分。“辞”，是推辞，不要。“过”，是过分，过失，过错，错误，特指衣食住行和男女（夫妇）五方面的过失。

墨家中有熟悉军民两用手工业技巧的工匠，有时承揽防御战工程和军事器械制造，辛苦劳累，他们会适量喝酒，以缓解疲劳。墨子是赞同这一点的。《备梯》载，禽滑厘在墨子门下三年，体力和脑力劳动繁重，手掌足底长满老茧，面部乌黑。“役身给使，不敢问欲。”墨子怜悯心痛，以竹管盛酒，怀揣肉干，到泰山上席茅而坐，饮酒谈心。墨子问禽滑厘：“亦何欲乎？”意即还有什么欲望？

墨子强调用理智支配行为，主张适当满足人的生理欲望。汉刘向《说苑·反质》载墨子说：“食必常饱，然后求美。衣必常暖，然后求丽。居必常安，然后求乐。为可长，行可久。先质而后文，此圣人之务。”吃饱、穿暖、安居，满足基本生活需要，再追求美丽快乐的享受，社会才能长治久安。

墨家适当满足欲望的“适欲说”，主张满足欲望要适宜有度，有节制，合

分寸，蕴涵着丰富哲理。《经下》第145条说："无欲恶之为益损也，说在宜。"《经说下》解释，"所有欲恶都是有益的"，或认为"所有欲恶都是有损的"，这两种论点都是不对的，论证的理由在于，欲恶的满足要适度，有节制，有分寸。

有人特别爱吃，但吃过多粟米食品，会伤害身体，因而并非"所有欲恶都是有益的"。有些欲望满足，不会伤害身体、减损寿命，如适量喝酒，对人有益，因而并非"所有欲恶都是有损的"。墨家批评"所有欲恶都是有益的"和"所有欲恶都是有损的"两种论点，指出这二者会分别导致纵欲主义和禁欲主义。墨家的适欲说，指有分寸、有节制地满足生理欲望，不会伤生损寿，有利身体健康，延年益寿。

《经上》第76条说："讹，穷知而悬于欲也。"《经说上》解释，人的言行之所以会犯错误，是由于没有受理智支配，而受欲望支配的结果。例如某甲想喝毒酒，理智不知道毒酒的害处，这是理智的罪过。假若理智上很慎重，并没有忽视毒酒的害处，但还是想喝毒酒，那么他喝毒酒就像吃肉干一样，这种错误是由于受欲望支配，而不是受理智支配的结果。

某乙对搔马是否会被马踢伤，在事前不能确知，他只是想搔就搔了，理智上所持有的怀疑，并不能制止他想搔马的欲望，这时如果他真的被马踢伤了，这种错误同样是由于受欲望支配，而不是受理智支配的结果。

某丙对到墙外去是否会受到伤害，在事前不能确知，即使去了能拾得钱币，也不贸然而去，这是以他在理智上所持有的怀疑，来制止他想拾得钱币的欲望，这种理智上的慎重态度，可以使他避免受到伤害。

考虑"人的言行之所以会犯错误，是由于没有受理智支配，而受欲望支配的结果"这一道理，某甲吃肉干是由于欲望，而不是由于理智的聪明，喝毒酒是由于欲望，而不是由于理智的愚蠢。某乙所干的（搔马）和某丙所不干的（不去墙外），都只是在理智上对自己行为的后果和利害有疑问，算不上深刻的智谋。墨家主张行为受理智支配，不受欲望支配，是少犯错误的理性方法，是认识论上的唯理论。

墨子肯定人天生必有情欲。《辞过》载墨子言，所有活动在天地间，包容于四海内的事物，天地的本性，阴阳的调和，都是自然的存在，即使最圣明的人也不能改变。怎么知道是这样呢？圣人解释说，天地称为上下，四季称为阴阳，人性称为男女，禽兽称为雄雌。这确实是天地间的本性，即使古代圣王也不能改变。

这是肯定从自然到社会，从无机物、动物到人类，普遍存在着矛盾、对立统一的现象，其中包括男女对立调和的本性。墨子叫“人情”，又叫情欲。狭义的情欲，指对异性的欲望。广义的情欲，指欲望，即想达到某种目的的愿望。

墨子维护最广大人民的根本权利，即生存权。《尚贤中》载墨子说：“民生为甚欲。”人民最大的欲望，是生存，生存权是广大人民的根本权利。《非乐上》载墨子说，人民有三大忧患：饥饿得不到食物，寒冷得不到衣服，劳苦得不到休息。《尚贤下》载墨子说，贤人之道是，有力赶紧帮助人，有财尽力分给人，有学问耐心教导人，使人民饥饿时能得到食物，寒冷时能得到衣服，混乱时能得到治理，从而世代得以安生。这充分表现了墨学的人民性，渗透着以民为本的思想。

墨子说：“富贵者奢侈，孤寡者冻馁。”统治者的纵欲和“暴夺”（暴力掠夺），导致人民饥寒交迫。墨子尖锐批判统治者在衣食住行男女等方面的纵欲。穿衣，是为“适身体，和肌肤”，但“当今之主”，“其为衣服，非为身体，皆为观好”。吃饭，是为“增气充虚，强体适服”，但统治者“厚作敛于百姓，以为美食”。

节俭涉及的哲学理论，包括世界观、人生观、价值观、生态伦理、环境伦理、处世伦理等，都关系国家、民族和个人的盛衰兴亡。

节俭是中华民族的传统美德，中国历来有提倡节俭的传统。《荀子·富国》说：“墨术诚行，则天下尚俭。”李商隐《咏史》诗说：“历览前贤国与家，成由勤俭破由奢。”体现出墨子“俭节则昌，淫逸则亡”这一名言的深远影响。

程繁问于子墨子曰："夫子曰，圣王不为乐。昔诸侯倦于听治，息于钟鼓之乐。士大夫倦于听治，息于竽瑟之乐。农夫春耕夏耘，秋敛冬藏，息于瓴缶之乐。今夫子曰，圣王不为乐，此譬之犹马驾而不脱，弓张而不弛，无乃有血气者之所不能至邪？"

——《三辩》

【鉴赏】

"驾而不脱，张而不弛"，是时人程繁批评墨子宣扬"圣王不为乐"的错误论点，忽视人民文化娱乐的片面性倾向。原文"瓴缶"，是瓦制瓶罐，农夫高兴时，敲打发声，作为音乐欣赏。"脱"是卸套。

这里整段话的意思是：程繁问墨子，您曾经说："圣王不听音乐。"从前诸侯处理政事疲倦了，就听钟鼓之乐。士大夫处理政事疲倦了，就听竽瑟之乐。农民春天耕种，夏天除草，秋天收获，冬天贮藏，也敲打瓦盆当作音乐。而您却说："圣王不听音乐。"这就好比只让马驾车，而不卸套，只让弓张开，而不松弛一样，有生命的人是难以做到的。

在如何对待音乐的问题上，墨子呈现出异常复杂的性格特征。一方面，墨子熟悉音乐，精于乐道，对音乐等艺术活动是内行。《淮南子·要略训》说："墨子学儒者之业，习孔子之术。"他年轻时受过"儒者之业"，"孔子之术"的专门训练，其中便包括"乐"在内。

墨子学过"乐"，他深谙乐理，做过乐吏，善于吹笙。《礼记·祭统》说："墨翟者，乐吏之贱者也。"《吕氏春秋·贵因》说："墨子见荆王，锦衣吹笙，因也。"《艺文类聚》卷44说："墨子吹笙，墨子非乐，而于乐有是也。"可见墨子对音乐等艺术活动的美感功能，还是有所肯定的。

汉刘向《说苑·反质》载墨子说："食必常饱，然后求美。衣必常暖，然后求丽。居必常安，然后求乐。为可长，行可久。先质而后文，此圣人之务。"墨子所谓的"圣人之务"，"先质而后文"，包括吃饱、穿暖、安居，满足基本

生活需要之后，追求美丽快乐的享受，他认为，这样的社会才能长治久安。

另一方面，墨子又“非乐”，因为当时统治者大办音乐歌舞，“亏夺民衣食之财”，所以“仁者弗为”。《非乐上》解释说：“子墨子之所以非乐者，非以大钟、鸣鼓、琴瑟、竽笙之声以为不乐也。”“虽身知其安也，口知其甘也，目知其美也，耳知其乐也，然上考之不中圣王之事，下度之不中万民之利，是故子墨子曰：为乐非也。”墨子“非乐”，是非难统治者搜刮民脂民膏，浪费民力，奢侈享乐。

但是，墨子由于愤恨统治者大办音乐歌舞，劳民伤财，也把“非乐”的命题推向了极端。《淮南子·说山训》说：“墨子非乐，不入朝歌之邑。”《史记·邹阳列传》说：“邑号朝歌，而墨子回车。”墨子带学生周游列国，听说前方是朝歌，字面意思是一大早就唱歌，马上联想到歌舞，立即驱车返回，不入朝歌之邑。

墨子“非乐”，理由是“为乐”亏夺民衣食之财。墨子的价值主体，是劳动人民。劳动人民急需解决的是温饱。从统治者的角度说，音乐等艺术活动给他们以美感享受，但墨子认为这是统治者在挥霍劳动人民的血汗。

程繁列举论据“昔诸侯倦于听治，息于钟鼓之乐。士大夫倦于听治，息于竽瑟之乐。农夫春耕夏耘，秋敛冬藏，息于瓴缶之乐”，批评墨子“圣王不为乐”的错误论点，就像“驾而不脱，张而不弛”，是有生命的人所做不到的，这是合乎事实、合乎逻辑、合乎辩证法的正确思考。

《礼记·杂记下》记载，孔子学生子贡，跟随孔子看鲁国腊月大祭典，当时举国欢腾。孔子问子贡：“子贡呀！你感到快乐吗?”子贡说：“全国人都这么狂欢，我不知道有什么可乐的。”孔子认为，全国人辛苦劳动一年，才得到这一天的休息和欢乐，是合情合理的事，子贡没有很好地理解这一点。

孔子接着讲了一番大道理：“张而不弛，文武不能也。弛而不张，文武弗为也。一张一弛，文武之道也。”文武，指周文王、武王。张弛，指弓弦的拉紧和放松，这里比喻治国应宽严相济，宽严结合。一直紧张，毫不放松，周文王、武王也做不到。一直放松，毫不紧张，周文王、武王也不愿做。有时紧张，有时放松，是周文王、武王的办法。

“一张一弛”，后世变为成语，尽人皆知。现多比喻工作和生活应安排合理，有紧有松，劳逸结合。“一张一弛”，有时也说“一弛一张”。东汉王充《论衡·儒增》说：“故张而不弛，文王不为（做不到）。弛而不张，文王不行（不愿做）。一弛一张，文王以为当（认为恰当）。”

万事莫贵于义。

——《贵义》

【鉴赏】

以“贵义”立论，是墨子关于义利之辨的出发点，也是墨家倡导“义利合一”说的思想基础。它和儒家的“义以为利”原则似有沟通的一面，但本质上与儒家观念并不相同。

墨子撰《贵义》篇，首句即提出“万事莫贵于义”，强调万事之中没有比义更珍贵的。并对贵义与求利的关系做了阐述。他举例说，如果给别人帽子和鞋，但要以砍断手和脚作交换，那人肯定不干，因为“冠、履不若手、足贵也”。如果“予子天下，而杀子之身，子为之乎”？回答当然是“必不为”。原因就在“天下不若身之贵”。现在有人为了一句话的是与非，不惜互相争斗残杀，那不是从自身利益考虑，而是意识到“义”比生命更重要。故曰：“万事莫贵于义。”

在墨子看来，“贵义”是相对于个人求利行为而言，作为一种价值判断，是出于理想和信念的支配。墨子对“贵义”的价值目标有执着的追求。在回答别人对他“何必独自苦而为义”的提问时，他说：犹如吃饭的人多而劳作的人少，故劳作之人更应勤俭那样，现在天下行义的人少了，那更要求行义者加紧努力。所以，他反诘提问者：“子如劝我者也，何故止我?”（《贵义》）劝诫别人应该鼓励他人行义，而不要加以阻止，可见其“贵义”为本的价值信念何等鲜明。

从义利关系之辨的角度确立“万事莫贵于义”的原则，是墨家价值观的特征所在。“贵义”原则虽有道义论的色彩，但墨家并不因此就排斥功利论，而旨在寻求道义和功利之间的沟通模式。

义可以利人，故曰：“义，天下之良宝也。”

——《耕柱》

【鉴赏】

行义可以使民众得利，所以说：“义是天下最珍贵的。”用“利人”来解释“为义”，又把“利人为义”看成是“天下之良宝”，这是墨家对义利关系问题的独特思考和概括总结。从伦理学上讲，这涉及价值与功利的内在联系。伦理学上价值与功利的内在联系，在中国古代往往是通过义利之辨的形式展开的。义利之辨（包括理欲之辨）在墨子以前时代的文化讨论中就颇为突出，后来成为诸子各家价值观方面的基本论题。

《尚书·大禹谟》上有尧、舜“并为三事”的说法，流传很广。“三事”，即正德、利用、厚生。正德就是端正德行，追求精神生活；利用就是便利器用，发展生产技术；厚生就是注重人的物质生活。前者偏于精神价值，属“义”；后两者偏于物质，属“利”。正德、利用、厚生“三事”并提，实际上涉及了价值观上的义利合一。后来又引申出“幅利”（求利要有限度）、“义以生利”等思想。

《国语》说：“义所以生利也，祥（善）所以事福也，仁所以保民也”，主张“义以生利，利以事君”。据《左传》记载，晏子视财富“如布帛之有幅”，要“为之制度”。又称：“民，生厚而用利，于是乎正德以幅之，使无黜嫚，谓之幅利。”提倡端正德行，对功利予以必要的限制。《左传》还指出：“义，利之本也。蕴利生孽。”说明人有趋利天性，故应以义制利。如积“利”过多，就会招致祸害。故失却“为义”制约的利益追求是危险的、有害的。这一思想是开墨子“利人为义”说的先河，也是墨家提倡义利合一价佰观的一个思想源头。

国家淫僻无礼，则语之尊天事鬼。

——《鲁问》

【鉴赏】

“尊天事鬼”是《墨子》一书中《天志》《明鬼》诸篇的核心观念。根据“择务而从事”的原则，墨子主张以尊天事鬼来制止和防治国家、社会上存在的淫僻无礼的现象，借助天志和明鬼的非人间力量的权威，来重建国家、社会的秩序，规范民情风俗。正是在这点上，表现了墨子思想和墨家团体的宗教性。

说墨家为一宗教的团体，墨家学说为一宗教思想体系，先秦以来代有不断。先是晋代道教家葛洪作《神仙传》，生出一个墨子梦中遇神仙的故事，称墨子求问“愿得长生”之道，“神人授以素书”，墨子拜受，遂得其验，“乃撰集其要，以为《五行记》五卷，乃得地仙”。尽管后人多指出此纯属杜撰，但因墨子本身有宗教倾向，自此竟使“墨与道（教）乃合为一”（孙诒让语）。以后，史传有“佛氏之教，其清静取诸老，其慈悲则取诸墨”的说法，亦与“墨道合一”相类似。唐代学者韩愈则称：“儒名墨行，墨名儒行，以佛为墨。”提出了“墨佛相通”的观点，对近代的墨学研究颇有影响。梁启超在《墨子学案》附录中曾专门论及“非命”说与佛理略同，称“佛教者，有力而无命者”，原因在佛教讲因果，讲因果也是一种“非命”。胡适则指出《墨经》的知识论“有可与佛教相比者”，还以“天志”观念为依据，断定墨子是一个创教的教主，进而称墨子“必择务而从事”的十项为墨教的信条。不过，墨教之“教”除了其宗教神学的内容外，当还有人文教化之“教”的意义，应该从“宗教”与

"教化"的双重内涵上理解和考察墨家的宗教思想，这是本章采用"人文宗教"一说的主要原委。

当若鬼神之有也，将不可不尊明也，圣王之道也。

——《明鬼下》

【鉴赏】

在墨子看来，承认"鬼神之有"，是出于"兴天下之利，除天下之害"的考虑，所以，对鬼神不可以不尊重。假如碰到"有鬼神"这样的事，就不可不尊重并彰明以示人，这才是圣王明君的治政之道。但墨子十分富于人道精神，注重政治实践，为何要如此虔诚地信仰鬼神呢？

墨子以其匠人身份，恃"士能弘道"精神，欲在伦理、政治的层面上对社会施以改革、救治，使其信念、理想转化为现实，当然会面临重重困难。墨子也深知自己代表的力量单薄，而且难以直接鼓动和激励民众。有鉴于此，他对其伦理的、政治的信念作了宗教式的转化和提升，使他的人文理想带上了宗教神学的色彩，以增强感召力和可信度。《墨子》书中的《天志》《明鬼》《兼爱》《尚同》等篇都有这样的特点。

《尚同中》篇说："古者圣王明天鬼之所欲，而辟（避）天鬼之所憎，以求兴天下之利，除天下之害，是以率天下之万民，斋戒沐浴，洁为酒醴粢盛，以祭祀天鬼。"认为古圣王明察，知晓天鬼所喜欢、所憎恨的，在率领万民祭祀天鬼的时候，供奉的酒饭不敢不洁净，牺牲不敢不肥硕，祈拜的季节、时间不能有差错，处事待人不能有怠慢闪失，以虔诚的态度和规范的仪式，争取获得天鬼的厚爱，求兴天下之利，除天下之害。这样的兼爱、尚同，与其说是伦理、政治的信念，毋宁说也是种宗教信仰。

侔也者，比辞而俱行也。

——《小取》

【鉴赏】

作为逻辑论辩的方法，“侔”与“辟”相似，同属于形式逻辑的类比推理范围。但两者之间内容上有简与繁、程度上有浅与深的不同。一般来说，“辟”的方法较简、较浅，侧重在两件具体事物或两种具体情况之间的类比、类推。而“侔”的方法则发展到辞类间的比喻，可以实现由已知达到未知。

“侔”，《说文》解作“齐等也”。《庄子·大宗师》注也称：“侔者，等也，同也。”《小取》篇从逻辑上说明“侔”的方法，说：“侔也者，比辞而俱行也。”对此，孙诒让解释说：“侔者，齐等也。谓辞义齐等，比而同之。”即辞义齐等的两个判断可以做“侔”式的推论，是以所知比喻未知，进而推出新知。这比“辟”的方法看来是大有进步了。

《墨辩》经常采用“侔”的比类推理。如《经下》篇提出：“五行无常胜，说在宜。”《经说上》则举“火烁金，火多也。金靡炭，金多也”的例子，说明五行“无常胜”是以多克少，以多胜少，这就是一种比类俱行的侔辞。

《小取》篇提出“是而然”的侔式推论，对判断的词项附加同一比词，构成推论形式。例如，“白马，马也，乘白马，乘马也。骊马，马也，乘骊马，乘马也。……此乃是而然者也。”这就是作为侔式推论的几种语言表达形式。

但后期墨家又认为“比辞而俱行”，宜有限度，不可滥用。《小取》篇强调“辞之侔也，有所至而止”，避免作“侔”式推论时因超出限度而导致谬误。

援也者，曰：子然，我奚独不可以然也？

——《小取》

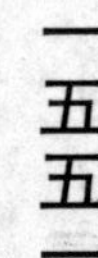

【鉴赏】

《说文》云："援，引也。"这是说引彼以证此，援引他物以此证此物。《小取》篇称："援也者，曰：子然，我奚独不可以然也？"这就提出了逻辑论辩中的援例方法。既然你是如此，我和你属同类相似，理当亦如此。

推而论之，凡属同类、同性的事物之间，已知一个或几个事物之"然"，则可据此援引，知道其他事物之"然"。肯定了可以通过援例方法，由已知推知未知，由此一特殊推知彼一特殊，这比起"辟""侔"的方法来又有新的发展。

用援例方法进行的推论，相当于逻辑上的类比推理。类比推理的特点，在于根据对象本身的类似属性来进行推论。如在两个相似的事物对象中发现有一部分属性相同，因而推到其他属性也相同。这就从特殊推到特殊。

墨子常用援例方法作比类推理。如《尚贤中》篇说："且以尚贤为政之本者，亦岂独子墨子之言哉！此圣王之道，先王之书，竖年之言也。"在后期墨家提供的援引实例中，"异类不仳（比）"的命题极有典型性。因为以援例方法作类比推理，总须有某些相同的特点，即必须属于同类的事物。否则，异类之间就不能进行类比。

援例类比的方法，在医学领域如《黄帝内经》中也多有运用。它善于援引自然现象中一些与人体生理相似的规律性东西，推论人体生理病理的变化及其施治方法。

闻所不知若所知，则两知之，说在告。

——《经上》

【鉴赏】

"闻知"还是一个由未知到已知的实现途径。这个观念，是后期墨家提出的。《经上》篇说："闻所不知若所知，则两知之，说在告。""若"字，作"如"解。"告"，即告诉之意。按《经上》篇的意思，闻知我所不知道的，就好像我所知道的一样。我既知道了自己已知的，又知道了所未知的，则对我所知与所不知者都有所了解，此为"两知之"。这是从知与不知的区别、转化关系角度来解释"闻知"，揭示了"闻知"的作用还在于实现未知向有知的转化。

那么，何以能知我所不知，实现未知向有知的转化呢？《经上》篇认为关键是"说在告"。《经说上》篇又引证许多"说在告"的事例做解释。如对于室外之物的颜色是黑的还是白的，"在外者，所知也"，在室外者可目视亲见，当然可知。而"在室者，所不知也"。现在有人转告曰："在室者之色如是其色"，说室内东西的颜色和在室外的颜色是一样的。则"在室者"也可知道室外东西的颜色是黑还是白了。按《经说上》篇讲的意思，在外者见室外东西之颜色，是"亲知"；在室者根据别人告诉的闻知，了解到室内之色就如室外之色，则可以推论室内之色，这叫"闻所不知若所知"。

这样，《经上》篇揭示了一个以"闻知"为基本环节，由"亲知"作前提推论"说知"的实例，进一步阐述了"闻知"的作用。用认识论的语言来讲，以直接经验知识为基础，借助间接知识来推论新知，就可实现认识的深化和发展。

身观焉，亲也。

——《经说上》

【鉴赏】

"亲"，指亲知，相对于闻知、说知而言，是墨家关于知识分类的用语。亲知，由亲身经历或亲自所闻获得的知识。和"传闻""告说"相比，是属于直接经验、直接知识的范畴。

"亲知"之"亲"，包含有"观""见"的内涵。《说文》云："親（'亲'

的繁体字），从见，亲声。”故《经说上》篇断定“身观焉，亲也。”此“身观”，是指五官感觉。“身观”所得，是亲身经验中的观察所知，直接感觉体验到的东西，是知识的可靠来源。一切知识都离不开这一可靠的来源。

后期墨家极为重视“亲知”的作用。因为，“亲知”以身观、亲见为特征，其所得知识是真实可靠的。就知识形成的全过程而言，“亲知”往往是先期发生的，它构成了闻知、说知的基础。所以，后期墨家曾把“闻知”分为传闻和亲闻两类，亲闻是以“亲知”为前提，它避开了传播媒介的环节，强调了亲闻对闻知的重要意义，极大地提高了闻知的直接性和可靠性。

《经说下》篇云：“知，以目见，而目以火见，而火不见，惟以五路知。”“五路”者，五官也。五官感觉，如以目见火那样，都是亲身经历感受，故“惟以五路知”是“亲知”的基本环节。

意识到“亲知”在认知过程中的基础地位和重要作用，是墨家知识论的一大特色。这是和墨家的经验论思想相连的。但经验论在早期墨家那里更多是狭隘的，有局限的，到了后期墨家提出感性和理性、直接经验和间接经验的结合，从而推动了墨家知识论自身的发展。

异类不比，说在量。

——《经下》

【鉴赏】

类比，亦称“类推”或“类比推理”，是根据两个或两类事物在某些属性上的相同，推论它们在其他属性方面也相同的一种逻辑方法。类比方法，一般是“类”概念的应用。“类同”与“不类”范畴的提出，为逻辑上的类比推理奠定了基础。《墨辩》正是由此出发，阐述了“异类不比”“同类可比”的类比方法的基本原则。

《墨辩》已注意到“类比”中要把握好质与量的差别。《经下》篇说：“异类不比，说在量。”此“量”，当解作“衡量”。认为不同类的事物之间不可做比较推论，原因就在衡量的标准不同。《经说下》篇列举了这方面的例子：“异，木与夜孰长？智与粟孰多？爵、亲、行、贾四者孰贵？”这就是说，树木为物，夜为现象，无甚“类同”，无法比较二者何为“长”。同样的道理，智慧与粮食间无法比较多少，爵位、亲属、操行、物价四者之间也不能比较贵贱。这以反证法肯定了逻辑推理应遵循质决定量的原则，只有“质”才能决定事物的“类同”，同质才可采用共同的衡量标准。

所以，《墨辩》极为重视“类同”在类比中的作用，甚至视“类同”有“法”的意义。《经下》篇称：“一法者之相与也尽类，若方之相合也，说在方。”是说凡“方”皆矩之所为，矩者方之“法”也。故全都以“矩”（方）为法，则彼方、此方都有相似者而可归于“同类”。

同：重、体、合、类。

——《经上》

【鉴赏】

对“类”概念的考察，后期墨家在墨子区分“明类同”“别殊类”的基础上，又做了进一步的发展。《墨辩》特别提出“类同”和“不类”的对应概念，注意联系个别与一般、部分与整体、局部与全局的关系结构加以展开，颇为系统地论及了形式逻辑的概念论思想。

《经上》篇所说的“同：重、体、合、类”，是从逻辑上区分“同”有四种：一曰重同，二曰体同，三曰合同，四曰类同。《经说上》篇分别对四种“同”做出了解释，说：“同：二名一实，重同也；不外于兼，体同也；俱处于室，合同也；有以同，类同也。”

这里所谓“重”，重复也。“二名一实”，指名称有二，实际对象只有一个，故其“名”虽异，其实相同，是为重同。所谓“体”者，“分于兼也”，即

"体"指部分,"兼"为整体。"不外于兼",是指部分同属于整体之内,则这些部分称"体同"。所谓"合"者,为合处一所也,如诸人"俱处于室",是为"合同"。而所谓"类"者,即类似也,二物有相像相似之点,是为"类同"。

重同、体同、合同、类同四者,基本上是从事物的种属、类属关系角度考察"类"的概念,侧重于对同类事物的逻辑判断。但《经下》篇又说:"推类之难,说在之大小。"因为事物"类"的范围,有大有小,大至何等程度,小至何等程度,实难以确定。故对"类同"概念的理解,不是绝对的、不变的,在类属关系中还有同名而异实及异名而同实的情况,都要做具体分析。

总天下之义,以尚同于天。

——《尚同下》

【鉴赏】

在墨家尚同政治的体系中,各级政长是逐层"同"一于"上"的:里长"率其里之万民以尚同乎乡长";乡长"又率其乡万民以尚同乎国君";国君"又率其国之万民以尚同乎天子"(《尚同中》)。表面上看,似乎天子是"尚同"层级体制中的最高主宰。但在墨子的设计中,这仅是就天子统治的人间王国而言。至于人间王国的真正"同一",则须受制于"天"才能实现。

所以,墨子还强调:"天下既已治,天子又总天下之义,以尚同于天。"墨子在天子之上又设置一个"天"。天子汇总、统合天下人的意见,最终是要统一于"天"。"天"是一种"仪法",是具有最高权威的"规矩","故子墨子置立天志以为仪法,若轮人之有规,匠人之有矩也"(《天志下》)。墨子把"天"设想成有意志的、具有赏罚功能的至尊者,又是"总天下之义"的体现者,并称之为"天志"。

墨子以为,"天志"是不能违背的,违背了将降"天灾"以惩处。例如,遇到气候的寒热不调,风雪霜冻雨露不适时,粮食谷物成熟不好,牲畜家禽不得养殖繁衍，疾病流行，暴风淫雨一再施虐，等等，这都是上天降下惩罚的征象，用于警告和训诫那些不愿尚同于“天”的世人（包括天子）。

事实表明，墨子的“尚同”观念有强化君主权威，主张专制集权的一面，但也有制约君主权威，促使天子顺“天意”行事的另一面。

圣王皆以尚同为政，故天下治。

——《尚同上》

【鉴赏】

墨家之所以称“尚同为政之本而治要也”，其重要依据就因为“尚同”是圣王为政的一项基本措施。所以说：圣明的君王都是以尚同为治政之道，因此能做到治国平天下。在他看来，尚同之道即是圣人、先王的平治天下之道。

总体上讲，墨子的尚同学说，以其对儒家宗法等级观念和任人唯亲路线的否定，和对法家集权专制、霸道政治的扬弃，而别立一种平和清新，颇具公允、正义色彩的古典理想政体。这种理想政体的设计和阐述，很大程度上又和墨子追忆并效法上古“禅让时代”的“圣王政治”有关。

遍阅《尚贤》《尚同》诸篇，其中引述最多的恐怕要算上古圣王尧、舜、禹、汤不拘一格、礼贤下士、力举贤良而成就“尚同”大业的事例了。墨子常以此为参照，批评“今之王公大人”不循圣王之道，以致天下混乱。他这样讲：当年舜曾在历山耕种，河边制陶，雷泽捕鱼，但尧深知舜的贤德和才能，于“服泽之阳”找到了舜，推举他接替自己的职位，掌管天下。对这个传说中的上古“禅让”的典型事迹，墨子加以理性的再现，将之设置成“尚贤使能为政”的样板，向“今之天子、国君”推荐。墨子还说，伊尹原是有莘氏的陪嫁私臣，身为厨子，商汤却不因其身份低贱，反任用他为相，掌管朝政，遂成大业。

这些都被墨子看成是上古圣王尚贤使能的典型。

若有正长与无正长之时同，则此非所以治民一众之道。

——《尚同中》

【鉴赏】

“尚同”之说，归根结底是用于对民众的治理。墨子称此为“治民一众之道”。

如何实施“治民一众之道”？墨子认为当以“疾爱为先”，然后民可使。他说：“凡使民尚同者，爱民不疾，民无可使。”（《尚同下》）就是说对民众爱得不深，民众就不会甘心受使。换句话说，爱民是为了使民，而使民的同时不可忘记爱民。这样，墨子的“尚同”从“爱民”开始，归结为治民、使民，其所追求的是“治天下之国若治一家，使天下之民若使一民”的尚同一众的理想境界。

“治民一众之道”虽以“义同”为本，但墨子同时也主张贯之以“令使”，即天子以行政命令保证“下”同于“上”。必须要指出的是，墨子的“令使”不同于法家的专制式“法令”。墨子认为“令”是我发出而要他人执行的，但没有自身的带头是无法行得通的。可见，墨子讲的“令使”，除了上“令使”下的行政制约外，还包括“上”以榜样的力量促成“下”的效法。这样，墨子的“治民一众之道”和法家的君主集权独裁就有了一定的区别。

从表面上看，这种区别和儒法之争中王道与霸道的对峙有点相似，如墨子也说：“国君者，国之仁人也。”实际上墨家讲的“仁人”，不仅指德行的人格魅力，而且要借助天子的权威，“令使”下民，实现“治民一众”的目标，这也吸收了法家集权观念中的某些内容。

富贵以道其前，明罚以率其后。

——《尚同下》

【鉴赏】

墨子的尚同之说，旨在提倡一种贤人政治，确立了“尚同义为上”“尚同为政善”等观念。但尚同的目标在实现“治民一众”，维系君主集权下的各级官僚机构和管理体制的统一和稳定，当然也内在地包含着对违背贤人政治、破坏尚同体制的行为进行制裁和惩处。这一思想，被墨子概括成“富贵以道其前，明罚以率其后”，集中表达了墨家在政治治理上还十分注意赏罚并用，德刑兼施。

事实上，墨子推行尚同主张，就是以“赏贤”“罚暴”的双重措施为基本手段的。按《经上》篇的说明：赏，“上报下功也”；罚，“上报下之罪也”。这都是自上而下实施的。《尚同中》篇也讲到：“是以赏当贤，罚当暴，不杀无辜，不失有罪，则此尚同之功也。”墨子有一点很明确：推行贤人政治，并非一味地“善言”“义行”，还要辅以“罚当暴”的刑治。墨子相信，只要以富贵来奖赏鼓励并明确刑罚惩戒，即使想要民众不尚同于我，也是不可能的了。

值得注意的是，墨子论述“明罚以率其后”的道理，还特别强调了刑治本身无所谓善恶，而如何“用刑”才有善与不善之分。他说：“昔者圣王制为五刑，以治天下；逮至有苗之制五刑，以乱天下，则此岂刑不善哉，用刑则不善也。”（《尚同中》）旨在表明推行“尚同”，还要效法古昔圣王“善用刑者以治民”。

今王公大人，欲王天下，正诸侯，夫无德义，将何以哉？其说将必挟震威强，今王公大人，将焉取挟震威强哉？倾者民之死也！民生为甚欲，死为甚憎。所欲不得，而所憎屡至。自古及今，未尝有以此（指民所欲之生不得，而所憎之死屡至）王天下，正诸侯者也。今王公大人欲王天下，正诸侯，将欲使意得乎天下，名成乎后世，胡不察尚贤为政之本也？此圣人之厚行也。

——《尚贤中》

【鉴赏】

墨子“民生为甚欲”的名言，是墨子民本人本思想的基本观点。这里“挟震威强”，是挟持和振作威力与强权。“倾者民之死”，是把人民逼上死路。“民生为甚欲，死为甚憎”，是说民众最想生（生活安定，好好活着），不想死（最憎恨死亡，不要把人民逼上死路）。“厚行”，是高尚的德行。

这里整段话的意思是，如今王公大人想称王于天下，做诸侯之长，没有德义，依靠什么呢？那就一定要挟持和振作威力与强权。如今王公大人将怎样挟持和振作威力与强权呢？他们必将把人民逼上死路。民众最想活着，最憎恨死亡。但是他们最想的生却得不到，而最憎恨的死却屡屡得到。从古到今，未曾有用这种方式称王于天下，做诸侯之长的。现在王公大人想称王于天下，做诸侯之长，将要使自己得意于天下，成名于后世，为什么看不到尚贤是为政的根本呢？尚贤是圣人崇高德行的所在。

这里最重要的合理思想，是“民生为甚欲”的劳动人权观。墨学的根本，是重视民生、重视劳动人民的生存权。这是墨子“以民为本”，德治、王道、尚贤观的核心。

“民生为甚欲”，人民第一愿望是生存。《墨子》为这一论点的发轫和范本。《非乐上》说：“民有三患：饥者不得食，寒者不得衣，劳者不得息，三者民之巨患也。”《非命下》：“必使饥者得食，寒者得衣，劳者得息。”

《兼爱下》说：“万民饥即食之，寒即衣之，疾病侍养之，死丧葬埋之，老而无妻子者，有所侍养以终其寿。幼弱孤童之无父母者，有所放依以长其身。”这是儒家“大同”说的源泉和素材。《礼记·礼运》说：“使老有所终，壮有所用，幼有所长，鳏寡孤独废疾者皆有所养。”跟墨子的思想相同。

《尚贤中》说：“为政乎天下也，兼而爱之，从而利之。”《尚贤下》说：“为贤之道，有力者疾以助人，有财者勉以分人，有道者劝以教人，若此则饥者得食，寒者得衣，乱者得治。此安生生。”做贤人的道理，是“安生生”。

墨家“安生生”的理想，反映出最大多数人民的迫切愿望。人民希望世代平安，生生不息，永续繁衍。墨子批判统治者奢侈纵欲，“暴夺民衣食之财”。《辞过》有两句类似对联的话：“富贵者奢侈，孤寡者冻馁。”这都是强调最大多数劳动人民的生存权。

古者有语焉，曰，一目之视也，不若二目之视也。一耳之听也，不若二耳之听也。一手之操也，不若二手之强也。

——《尚同下》

【鉴赏】

墨子引用古语说“一目视，不若二目视”，是中华民族固有传统认知学说的至理名言，是朴素唯物主义认识论的基本观点，朴素历史唯物论的群众观点和群众路线的萌芽，中华传统文化民主性的精华。

《尚同下》原文的意思是，古时有这样的话，一只眼睛看，不如两只眼睛看。一只耳朵听，不如两只耳朵听。一只手操作，不如两只手强。

墨子在《尚同中》还指出，用别人的耳目，帮助自己视听。用别人的嘴，帮助自己说话。用别人的心，帮助自己思考。用别人的身体，帮助自己动作。帮助自己视听的人多，听见看见得远。帮助自己说话的人多，自己道德声音抚慰的面广。帮助自己思考的人多，能够多谋善断。帮助自己行动的人多，办事效率高。这种议论的前提，是认为群众智慧高于个人智慧，这是朴素历史唯物论的群众观点和群众路线的萌芽。

任何聪明的个人，包括英明的帝王，都应该汇聚群众的智慧，以增长个人的见识。《尚同中》说，数千万里之外，有做善事的，家里人未遍知，乡里人未遍闻，天子得而赏之。数千万里之外，有做坏事的，家里人未遍知，乡里人未遍闻，天子得而罚之。所以遍天下的人，都恐惧振动，警惕自己，不敢做坏事，感叹说：“天子的视听，真神呀!”先王说，自己并不是神，只是汇聚了群众的智慧，上下通情的结果。

《尚同中》载墨子引《诗·小雅·皇皇者华》说，我骑的马，白毛黑鬃。六条缰绳，柔美光滑。快快奔跑，到处访查。我骑的马，毛色青黑。六条缰绳，丝样光滑。快快奔跑，到处谋划。原话“周爰咨度”，“周爰咨谋”，是提倡到各处访察，调查研究。

墨子在中国哲学史上，首次提出检验言论真理性标准的“三表法”。其中要求“下原察百姓耳目之实”，“观其中百姓人民之利”。即眼睛向下，到社会基层，询问可姓听到什么，看到什么，参考百姓耳目经验，观察言论是否符合百姓人民的利益。

墨子的政治学术主张，特别注意用他总结的“三表法”来检验，观察理论是否符合百姓人民的经验和利益。墨子主张“以众人耳目之情，知有与亡”，用百姓耳目经验，确定是非真假。这是墨子民本人本思想的题中应有之义和必然引申，值得今人借鉴。

子墨子曰：非人者必有以易之。若非人而无以易之，譬之犹以水救水，以火救火也，其说将必无可焉。是故子墨子曰：兼以易别。然即兼之可以易别之故，何也？曰：藉为人之国，若为其国，夫谁独举其国以攻人之国者哉？为彼者犹为已也。为人之都，若为其都，夫谁独举其都，以伐人之都者哉？为彼犹为已也。为人之家，若为其家，夫谁独举其家，以乱人之家者哉？为彼犹为已也。然即国都不相攻伐，人家不相乱贼，此天下之害与？天下之利与？即必曰天下之利也。姑尝本原若众利之所自生。此胡自生？此自恶人贼人生与？即必曰非然也，必曰从爱人利人生。分名乎天下，爱人而利人者，别与？兼与？即必曰兼也。然即之交兼者，果生天下之大利者与？是故子墨子曰：兼是也。

——《兼爱下》

【鉴赏】

墨子在春秋末战国初诸子百家辩论的语境中，率先总结辩论学的一般规律

"非人必有易"。意思是，要反驳对方的错误论点，一定要先建立自己的正确论点，用来代替对方的错误论点。如果反驳对方的错误论点，而没有自己正确的论点来代替，那就像"以水救水，以火救火"一样，是乱上添乱，恶性循环，一定要避免。

作为这一辩论学一般规律的应用，墨子提出"兼以易别"，即用自己的兼爱学说，来代替儒家别爱的学说。兼爱是整体、普遍、交互、平等的爱。墨子的理想是，全人类都互亲互爱，互利互惠。"为彼犹为己"，即对别人就像对自己。"不相攻伐，不相乱贼"，即不互相攻打，不互相亏害。强不执弱，众不劫寡，富不侮贫，贵不傲贱，诈不欺愚，则得天下大利，无天下大害。

"兼"指整体。《经上》第2条说，"体"（部分）是从"兼"（整体）中分出来的。如一个集合"二"中的元素"一"，尺（一个线段）中的端（点），就是"兼"中之"体"（整体中的部分）。每个人是"人"这个整体的一部分，全人类是"兼"，整体，集合。

《说文》："兼，持二禾。""兼"在甲骨文、金文中的字形，像人一手握两根稻谷，写成现代的规范字形，失去原来"一手持二禾"素描图画的生动形象性，但仍保有原来"兼"字的意义：兼有、兼顾，整体。

墨家从公元前五世纪创立，到公元前三世纪消亡，在近三百年的发展中，始终明确、彻底地坚持墨子的"兼爱"学说，不断申述墨家的"兼爱"，是尽爱、俱爱、周爱，不分民族、阶级、阶层、等级、亲疏、住地、人己、主仆等差别，包括过去、现在和未来的一切人，都要整体、普遍、交互、平等的爱。

墨子反对儒家的别爱、偏爱、部分爱、差等爱。《耕柱》载儒者巫马子跟墨子辩论说：我跟你不同，我爱邹国人胜过爱越国人，因为越国离我更远。爱鲁国人胜过爱邹国人，爱家乡人胜过爱鲁国人，爱家人胜过爱乡人，爱父母胜过爱家人，爱自身胜过爱父母。

儒者巫马子的"别爱"论，是一个有无数层次的同心圆。个人处于圆心，爱自己的程度最高，然后从父母到全人类，以血缘亲疏和地域远近为区分标准，

施爱的程度愈来愈递减。这是极端的个人利己主义，以自我为中心的“偏爱”论。

《孟子·滕文公下》说：“墨氏兼爱”，“墨者夷之爱无差等。”《孟子·告子下》说：“墨子兼爱，摩顶放踵利天下为之。”宋张栻《癸巳孟子说》说：“摩其顶，以至于踵。一身之间，凡可以利天下者，皆不惜也。”《庄子·天下》说：“墨子泛爱兼利。”《尸子·广泽》说：“墨子贵兼。”

儒家强调爱的差等性。《墨子·非儒》批判儒家“亲亲有杀，尊贤有等，亲疏尊卑之异”，批判其强调爱有血缘亲疏、宗法等级的差异。《荀子·天论》说：“墨子有见于齐，无见于畸。”齐指平等，畸指不平等。说墨子只看到平等的一面，没有看到不平等的一面。儒家坚持不平等的一面，是儒家的基本立场。墨家强调平等的一面，是墨家的基本立场。

儒家讲爱的差等观，目的是维护封建宗法等级制度，是中国封建社会延续两千多年的指导思想。儒家的政治伦理观，以维护封建宗法等级制度为依归。《论语·阳货》载孔子说：“唯女子与小人为难养也。”《四库全书》有 53 处发挥孔子这句话，制造舆论，轻视妇女和劳动者。这种恶劣影响，现在还存在。“小人”与“君子”相对，指劳动者。朱熹《四书章句集注·论语集注》卷九说“小人”“谓仆隶下人”，即仆人和奴隶。《墨经》明确说男女奴隶“臧获”都要爱，是“兼爱”整体不可分割的部分。

兼爱平等观，是墨家的理想和奋斗目标。曹耀湘《墨子笺·兼爱下》说：“兼爱者，墨氏之学之宗旨也。”皮嘉佑于 1898 年 5 月《湘报》第 58—60 号《平等说》说：“平等之说导源于墨子。”孙中山《三民主义》说：“古时最讲爱字的莫过于墨子。”梁启超《墨子学案》说：“墨学所标纲领，其实只从一个根本观念出来，就是兼爱。”

墨家的兼爱平等观，是墨家的理想和奋斗目标，体现了普遍、彻底的人文精神与人道主义，是引领人性解放的灯塔，鼓舞社会进步的动力。随着社会政治、经济、文化、思想的长期发展，墨家兼爱说的合理性和真理性将愈益显现，

会赢得更多人的赞同与实践，这正是墨子总结辩论学一般规律“非人必有易”的初衷和期待。

凡守城者以亟伤敌为上。

——《号令》

【鉴赏】

墨家的备御军事理论，是主张积极防御的，而非一味消极的固守待援。正据于这种考虑，墨家确立的守城原则为“以亟伤敌为上”，主张要最大限度地消灭和杀伤敌人。

中国历来有“墨守成规”的成语，据说出于司马迁称赞墨家“善守御”的典故，但把墨家“善守御”，引申到现代人视为因循守旧之同义词的“墨守成规”，确是丧失了墨家备御军事理论的精神旨意。其实，应该把“墨守”理解成墨家的“善守”。“成规”则指守御战应依循的规律和规则。这样，才能使人更清楚地看到墨家守御思想的积极因素和军事价值。

和田青白玉斧（战国）

“以亟伤敌为上”，首先要在敌人发动围城攻城之前，就主动出击迎战，以尽可能地杀伤敌人。《号令》篇说：“敌人但至，千丈之城，必郭迎之，主人利。不尽千丈者勿迎也，视敌之居曲，众少而应之，此守城之大体也。”主张对于城墙有千丈以上的大城，在敌人到来之时，不能消极守城，而应主动出击，在城郊迎敌抗敌，这样对守城更为有利。不是千丈之城，就不宜出城迎战，但可根据来敌的多少强弱灵活应战。

其次，在敌人攻城失败溃退时，城中守军应组织各种突击队加以反击，以更多地杀伤溃退之敌。此外，还可组织夜间伏击和突袭。

这种守城战中的积极反击、“以亟伤敌为上”原则，是墨家备御军事理论中积极防御思想的生动体现。

士皆有职。

——《迎敌祠》

【鉴赏】

此处“士”指守城的全体将士。墨家以专职的军人组成守城力量的核心部分，其编制、组织、布防是否合理有效，直接关系到防御战的胜败。

所以，墨家也十分重视守城将士的编制，并按城墙布局、城门位置、城市街道和房屋的结构布置守备力量，力求组成严密的、有立体层次的城防体系。这和一般旷野决战的军队编制、布置是有所区别的。

《迎敌祠》篇说：“城上步一甲、一戟，其赞三人。五步有伍长，十步有什长，百步有百长。旁有大率，中有大将，皆有司吏卒长。”按兵卒、甲士、伍长、什长、百长、尉、将的顺序，自下而上使全体守城将士的编制井然有序，各司其职。

按墨家的设想，城守开始于城墙布防，依据步步为营、处处设防的原则，每一步（合六尺）设带甲、持戟军士各一人，另设三名辅助士兵；每五步设置一名伍长负责，十步安排一名什长，百步委任一名百长。城的四门分设四位城防主管，城防大将则坐镇中央。

另外，还设置“尉”一级的城防将佐。“百步一亭”，“亭一尉”，“城上四隅，四尉舍焉”（《备城门》）。这样，使整个城市成为严密设防的堡垒。

志不强者智不达。

——《修身》

【鉴赏】

这里提出了意志和智慧的关系问题。墨子认为，没有坚强的意志，就不可能通达智慧的境界。从意志修炼和精神培养的角度思考达到智慧的途径，代表了墨子对“智慧”理解上的真知灼见，也深化了对知识与智慧关系问题的考察。

智慧和知识是有密切联系的，但也有明确区别。这个区别，借用庄子关于“以我观之，以物观之，以道观之”的分类做说明，“以物观之”是人们获得的关于事物的知识，而“以道观之”则进入智慧的境界了。知识发展到智慧，有个理性机巧和思维境界的提升过程，大约相当于庄子讲的“技进于道”。知识的获得，按墨家的说法，可以在“百姓耳目闻见之实知”的经验基础上，通过闻知、说知、告知以及“以其知过物而能貌之”“以其知论物”的途径达到的，是可以由传授和教育而获得的，这和人的意志品格、精神气质等因素很难说有直接的联系。

但是，智慧就不一样了。智慧一般表现为理性思维在展开过程中的运作程序和机巧，要发挥思维的创造力和辨别力。诚如汉代贾谊所解释的：“深知祸福谓之知（智）”，“极见窕察谓之慧”。即视“智慧”为深知人生祸福，极见事物的义理本质，侧重于对社会人事的明智理解和理性把握，渗透有人文的、精神意志的因素。

所以，墨家要用“恕”表示“智”，以示区别于一般的“知”，称“恕”是要“以其知论物，而其知之也著，若明”。

言无务为多而务为智，无务为文而务为察。

——《修身》

【鉴赏】

何为“善言”？何为“能言”？这大概是古往今来的为学者、求知者都不断探索和讨论的。对此，墨家有个明确回答：言谈并不在于琐杂繁多，而要讲究智慧机巧；也不只求表面文采，而在善于察辨，使人们对事物的理解、把握更加清楚明白。

“言无务为多而务为智”（务：努力追求），这涉及智慧如何在知识的基础上得到培养和训练的问题。在中国思想史上，《老子》五千言恐怕最早明确采用“智慧”一词。其中提到“大道废，有仁义；智慧出，有大伪”；“绝圣弃智，民利百倍”；“知人则智，自知者明”。按老子的意思，“智慧”是直接对抗儒家的仁义、圣贤观念，旨在取消儒家倡导的“下学”“上达”、致知、思辨等知识行为。他提出“为学日益，为道日损，损之又损，以至于无为”，主张通过反知识学问的道路走向智慧，把智慧看成是“不虑而知”“不学而能”的直觉悟解，认为智慧是属于非可知性世界、非名言所能表达的领域，从而把智慧神秘化了。

墨子是反对老子那样弃言谈、去知识来讲智慧的，他强调智慧者应该是“能言”的、“善言”的，主张通过言说和知识的途径来求索智慧。那就把知识论发展到智慧论了。

求索智慧要善用心机，如同《管子》所说：“目贵明，耳贵聪，心贵智。”（《九守》）这和墨家的智慧观念是相通的。

始，当时也。

——《经上》

【鉴赏】

“始”，意谓时间之起端，即正当此时。后期墨家用“当时”一词解释“始”，是表明时间上的开始总是具体的、特定的、相对的。这和时间就总体而言是无所谓开始的观念并不矛盾。

《经说上》篇进一步指出：“时：或有久，或无久，始当无久。”认为凡用于表示时间之词，或者占有时间，或者不占有时间。占有时间，后期墨家谓之“有久”；不占有时间，后期墨家谓之“无久”。有久和无久都是相对而言，反过来讲，时间也就无所谓有久或者无久。

正是在这样的意义上，后期墨家已认识到作为物质运动的客观形式的时间是没有开始或起源的，即“始当无久”。所以，“始”总是和具体的、特定的过程相联系。这就涉及时间的绝对性与相对性、无限性与有限性关系的考察。

时间有没有一个开始，时间上的“始”究竟是什么意义？这在哲学和科学上都是重要的问题。后期墨家的《经上》篇和《经说上》篇对此做了理论的探索，提出“始，当时也”的命题，认定只有个别的具体事物的运动过程才有“开始”的问题，而不断运动变化的物质世界的整体在时间上则是无穷的、无限的。宇宙世界从来没有开端，也不含有终结。但具体的物的历史，或人类有记载的历史则总是有开端的，可以用“当时的时间”来表示的。这就丰富和深化了古典中国的时空理论、宇宙理论的内容。

动，或徙也。

——《经上》

【鉴赏】

什么是运动？运动的本质是什么？这曾是古今中外的许多哲学家、科学家花大力气探讨、思考的。在辩证唯物主义和现代科学思维出现以前，这种探讨和思考不可能有真正的结果。但也不能因此而否认或贬低这种探讨和思考的价值与意义。

后期墨家提出了"动，或徙也"的命题，考察了事物运动的形式和本质问题，在古典哲学的范围内是颇有特色的。"或"，指空间区域。"徙"，即迁移。后期墨家已认识到运动总是表现为特定空间区域内的事物的迁移，即位置的移动、场合的变更，或数量、大小的增减。这是机械运动的基本特征，而机械运动正是事物运动的一种普遍的、初级的形式。

在后期墨家的时代，机械运动的分类已被提出。《经上》《经说上》篇在举例说明机械运动的特性时，就分别论述过移动、转动、振动等机械运动的类型。例如，以门户的关闭转动为例，指出门总是围绕其枢轴转动的，形成的半圆形轨迹说明围绕着枢轴之圆心门上各点都在做圆周运动。再例如，乐师弹奏琴瑟，是由于拨动琴弦引起空气振动而发出音乐。这颇为具体地剖析了机械运动中的移动和振动的联系与区别。

当然，后期墨家尚未很好研究过化学、生命等较高级的事物运动形式。但他们很注重运动和空间的关系，特提出"宇，或徙"的观念，肯定了运动总是在空间中进行，又通过空间体现出来的。

善为君者，劳于论人而佚于治官。

——《所染》

【鉴赏】

从用人之道的角度讲，"举贤""众贤"注重的是对贤良之士的认识、选拔和合理的任用，而非单方面的控制和驾驭。所以，墨子提出："善为君者，劳于论人而佚于治官。"认为君主应更多考虑如何善于知人、用人，避免用控制、驾驭的办法对待人才，善于为人君主者，都注重人才的选择和任用，而宽松对待官员的具体管治。墨子用"论人"与"治官"的对峙，揭示了君主在政治治理上的两个观念、两种态度的差异，主张把治政问题转化为对人才的善识善用问题，这和现代管理学中的人本主义思潮是有精神上的沟通的。

“劳于论人”，首先要充分认识贤良之士的价值和意义，不因贤良之难得、难求而轻易放弃。墨子常以“良弓难张”“良马难乘”为例，指出：“良弓难张，然可以及高入深；良马难乘，然可以任重致远；良才难令，然可以致君见尊。”（《亲士》）以为“及高入深”正是良弓的作用，“任重致远”，正是良马的价值所在。同样的道理，贤良之士虽不易驾驭控制，却可以助君治国，使国君受人尊敬。

其次，“劳于论人”还要求君主能以海纳百川的宽容心怀对待贤良之士，不仅善用和自己意见相同的人，而且善用和自己意见不同的人，犹如“江河之水，非一源也；千镒之裘，非一狐之白也”。江河之水不能同其源，价值千金的狐白裘，并不是用一只狐狸皮制成，那当然也不能对贤良之士责其全、求其纯。所以，君主用人但取其是否贤能，而不必拘于是否和己意相同。这样“劳于论人”，就可达到“佚（逸）于治官”的效果。

明乎天下之所以乱者，生于无政长。

——《尚同上》

【鉴赏】

说世乱起于“不相爱”，那是侧重于道德伦理角度的理解。墨子还从社会管理的层面上分析国家昏乱的原因，指出“明乎天下之所以乱者，生于无政长”，认为天下之乱是社会无政府、国家无管理的必然结果。

“无政长”，即没有行政体制，不设管理机构，亦无官吏。墨子称此为“古者民始生，未有刑政之时”的情况，因为“未有政长也，百姓为人”。而百姓为人，“是一人一义，十人十义，百人百义，千人千义。逮至人之众，不可胜计也；则其所谓义者，亦不可胜计”（《尚同下》）。在墨子看来，人愈多则“义”

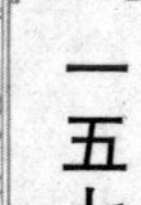

愈繁众，而人又都以个人己见否定排斥他人的意见，“故人皆异义”而“交相非也”。由各异义而交相非，则导致内之父子兄弟作怨离散，外之家与家相争斗，国与国相侵凌，世乱因之而生。

不过，墨子讲的国家昏乱，不仅指“未有刑政之时”，还指政长既立以后仍然产生的“上而不能治其下”，“下而不能事其上”的社会失控，以至上下相背，攻夺交加。那其中的原因又何在呢？墨子进一步指出：“义不同也。若苟义不同者有党。”（《尚同下》）

因为“义不同”，即人们的观念、利益各不相同，同义者互相联合，排斥异义者，这叫“有党”。有党必然要拉帮结派、结党营私，势必导致人际间的上下相违、家国相争，那当然要天下大乱。

若两暴相争，意残暴之国也，圣人将为世除害，兴师诛罚。

——《非儒下》

【鉴赏】

墨家主守备，重防御，但并不反对攻伐不义、诛伐暴虐。所以提出如果争斗双方都是残暴之国，那圣人出于为世除害的考虑，将率领军队征伐诛杀。这种为世除害的兴师诛罚，和墨家的备御军事理论组成了相辅相成的两个方面。

儒家在战争观上持仁义论，宣扬“君子胜不逐奔，掩函弗射，驰则助之重车”，认为君子打了胜仗不应追击败退逃跑的敌人，按箭不再射，甚至帮着逃路的敌人运回辎重车辆。宋襄公就是这种仁义论的典型代表。

春秋末年，宋襄公讨伐郑国，途中和救郑的楚军隔泓水对峙。楚军渡河攻击宋军，渡河军士刚过河心，宋襄公的部将就主张乘机出击，但被宋襄公拒绝，称“君子不乘人之危”。楚军渡过泓水，尚未排成阵势，宋将又提出乘其立足未稳，一举加以击溃，又被宋襄公拒绝，还说：“君子不攻击不成阵势的敌军。”等到楚军排好阵营，乘势掩杀过来，宋军大败而逃，连宋襄公本人也受重伤死去。

墨子对宋襄公式的战争仁义论，作了尖锐的揭露和批判，表明他意识到两军对垒是针锋相对，战争规律是你死我活，必分胜负的。

他还对此做进一步论证，指出，若战争双方都是暴虐之人，“其胜者欲不逐奔”，对败退者不加追击，也算不上是什么君子。至于有道伐无道，有义诛无义，更应发挥“追穷寇”的精神，因为姑息暴乱之人，使天下之害不除，就是残害天下父母，深深地伤害社会，当然是最大的不义。

入守则固，出诛则强。

——《尚贤中》

【鉴赏】

坚固设防守御，强力诛讨不义，是墨家“备御军事学”理论的核心观念。墨家认为，攻战是不义征有义，恃强欺弱，务夺侵占，故主张非之。诛讨则是有道伐无道，为有义。从这意义上讲，既主张非攻，又主张诛伐，就构成了墨家“备御军事学”理论的一大特色。

军事的主要形式是战争。一般来说，战争是政治的继续。当政治问题、政治冲突无法用外交、协商或妥协的办法解决时，军事手段尤其是战争就不可避免。当然，政治冲突的背后往往有经济利益的驱动，或争夺土地财富，或占领商品市场和原材料基地，或控制别国攫取财富，等等，故战争又表现为一方攻夺进取，另一方则守御防备。攻守进退是战争双方军事活动的主要方式。在墨家生活的春秋战国时期，诸侯争霸，战争频繁，大国为攻夺小国，进而兼并天下而发动的攻战连续不断。从中也产生了诸多总结攻战经验的军事著作，《孙子兵法》是其中的典型代表。

而墨家出于小生产者的立场和利益需要，以兼爱、非攻观念立场，反对攻战侵夺，力图维护社会稳定和民众的和平生活，特别注重对守备、防御军事的实践、理论和器械的研究，发展了和《孙子兵法》相对应的守御兵法。这也体现了墨家战争观上的人道精神与和平色彩。

节俭则昌，淫佚则亡。

——《辞过》

【鉴赏】

"昌"即昌盛，"亡"即衰亡。墨家把提倡节俭，反对淫逸提到事关政治大局的高度来看待，揭示了节俭作为一种经济伦理原则，还内蕴有社会政治的价值和功能。

中国古人很早就有勤劳生产、俭节治政的观念。《尚书·大禹谟》就说过："克勤于邦，克俭于家。"后来衍生出"克勤克俭"一语。在古代中国"家国同构"的社会条件下，"克勤克俭"既利于持家，亦用于治国。《左传》曾提出："俭，德之共也；侈，恶之大也"，以俭侈之别为德行和恶习的对立。韩非更是通过俭侈之辨来揭示人之贫富、国之强弱的根据，发人深省。他说："侈而懒者贫，而力而俭者富。"（《韩非子·显学》）这都和墨家的"俭节"观念相通。

墨家已清醒地意识到，有家有国者，其所以得之，莫不凭借于俭约，而其所以失之，则莫不出于淫佚奢侈，故曰："节俭则昌，淫佚则亡。"唐代的李商隐有《咏史》一首言："历览前贤国与家，成由勤俭破由奢。"可视为对墨家"俭节"观念的一种诗化表述。

节俭与淫佚对立，又体现了古代劳动人民的一种崇高美德，节俭利己、利家、利国、利天下，而淫佚则害己、破家、败国、乱天下。墨家大力提倡节俭，也是立于平民立场对劳动人民的尊重和对劳动成果的爱惜，体现了一种可贵的道德情感，值得人们珍视。

古者圣王制为节用之法。

——《节用中》

【鉴赏】

“节用”，是墨家理财治事的基本主张，也是墨家经济思想、精神风格和生活方式的体现。节用之法，墨家以为是古者圣王所制，其内容主要有二：一是使天下百工，“各从事其所能”，主张人尽其才，各用其所长；二是“凡足以奉给民用，则止”，即厉行节约的原则。

班固作《汉书·艺文志》，分述十家思想之短长，昭示各自的思想精神之渊源。其讲墨家，就指出：“墨家者流，盖出于清庙之守。”“清庙”一说，源于《诗经·周颂》之“清庙”篇。《诗》序称“清庙”为祭祀文王时所唱的颂歌。郑玄则以为清庙系祭祀文王的宫室，亦引申为宗庙的通称。《左传·桓公二年》说“是以清庙茅屋，……昭其俭也”，指出清庙以肃穆清静、俭约勤朴见长。所以，讲墨家“出于清庙之守”，实是在说明墨家富于夏禹遗风，甘于自苦，以节俭利民为本，显示了墨家俭约清苦的精神风貌。

当墨家倡导节俭利民时，孔子也提出了“节用而爱民”。尽管两者对节用、俭约的标准所定不同，还发生过墨子对儒家靡财、厚葬的尖锐批评，但两者都从爱民、利民的角度提出节用、节俭的问题，涉及了对政治上的廉政问题的思考。

墨家的廉政精神极为可贵，其廉政措施十分苛严。他们主张“去无用之费”，严格限制一切享乐、奢靡和浪费，主张“非乐”“节俭”“节葬”，保持着“役夫之道”的清廉自律。其精神是值得后人继承和发扬的。

今天下之士君子，处居言语皆尚贤；逮至其临众发政治民，莫知尚贤而使能。

——《尚贤下》

【鉴赏】

在墨家的语汇中，尚贤不仅是“居处言语”，用于说理宣传的；而且应身体力行，贯彻于治政实践，用于“临众发政”。

墨子指出：贤能者之所以得赏誉，非出于“命”，关键是“天下皆曰其力也”（《非命下》）。墨子讲的“力”，是勤政力行的实践行动。

由此出发，墨子尖锐地批评了当时许多王公大人口头上称道尚贤，而行动上却是另一套的虚伪性。他说：“今天下之士君子，处居言语皆尚贤，逮至其临众发政而治民，莫知尚贤而使能。”把尚贤仅看成是一种口头的标榜，倘若真的面对民众，发布政令，治理国家就不知道尚贤使能了。这实在是“明于小而不明于大”，是治政问题上举末而不知本的表现。墨子还举例说，今王公大人皆知找好的厨师（“良宰”）以杀牛羊，找好的工人（“良工”）来做衣服，对于不是“良宰”“良工”的，即使是骨肉之亲，“实知其不能也，必不使也”，因为害怕“败财”。对这些小事，王公大人们还不失为“尚贤而使能”，但对国家治理的大事，却不知尚贤使能，一味地听用亲戚朋友有钱有权的人或者样貌姣好的人。这就像让盲者指引别人走路，使聋者去演奏音乐，完全是黑白不分，是非颠倒，自然不可能办成事情，更谈不上治理国家了。

在用人问题上要言行一致，尚贤使能不仅是“处居言语”，更用于“临众发政”，这是君主和治政者应循的道德原则、政治原则。墨子的这一思想，其意义是深远的。

官无常贵而民无终贱。

——《尚贤上》

【鉴赏】

墨家的尚贤使能观念，有一定的彻底性。这个彻底性，主要表现在墨子已提出要突破官贵民贱的宗法定制。

针对当时官场盛行“亲戚则使之，无故富贵，面目佼好则使之”的任人唯亲现象，墨子倡导一种“贤人唯上”的新观念：“官无常贵而民无终贱。”强调为官者不可能终生富贵，而民众也不会终生低贱。在这面旗帜下，墨子提出的“官民平等”的惊世口号，应视为中国早期平民政治意识觉醒的标志。

按墨子的设想，倡导对贤良之士的“富之、贵之、敬之、誉之”，将对天下各层级官吏、各类型人才都会产生积极的影响。不管是贵贱、上下、远近、官民，皆以统一的标准，参与选拔，使人才各处其位，各司其职，各得其利，公平公正，进而为下层民众参政打开了通道。

“贤人唯上”的观念，直接针对了宗法制下的官位世袭，突破了“任人唯亲”的官僚政体，具有古代朴素的平等观念和民主政治色彩。

士之计利，不若商人之察也。

——《贵义》

【鉴赏】

这句话原是墨子针对士之“言义”与商人“求利”的比较而说的。墨子认为，商人为做买卖行旅四方，碰到有一倍或数倍的差价可赚，则不惜冒险闯关甚至遭遇盗贼也不害怕。而当今天下之“士”坐而论道，既无闯关之难，又无遇盗之险，即使这样也不愿身体力行。可见，“士”之计算利益，确实不如商人精明审察。显然，墨子希望“士”能有商人“求利”的胆略和明察，去实现“义”的价值目标。不过，墨子却同时提出“士之计利，不若商人之察”的判断，承认“士”亦应有利益的考虑，这既和他倡导“义利合一”的价值观相一致，也表现了墨子对商人明察计利的某种赏识。

“士”之为义，是儒墨两家的共同主张，但在“士”要不要计利的问题上，儒墨两家则话不投机，分道扬镳了。

朱熹曾指出："义利之说，乃儒者第一义。"这在孔孟等先秦儒家那里就已确定。孔子有句名言，叫"君子喻于义，小人喻于利"（《论语·里仁》），断定"明义"是君子的德行，小人则是弃义求利者。孟子也称："欲知舜与跖之分，无他，利与善之间。"（《孟子·尽心上》）孔孟之说主张在义利分途的基础上，确立"义以为上"的原则，开了儒家道义论价值观的先河。

墨家的价值观，当然是对儒家道义论偏向的修正，并受商人明察计利的思想影响，把功利论引进了价值观领域。正是在这样的意义上，我们称墨家的价值观是实现了道义和功利的结合，比起儒家来，具有更多的现实意义。